Portfoliomanagement mit Anleihen

Prof. Dr. Frank Schneider

Portfoliomanagement mit Anleihen

Bibliografische Information der Deutschen Nationalbibliothek
Die Deutsche Nationalbibliothek verzeichnet diese Publikation in der Deutschen Nationalbibliografie; detaillierte bibliografische Daten sind im Internet über http://dnb.dnb.de abrufbar.

Print: 978-3-648-13243-2 Bestell-Nr. 12009-0001
ePDF: 978-3-648-13244-9 Bestell-Nr. 12009-0150

Prof. Dr. Frank Schneider
Portfoliomanagement mit Anleihen
1. Auflage 2019

www.haufe.de
info@haufe.de

Inhaltsverzeichnis

Für Sandra und Socke

1. Zehn gute Gründe für dieses Buch – und für Bonds!

Am Anfang eines Buches zum Thema „Bonds“ stellt sich natürlich die Frage, warum man es überhaupt lesen sollte. Denn über Geldanlage, Börse und insbesondere Wertpapiere gibt es wahrlich genügend Literatur. Und: Sind „festverzinsliche Wertpapiere“ nicht vollständig selbsterklärend und daher ein überaus langweiliges Thema? Man kauft sie, lässt sie bis zur Fälligkeit liegen und kassiert in der Zwischenzeit die Zinsen. Wozu also eine seitenlange Abhandlung, gar ein ganzes Buch, über Anleihen? Ich will Sie nicht lange auf die Folter spannen, denn zehn gute Gründe sprechen für dieses Buch:

Abb. 1: Kursentwicklung von Bundesanleihen anhand des Bundfutures

© 1998-2017 OnVista Group www.onVista.de

1) *Rentenanleger sind die großen Gewinner der letzten 10 Jahre!*
Wer vor 10 Jahren 10.000 Euro in einen ETF anlegte, der die Kurse von Bundesanleihen abbildet, hätte in 2017 ca. 16.000 Euro erzielt. Der Grund sind andauernde Zinssenkungen, die dazu führen, dass die Kurse von Bundesanleihen steigen.

2) *Mit der Zinswende steigen die Gefahren für Rentenanleger.*
In den USA hat es bereits Zinssteigerungen durch die FED gegeben. Ob und wann es diese auch im Euroland geben wird, ist unsicher. Fakt ist, dass man dann mit festverzinslichen Wertpapieren Kursverluste erleiden. Ein Ziel dieses Buches ist daher Ihnen zu zeigen, wie Sie nach der Zinswende Risiken vermeiden und stabile Erträge aus Ihren Anleihen erzielen.

3) *Die weltwirtschaftliche Situation verlangt eine Neubewertung von Anlageformen.*
Spätestens seit dem 11. September 2001 weiß jeder, dass die Welt sich verändert hat. Kapitalanlagen müssen systematisch vor dem Hintergrund einer Krisensicherheit abgeklopft werden. Seitdem erleben die im Börsenhype noch müde belächelten Anleihen neben Rohstoffen wie Gold und Öl eine blühende Renaissance- Trotz Niedrigzinsphase! Weil der deutsche Anleger ohnehin tendenziell konservativer ist, als seine europäischen oder amerikanischen Freunde, verwundert es nicht, dass der Rentenmarkt der größte Finanzmarkt Deutschlands ist.

4) *In einer nachhaltigen Aktienbaisse gibt es kaum Alternativen zu Anleihen*
Die aktuelle Aktienhausse ist Resultat der Tatsache, dass die internationalen Zentralbanken die Märkte mit Liquidät fluten, allen voran die EZB. Irgendwann ist die Hausse allerdings an ihrem Ende, u.a. im Euroland, weil die Probleme der Staatschuldenkrise nicht gelöst wurden.
Auch wenn sich die Aktienkurse irgendwann wieder erholen, wird der Aufschwung sehr wahrscheinlich nie mehr so nachhaltig sein, wie in der Liquiditäts-Hausse der letzten Jahre. Somit braucht jeder Investor ein Sicherheitspolster stetiger Erträge. Weil es außerdem derzeit an Alternativen zu Anleihen fehlt, gehören Bonds zukünftig mindestens gleichgewichtet in jedes Portfolio.

5) *Die Volatilität von Aktienkursen wird in Zukunft eher steigen.*
Der Börsenguru André Kostolany hat einmal gesagt: „Wer gut essen möchte, der sollte Aktien kaufen und wer gut schlafen will, der

sollte Anleihen kaufen." Die Schwankungen an den Aktienmärkten (Volatilität) haben sich aber seit Kostolany erheblich verstärkt. Aus diesem Grunde wird seine beliebte „buy and hold-Strategie", also Aktien kaufen, „Schlaftabletten nehmen" und erst nach Jahren wieder auf den (dann gestiegenen) Kurs schauen, nicht mehr wie früher funktionieren. Vielmehr kommt es nun darauf an, *welche* Aktien man sich ins Depot legt und *wann* man sie kauft und wieder verkauft. Das Aktiengeschäft ist also deutlich riskanter geworden. Bei Anleihen können Sie hingegen auch zukünftig (weitgehend) ruhig schlafen.

6) *Die Abgeltungssteuer bringt Steuer- und Renditekicks für Bond-Anleger.*
Nach Einführung der neuen Quellensteuer auf „feste Kapitalfrüchte" wie es im Einkommensteuerrecht heißt, werden Bonds als Kapitalanlage für immer mehr Steuerzahler attraktiv. Während früher ein steuergeplagter Anleger die Kapitalerträge mit seinem persönlichen Steuersatz (bis zu 52 Prozent) versteuern musste, beträgt die Abgeltungssteuer mit 25 Prozent weniger als halb so viel. Je höher also der persönliche Steuersatz eines Anlegers ist, um so interessanter werden Festverzinsliche für ihn.

7) *Wer im Dschungel der Finanzinnovationen durchblickt, hat mehr vom Anleiheglück!*
Die Auswahl an Anleihen hat in den letzten Jahren enorm zugenommen. Während früher hauptsächlich Bundesschatzbriefe, Kommunalobligationen oder Pfandbriefe en vogue waren, haben Banken heute eine kaum noch überschaubare Fülle an anleiheartigen Finanzinnovationen im Angebot. Wer nicht auf die oftmals prozyklische Bankenwerbung hereinfallen möchte, sollte sich mit Double-Knock-Out-Hamster-Obligationen, Discount-Zertifikaten und anderen Bond-Spielarten auskennen. Als mündiger Anleger sollte man die Konstruktion dieser Produkte verstehen sowie die Chancen und Risiken neuer Anleihemechanismen nachvollziehen können. Ein wesentliches Ziel dieses Buches ist daher auch die Entmystifizierung von Bank- oder genauer Analystenwissen.

8) *Moderne Anleihenanalyse ist einfacher als gedacht – auch für Einsteiger.*
Erfahrene Anleger haben sich auch in der Vergangenheit mit Kennzahlen, wie Restlaufzeit, Kurs oder Rendite beschäftigt. Heute reichen diese einfachen Instrumente jedoch nicht mehr aus. Denn Anleihen werden immer komplexer konzipiert, die Volatilität bestimmter Rentenmärkte nimmt zu und auch bei angesehenen

(Welt-)Unternehmen wie Enron und Konsorten gibt es Pleiten. Daher sind Bonitätsanalysen, (Modified-) Duration, Total Return- und Sensitivitätsanalysen immer wichtiger. Auch wenn es sich kompliziert anhört: Bondanalyse ist deutlich einfacher und wegen der weitgehend mechanistischen und weniger psychologischen Parameter deutlich prognosesicherer als die Analyse von Aktienkursen. Außerdem kann jeder interessierte Anleger sie durchführen, da die notwendigen Unternehmens-, Markt- und Kursdaten transparent und verfügbar sind. Ich zeige Ihnen in diesem Buch, welche Kennzahlen vor jeder Investitionsentscheidung und bei der Portfolioüberwachung wichtig sind.

9) *Bonds sind eine sichere Anlage und dennoch eine rentable Sparbuchalternative.*
Gehören Sie zu den konservativen Anlegern? Dann wissen Sie, dass Sie bei Anleiheinvestitionen nur auf drei Dinge achten müssen, um ein krisensicheres Investment zu tätigen: Erstens ein erstklassiges Rating des Anleiheschuldners, zweitens eine zu Ihrem Anlagehorizont passende Laufzeit und drittens eine auf Euro lautende feste Verzinsung. In dieser Erkenntnis wird Sie mein Buch bestätigen. Darüber hinaus können Sie nun jedoch Ihr Anlageuniversum erweitern, denn Sie erfahren alle wichtigen Vor- und Nachteile für Sparbuchalternativen wie Floater, Geldmarkt- und Reservefonds oder Commercial Papers.

10) *Lernen Sie Rendite und Risiko einer Anleihe richtig einschätzen.*
Mal ehrlich, wissen Sie, von welchen Faktoren die Rendite einer Anleihe abhängt und wie sie berechnet wird? Wenn nicht, dann laufen Sie Gefahr, auf geschönte Renditeversprechen von Banken hereinzufallen, denn Rendite ist nicht gleich Rendite. Der Nobelpreisträger Milton Friedman hat einmal gesagt: „There is no free lunch on the capital markets." Es gibt also nichts umsonst auf den Kapitalmärkten. Mehr Rendite ist unweigerlich mit mehr Risiko verbunden.

Doch was ist eigentlich Risiko? Können Sie es greifen und bestimmen? Wenn Sie wissen wollen, wie man dieses „Bauchgefühl" misst und wie man sich dagegen absichern kann, dann lesen Sie weiter. Auf der Suche nach der wahren Rendite und der bestmöglichen Einschätzung von Risiko hilft Ihnen dieses Buch.

2. Die Basics: Was jeder Anleger über Bonds wissen sollte

2.1 Anleihen: Dasselbe wie Bonds, Festverzinsliche, Renten und Co.?

Der Begriff „Anleihe“ wird häufig gleichbedeutend mit „festverzinslichen Wertpapieren“ und „Rentenpapieren“ verwendet. Dabei ist der Anleihenbegriff wesentlich weitreichender, denn er umfasst auch variabel verzinsliche Anleihen wie Floater oder bestimmte Indexanleihen. Andere ähnlich neutrale oder sogar genauere Ausdrücke für „Anleihen“ sind daher „Obligationen“, „Schuldverschreibungen“ oder eben „Bonds“. Gemeint sind immer Wertpapiere, die dem Anleger eine Zinszahlung sowie die Rückzahlung des investierten Kapitals zu einem bestimmten Zeitpunkt garantieren.

Generell dienen Anleihen den Unternehmen, den Banken und den staatlichen Einrichtungen als Instrumente zur Liquiditätsbeschaffung. Der Begriff „Anleihe“ signalisiert, dass mit der Emission eines festverzinslichen Wertpapiers zwischen dem Unternehmen und dem Anleger eine Kreditbeziehung entsteht. Der Emittent ist der Schuldner und der Anleger ist der Gläubiger dieses Kredites. Zu welchen Konditionen der Emittent bereit ist, sich an den Kapitalmärkten Geld zu leihen, wird im Emissionsprospekt angekündigt. Dort finden wir auch die Emissionsrendite, die allerdings nur für den Fall gilt, dass der Anleger bis zur Fälligkeit investiert bleibt.

Tipp:
Beim Kauf einer Anleihe sollten Sie die Ausstattungsmerkmale prüfen:
- Die Bonität des Emittenten
- Den Emissionskurs
- Den Coupon oder Nominalzins
- Den Zinstermin
- Die Tilgungsbedingungen

Die wichtigen Ausstattungsmerkmale einer Anleihe sind:

- Der *Coupon* oder auch *Nominalzins*: Beträgt dieser zum Beispiel 6 Prozent, wissen Sie, dass Ihnen der Schuldner für jedes Stück im Nennwert von 100 Euro pro Jahr 6 Euro zahlt. Normalerweise ist der Coupon umso höher, je länger ein Wertpapier läuft. Es gibt jedoch durchaus Phasen „inverser Zinsstruktur“, in denen für Kurzläufer höhere Zinsen bezahlt werden als für Langläufer.

- Die *Zinstermine* sind die Zeitpunkte, zu denen die Zinszahlungen erfolgen müssen. Am häufigsten sind jährliche Zinstermine.

- Die *Tilgungsbedingungen* beschreiben den Zeitpunkt, zu dem der Schuldner Ihnen spätestens Ihr Geld zurückzahlt, sowie den Kurs, zu dem die Rückzahlung erfolgt.

- Der *Emissionskurs* einer Anleihe ist nichts Anderes als der Erstausgabekurs des Papiers. Kaum ein Festverzinsliches wird zu 100 Prozent begeben. Vielfach liegt der Emissionskurs darunter. Da die Tilgung im Regelfall zu 100 Prozent erfolgt, dürfen Sie die Differenz als Gewinn verbuchen, wenn Sie bis zur Fälligkeit durchhalten. Seit Einführung der Abgeltungssteuer ist diese nicht mehr steuerfrei.

In den letzten Jahren ist die Welt der Wertpapiere deutlich bunter geworden. Mittlerweile gibt es so genannte Finanzinnovationen, die einen variablen oder gar keinen festen Zins mehr ausweisen. Oft hängt die Rückzahlung des Papiers von so abstrusen Bedingungen wie etwa Indexständen und Referenzzinssätzen ab. Aus diesem Grunde trifft der Begriff „Festverzinsliches Wertpapier“ nicht mehr den Kern dieser Kapitalanlagen. In diesem Buch ist daher auch treffender von Finanzinnovationen die Rede.

Die Vielzahl unterschiedlicher Ausprägungsformen von Anleihen ist in der folgenden Grafik dargestellt:

Gattung	**Ausprägung**
Wertpapiere des Bundes	Bundesschatzbriefe, Finanzierungsschätze, Anleihen von Bund/Bahn/Post, Bundesobligationen/Bundesschatzanweisungen, Kassenobligationen
Heimische Standardanleihen	Bankschuldverschreibungen, Pfandbriefe, Kommunalobligationen, Industrieanleihe
Anleihen mit Sonderrechten	Wandelanleihen, Optionsanleihen, Genussscheine
Finanzinnovationen und sonstige Anleihevarianten	Floating-Rate-Notes, Zerobonds, Annuitätenanleihen, Stufenzinsanleihen, Doppelwährungsanleihen, Indexierte Anleihen
Fremdwährungsanleihen	Unternehmensanleihen und Staatsanleihen

Abb. 2: Ausprägungsformen von Anleihen

Wer sich für Finanzinnovationen interessiert, dem gibt die folgende Grafik einen Vorgeschmack über das, was man mit Anleihen alles machen kann. Manche von diesen Wertpapieren sind riskant, einige sind sinnlos, mit anderen kann man dagegen interessante und stabile Renditen erzielen. Welche das jeweils sind, erfahren Sie an späterer Stelle.

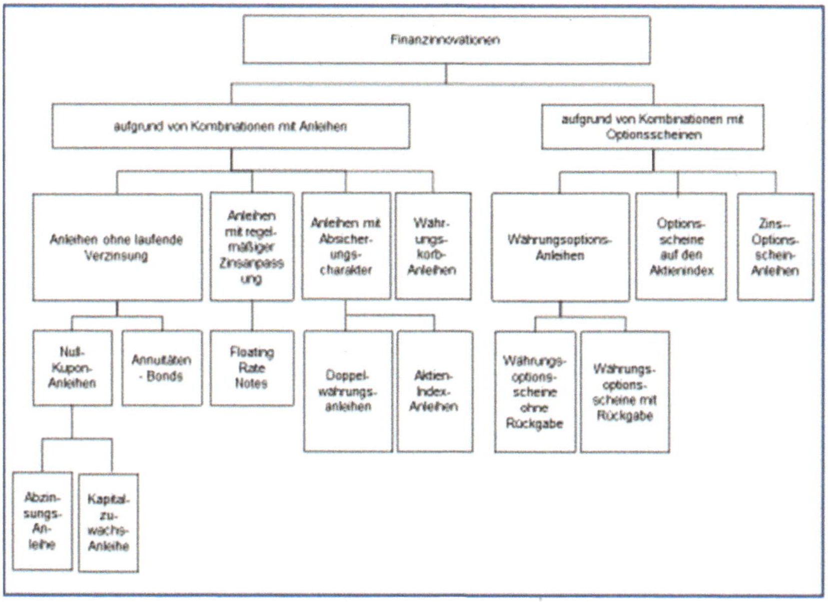

Abb. 3: Übersicht: Konstruktionsformen von Anleihen

2.2 Der Anleihenkurs: Marktzinsniveau und Restlaufzeit bestimmen den Preis

Als ich noch in der Filiale einer großen deutschen Bank als Wertpapierberater arbeitete, gab es regelmäßig nach dem Jahresdepotauszug eine Flut von Kundenbeschwerden der Bondanleger. Tenor war in allen Fällen, dass ihnen vor einigen Jahren jemand die Anleihe mit dem Argument der Sicherheit verkauft hatte und nun sei auf dem Auszug ersichtlich, dass ein Teil des eingezahlten Kapitals verloren war. Wie konnte das geschehen?

Das Beispiel zeigt ein typisches Missverständnis in der Anlageberatung auf: nämlich eine vollkommen unterschiedliche Auffassung des Begriffes „Sicherheit" bei Beratern und Kunden. Für den Bankberater reicht es aus, dass der Schuldner, zum Beispiel die Bundesrepublik, das investierte Geld des Kunden am Laufzeitende wieder zurückzahlt. Der konservative Kunde definiert „Sicherheit" jedoch anders. Für ihn ist es wichtig, dass sein Kapital über die gesamte Laufzeit gleich bleibt oder anwächst, aber nicht, dass es weniger wird! Wie Sie ein solches Missverständnis in Zukunft vermeiden können, thematisieren wir in nachfolgenden Kapiteln noch ausführlich.

Doch zurück zum Anleihenkurs: Rentenpapiere werden wie Dienstleistungen oder Güter auf einem Markt gehandelt. Dieser Markt ist die Börse. Der Preis für das Rentenpapier ist der Kurs, der in Prozent des Nennwertes der Anleihe ausgedrückt wird. Wie alle Preise schwanken auch die Kurse von Rentenpapieren bis auf sehr wenige Ausnahmen in Abhängigkeit von Angebot und Nachfrage. Liegen die Kurse unter 100 Prozent, notieren die Anleihen „unter pari" - entsprechend „zu pari" oder „über pari" bei Kursen zu oder über 100 Prozent.

Die Kursschwankungen sorgen dafür, dass die Rendite einer jeden Anleihe stets marktgerecht ist oder genauer: dem aktuellen *Marktzinsniveau* angepasst wird. Hört sich kompliziert an, ist aber ganz einfach. Ein Beispiel:

Heute begibt ein Unternehmen eine Anleihe zum Kurs von 100 Prozent, die mit einem Coupon von 6 Prozent ausgestattet ist. Nehmen wir einmal an, Sie kaufen diese Anleihe in Ihr Depot. Wenn das Zinsniveau ein Jahr später auf 7 Prozent gestiegen ist, werden dann die meisten Neuemissionen einen Coupon von 7 Prozent besitzen. Auf dem Kapitalmarkt, das heißt, wenn Sie Ihre Anleihe verkaufen wollten, muss Ihr Sechsprozenter mit der siebenprozentigen Anleihe konkurrieren. Da aber die Nominalverzinsung unveränderlich festgeschrieben ist, kann sie dies nur dadurch, dass ihr Kurs am Markt so lange tiefer bewertet wird, bis das Verhältnis von fester Zinszahlung zu Marktkurs der neuen Situation einer Kapitalmarktrendite von 7 Prozent entspricht. Logisch, dass der Kurs sinkt, denn wer will schon in dieser Hochzinssituation ein Papier zu 6 Prozent? Andersherum würde der Preis für den

Sechsprozenter steigen, wenn der Kapitalmarktzins unter 6 Prozent gesunken wäre. Insofern wird das (Kurs-)Risiko von Festverzinslichen vornehmlich über mechanistische, rein rechnerische Gesetzmäßigkeiten bestimmt. Sie sind das Ergebnis der Informationseffzienz und der *Arbitragefreiheit* der Kapitalmärkte, die wir bereits kennen gelernt haben. Arbitrage bedeutet, dass es möglich wäre, eine bestimmte Rendite ohne zusätzliches Risiko zu erzielen. Das ist wegen der heutzutage unendlich schnellen Verbreitung von Informationen nicht mehr möglich. Man nennt dieses Prinzip auch die „no-free-lunch-Bedingung" des Nobelpreisträgers Milton Friedman, wonach es auf den Kapitalmärkten nichts umsonst gibt. Dieser mechanistische Zusammenhang ist auch der Hauptgrund, warum Bonds im Vergleich zu Aktien ein geringeres Kursschwankungsrisiko bergen.

Diese komischen Gesetzmäßigkeiten brauchen Sie natürlich nicht zu kümmern, wenn Sie Ihre Anleihe ohnehin bis zur Endfälligkeit halten wollen. Dann bekommen Sie, zwischenzeitliche Marktzinsänderung hin oder her, auf jeden Fall den bekannten Nennwert zurück. Die Kursnotiz an der Börse sorgt lediglich dafür, dass man für einen bestimmten Geldbetrag immer genau das Marktzinsniveau für seine Anlage erhält. Es ist also für Ihre Renditeüberlegungen zunächst egal, ob Sie eine hochverzinsliche Anleihe zu einem hohen Kurs oder eine niedrigverzinsliche zu einem niedrigen Kurs erwerben. Die Rendite der beiden Papiere wird weitgehend identisch sein.

„Weitgehend identisch" heißt in diesem Fall für die Rendite *vor* Steuern. Die Rendite *nach* Steuern kann von der Vorsteuerrendite abweichen, wenn z. B. die Freibeträge ausgeschöpft sind.

Neben dem Marktzinsniveau beeinflusst vor allem die *Restlaufzeit* einer Anleihe maßgeblich ihren Kurs. Je kürzer die Restlaufzeit der Anleihe seit dem Erwerb bis zur Rückzahlung ist, desto näher wird deren Kurs bei 100 Prozent notieren und desto weniger Einfluss werden Schwankungen des Kapitalmarktzinses haben. Weil mit kürzerer Restlaufzeit auch die Anzahl jährlicher Zinszahlungen abnimmt, nähert sich dann der Kurswert einer Anleihe immer mehr ihrem Nennwert. Andersherum schlagen Veränderungen des Kapitalmarktzinses also heftiger durch, je länger die Restlaufzeit einer erworbenen Anleihe ist.

2.3 Das richtige Timing: In welchen Marktphasen welche Bonds?

Wie wir im letzten Kapitel gesehen haben, hängt die Rendite einer Anleihe offensichtlich stark vom Kapitalmarktzins ab. Wenn Sie also die Frage nach der Laufzeit Ihres festverzinslichen Wertpapieres lediglich davon abhängig machen, wie lange Sie auf Ihr Geld verzichten können, vernachlässigen Sie wichtige Marktaspekte. Sie laufen Gefahr, gegen einige grundsätzliche *Timing-Grundregeln des Kapitalmarktes* zu verstoßen.

Die zentrale Kennzahl für das Zinsniveau des Kapitalmarktes ist die *Umlaufrendite,* die von der *Deutschen Bundesbank bzw. der Europäischen Zentralbank* regelmäßig veröffentlicht wird.

Sicherlich sind Sie der Umlaufrendite bereits im Fernsehen begegnet. Sie taucht immer dann auf, wenn die Europäische Zentralbank oder deren amerikanisches Gegenstück, die FED, die Zinsschraube anziehen oder lockern. Neben der Notenbankpolitik wird der Kapitalmarktzins zudem beeinflusst durch die konjunkturelle Situation, internationale Entwicklungen und die Inflationsrate. Erst das – relativ komplexe – Zusammenwirken dieser Faktoren bestimmt das Marktzinsniveau.

Wenn das Marktzinsniveau steigt, sinken die Kurse der umlaufenden Anleihen, denn diese sind mit einem nicht veränderlichen, niedrigeren Zinscoupon ausgestattet. Sie sind nun weniger wert. Fällt das Marktzinsniveau aus irgendwelchen Gründen, sind bereits umlaufende Anleihen mit einem höheren Coupon plötzlich mehr wert. Der Kurs wird steigen.

Anleihen mit langen (Rest-) laufzeiten sind immer dann von Vorteil, wenn das Marktzinsniveau fällt. Denn als Anleger haben Sie sich für einen langen Zeitraum den Coupon einer höheren Zinsphase gesichert. Und damit auch regelmäßige Zinszahlungen, die über dem aktuellen Marktzinsniveau liegen. Ihre Anleihe ist nun am Markt gefragt; folglich werden der Preis und damit der Kurs der Anleihe sogar über pari steigen. Die Kursgewinne können – aber müssen Sie nicht – realisieren, indem Sie Ihr Papier an der Börse verkaufen. Von den Kursgewinnen behält die Bank zugunsten Ihres Finanzamtes allerdings die 25%ige Abgeltungssteuer ein.

Dagegen sind Bonds mit kurzen Restlaufzeiten immer dann vorteilhafter, wenn das Marktzinsniveau steigt. Denn bei solchen Kurzläufern fallen die Kursverluste aufgrund der steigenden Umlaufrendite vergleichsweise gering aus, da nur noch wenige Zinszahlungen bis zur endgültigen Rückzahlung der Anleihe anstehen.

Generell gilt: Ändern sich die Kapitalmarktzinsen, schlagen die Anleihenkurse um so stärker aus, je länger die Restlaufzeit des Wertpapiers noch andauert.

Daraus folgen *drei grundsätzliche Timing-Regeln*, die zwar langweilig, aber für ein Überleben als Rentenanleger notwendig sind:

- Wählen Sie bei steigendem Zinstrend Anleihen mit kurzen Restlaufzeiten. Damit binden Sie sich nicht zu lange an ein niedriges Zinsniveau und Sie halten das *Verlustrisiko* gering, falls Sie vorzeitig an Ihr Geld müssen.

- Bei fallenden Zinsen liegen Sie mit möglichst langen Restlaufzeiten am besten. Sie sichern sich einerseits die höheren Zinsen für längere Zeit und können gegebenenfalls Kursgewinne einstreichen, wenn Sie vorzeitig verkaufen.

- Bei unsicherer Zinsentwicklung und flacher oder inverser Zinsstruktur sind mittlere Laufzeiten angesagt. Eine flache Zinsstruktur liegt vor, wenn die Renditen von Anleihen mit unterschiedlichen Restlaufzeiten nahezu gleich sind. Bei einer inversen Zinsstruktur erhalten Sie „am langen Ende" geringere Zinsen als kurzfristig. Wählen Sie also mittlere Restlaufzeiten, so erhalten Sie höhere Zinsen als bei Kurzläufern, während das Kursrisiko sich in Grenzen hält. Auf keinen Fall sollten Sie noch Papiere über pari erwerben.

Tipp: Beachten Sie immer die drei grundsätzlichen Timing-Regeln beim Anleihen-Kauf!

2.4 Die Qual der Wahl: Welche Anleihe passt zu mir?

Nachdem wir uns gerade mit den kapitalmarktabhängigen Faktoren der Anleihenwelt beschäftigt haben, konzentrieren wir uns hier auf Ihre persönlichen Anlageziele und Ihre Risikobereitschaft, von denen die Art des zu erwerbenen Wertpapieres maßgeblich abhängt.

Wenn Sie Ihre *privaten Anlageziele* für sich selbst oder mit einem Vermögensberater konkretisieren, so warne ich Sie vor weichen Pseudozielen, die Bankberater und Versicherungsvertreter gerne nutzen. Vermeiden Sie Begriffe wie „Vermögensaufbau" oder noch schlimmer „Altersvorsorge". Besser ist es, Sie legen eine Tabelle an, zum Beispiel mit Microsoft Excel, und schreiben für die nächsten eins bis x Jahre so konkret wie möglich auf, zu welchem Datum Sie welchen Betrag brauchen. Das kann beispielsweise so aussehen:

Anlageziele 2003 bis 2025

Datum	**Betrag Euro**	**Turnus**	**Verwendung**
01.04.2009	110.000,00	einmalig	Ablösung Hypothek
01.10.2018	40.000,00	einmalig	Kauf Segelyacht
01.01.2025	2.000,00	monatlich	Rente wg. Vorruhestand

Abb. 4: Anlageziele

Mit dieser Planung entwickeln Sie Ihren persönlichen Ziel-Zahlungsstrom; Fachleute sprechen auch von cash-flow-basierter Planung. So können Sie den größten Vorteil von Anleihen gegenüber Aktien ausnutzen: Die hohe Sicherheit von Auszahlungen in Form von Ausschüttungen und Rückzahlungen des Kapitals. Das ermöglicht Ihnen eine relativ genaue Steuerung von Zahlungsströmen, wenn Sie Ihre Bonds entsprechend auswählen.

Der zweite wichtige Punkt bei der Auswahl von Anleihen ist Ihre eigene *Risikobereitschaft*. Dieser Begriff ist für eine Analyse von Kapitalanlageentscheidungen extrem schwer zu greifen und möglicherweise sogar ungeeignet. Denn allein der Wortbestandteil „Risiko" ist so schwer zu definieren, dass wir ihm ein ganzes Kapitel gewidmet haben. Merken sollten Sie sich bis dahin folgendes:

Wer auf dem Kapitalmarkt eine überdurchschnittliche Rendite erzielen möchte, muss auch bereit sein, dafür ein höheres Risiko in Kauf zu nehmen. Dieses drückt sich meist in Sonderbedingungen bei der Ausgestaltung der Anleihe, in Währungsrisiken oder in einer schlechteren Kreditwürdigkeit des Schuldners aus.

Bevor Sie sich für eine Anleihe entscheiden, sollten Sie sorgfältig prüfen, ob diese zu den Ergebnissen Ihrer privaten Zielplanung passt und Ihrem Sicherheitsbedürfnis gerecht wird. Dazu orientieren Sie sich am besten an den sieben charakteristischen Eigenschaften einer Anleihe, die wir als „Ausstattungsmerkmale" in Kapitel 2.1 bereits kurz erwähnt haben.

Tipp:
Wenn Sie auf Nummer sicher gehen wollen und weder ein Rückzahlungsrisiko noch signifikante Kursschwankungen akzeptieren, sollten Sie sich auf Bundesschatzbriefe oder Pfandbriefe beschränken.

Merkmal	Darauf sollten Sie achten:
Rendite	Die Rendite hängt von der (Rest-)Laufzeit der Anleihe, vom aktuellen Marktzinsniveau, von eventuellen Sonderbedingungen sowie von der Kreditwürdigkeit des Schuldners (gemessen am Rating) ab.
Laufzeit	Sie können eine Anleihe bei der Emission kaufen, also dann, wenn sie der Schuldner begibt, oder danach. Je länger die Restlaufzeit, desto höher sollte die Rendite sein. Die Wahl der richtigen Laufzeit hängt nicht nur davon ab, wie lange Sie auf Ihr Geld verzichten können, sondern auch von der aktuellen Kapitalmarktsituation. Halten Sie sich unbedingt an die oben beschriebenen Timing-Regeln, wenn Sie keine Überraschungen erleben möchten.
Bonität des Schuldners	Je schlechter die Kreditwürdigkeit, desto höher ist die Rendite – aber auch das Risiko, dass Zins- oder gar die Rückzahlung ausfallen. Am besten orientieren Sie sich an den Ergebnissen internationaler Ratingagenturen wie Moody´s oder Standard & Poors.
Liquidierbarkeit	Wenn Sie die Anleihe vor Endfälligkeit verkaufen wollen, müssen Sie vorher prüfen, ob Sie sie auch wirklich los werden. Daher sollten Sie nur Papiere kaufen, die an der Börse gehandelt werden (das sind ca. 70 Prozent) oder die Sie vorzeitig an den Eigenhandel einer Bank oder die Bundesschuldenverwaltung zurückgeben können. Bei einigen börsennotierten Anleihen mit nicht marktüblichen Ausstattungen kommen nur geringe Umsätze zustande, so dass Sie bei Ihrem

	Kauf- oder Verkaufsauftrag unbedingt enge Limits aufgeben müssen.
Zahlungsstrom	Achten Sie darauf, dass Zinszahlungen und Rückzahlungstermine mit Ihren persönlichen Anlagezielen übereinstimmen. Neben Anleihen mit konstanter Zinszahlung gibt es solche mit steigenden oder variablen Zinsen. Manche Bonds zahlen während der Laufzeit gar keine Zinsen. Dann wird die Rendite ausschließlich über den Kurs des Papiers geregelt. Für die Besteuerung der Erträge ist in Deutschland der Zeitpunkt des Zahlungsstromes massgebend. Deshalb ergeben sich aus einer geschickten Verlagerung dieser Zahlungen in steuergünstige Lebensphasen oft große Steuersparmöglichkeiten.
Währung	Jede Anleihe lautet auf mindestens eine Währung. Nur wenn diese Währung der Heimatwährung entspricht, gehen Sie kein Währungsrisiko ein. Einige wenige Anleihen werden jedoch in einer bestimmten Währung begeben, während die Zinszahlungen und/oder die Rückzahlung in einer anderen Währung erfolgen. So eine Konstruktion wirkt sich auf alle Fälle auf die Emissionsrendite der Anleihe aus.
Sonderrechte	Während früher Sonderrechte kaum eine Rolle spielten, sind sie heute bei Anleihen häufig von zentraler Bedeutung. So statten die Schuldner ihre Anleihen häufig mit Zusatzrechten aus, um günstigere Bedingungen für ihre Fremdkapitalaufnahme zu erzielen. Gern genutzte Sonderregelungen sind zum Beispiel eine Beteiligung der Anleihegläubiger an der jährlichen Gewinnausschüttung des Unternehmens oder der Bezug von Aktien. Viele Finanzinnovationen sind Anleihen mit Sonderrechten.
Besteuerung	Die Besteuerung ist für jeden Anleger, der seinen Freistellungsauftrag ausgeschöpft hat und/oder einen hohen Steuersatz zahlt, entscheidend bei der Auswahl von Anleihen. Zinseinkünfte über den Sparerfreibetrag hinaus müssen allerdings nicht mit dem persönlichen Steuersatz versteuert werden, sondern nur mit der 25%igen Abgeltungssteuer

Abb. 5: Checkliste für den Anleihenkauf

2.5 Chance und Risiko: Was versteht man darunter?

Ohne die Betrachtung des Risikos kann auch die Anlage in (scheinbar) sichere Anleihen schnell zu einer unerfreulichen Geschichte werden. Die Welt ist voll von Privatinvestoren, die Aktienanleihen oder Equity-linked-bonds für eine sichere Sache gehalten haben und nun den gerichtlichen Klageweg beschreiten. Doch was ist eigentlich „Risiko"?

In der Umgangssprache hat Risiko immer einen negativen Beigeschmack. Von dieser Empfindung müssen wir uns lösen, denn es gibt unterschiedliche Arten von Risiken. Risiko ist schon deswegen nicht ausschließlich negativ, weil es auf dem Kapitalmarkt ohne Risiken auch keine Chancen gäbe - und an denen verdient auch der Anleiheninvestor. Für ihn ist es allerdings wichtig, Risiken zu identifizieren, zu messen, bewusst einzugehen, auszuschließen oder teilweise zu streuen. Weil nur bestimmte Risiken reduziert werden können, müssen wir uns den schwammigen Risiko-Begriff etwas näher ansehen:

Risiko ist zunächst einfach ein Begriff für die Bewertung eines unsicheren Ereignisses in der Zukunft. Die Bewertung dieses Ereignisses kann aber auch durchaus positiv sein. Deswegen sprechen Psychologen und Wirtschaftswissenschaftler, die sich mit Entscheidungs- oder Spieltheorie befassen,[1] vielmehr von „Unsicherheit" statt von Risiko. Denn dieser Begriff ist neutraler. Wir können uns das beispielhaft klarmachen, wenn wir uns zwei Schüler A und B bei einer Mathematikarbeit vorstellen. A war anders als sein Freund B schon immer ein sehr guter Rechner, so dass das Risiko für ihn, bei der Prüfung zu versagen, eher gering ist. Dagegen ist das Risiko für B, nachdem er bereits zwei Fünfer in diesem Halbjahr geschrieben hat, sehr viel höher. Im ersten Fall ist die geringe Unsicherheit für das Versagen von A eine positive Sache, so dass bereits deswegen der umgangssprachliche Begriff „Risiko" unangemessen wäre.

Dennoch zeigt das Beispiel, dass es zwei Formen der Unsicherheit gibt. Einerseits das *objektive Risiko*, das als Wahrscheinlichkeit quantitativ gemessen werden kann und andererseits das vom Menschen wahrgenommene, *subjektive Risiko*. Während das objektive Risiko die von Wissenschaftlern untersuchte Wahrscheinlichkeit dafür angibt, mit der ein unsicheres Ereignis eintritt oder nicht, ist das subjektive Risiko vielmehr psychologischer Natur. *Es entsteht oft gerade erst aus dem objektiven Risiko.* Wir haben es also in unserem Beispiel mit dem subjektiven Risiko zu tun. Weil B schon öfter versagt hat, kann man bei ihm eine höhere Unsicherheit vermuten. Vielleicht ist ihm Mathe aber auch egal, dann ist die subjektive Unsicherheit

1 Vgl. etwa Eisenführ, Weber (1999)

wohl eher gering. Am besten übersetzt man die subjektiv wahrgenommene Unsicherheit mit „Bauchgefühl".

Auf keinen Fall darf man die beiden Begriffe durcheinander bringen. Warum das so ist? Nun, im obigen Beispiel wäre das objektive Risiko für das Versagen des Mathefreaks A genau 50 Prozent. Es gibt nämlich nur zwei mögliche Ereignisse. Entweder A besteht die Prüfung oder nicht. Daher hat jedes dieser beiden Ereignisse die Wahrscheinlichkeit von 50 Prozent. Das verstehen Sie nicht? Sie glauben, weil A früher immer gut in Mathe war, habe er eine höhere Wahrscheinlichkeit, die Prüfung zu bestehen? Nein, das ist genau der Punkt! Ihr Bauchgefühl oder der gesunde Menschenverstand sagen Ihnen, dass jemand mit guten Leistungen in der Vergangenheit leichter die Prüfung besteht und damit eine höhere Erfolgswahrscheinlichkeit besitzt. Aber gerade das ist die *subjektive Unsicherheit*! Objektiv betrachtet spielen die Leistungen von A in der Vergangenheit keine Rolle. Jedes Mal, wenn eine Mathematikarbeit ansteht, liegt die Erfolgswahrscheinlichkeit genauso wie die Misserfolgswahrscheinlichkeit bei 50 Prozent. Weil die Vergangenheit für die objektive Unsicherheit nicht relevant ist, hat B interessanterweise dieselbe Erfolgswahrscheinlichkeit wie A.

Die Welt ist leider voll von Leuten, die dieses Prinzip nicht begreifen. Man nennt sie im Volksmund auch Lottospieler. Wie oft hört man in Annahmestellen „irgendwann muss es doch mal funktionieren". Mein Großvater hat 50 Jahre Lotto gespielt und im Grunde nichts gewonnen. Objektiv betrachtet muss es nämlich gar nicht funktionieren. Die Wahrscheinlichkeit eines Sechsers ist für jemanden, der das erste Mal Lotto spielt, genauso groß wie für jemanden, der seit Jahrzehnten seinen Lottoschein ausfüllt.

Was hat das alles mit Anleihen zu tun? Für das Bondmanagement ist die Unterscheidung zwischen objektiver und subjektiver Unsicherheit deshalb von zentraler Bedeutung, weil man die objektive Unsicherheit auf den Märkten mit bestimmten Maßnahmen reduzieren kann. Ihre persönliche subjektive Unsicherheit ist jedoch eine Wahrnehmung oder ein Bauchgefühl, dieses lässt sich technisch nicht verändern. Von dieser Einstellung aber hängt im Grunde Ihre gesamte Kapitalanlagestrategie ab. Ob Sie ausschließlich in konservative Bundesanleihen oder aber in Emerging-Market-Bonds investieren, sollten Sie nämlich nicht von der objektiven Unsicherheit, also der Eintrittswahrscheinlichkeit eines negativen Ereignisses abhängig machen. Vielmehr gilt es, Ihrem Bauchgefühl zu gehorchen.

Tipp: Hören Sie auf Ihr Bauchgefühl beim Anleihenkauf!

Im Klartext heißt das: Es ist im Grunde egal, welch' tolle Rendite ein Wertpapier bietet und welche Möglichkeiten der Risikoabsicherung Ihr Berater für Ihr Depot anwendet, wenn Sie mit dieser Anleihe nicht ruhig schlafen können. Denn subjektive Unsicherheit, Ihr Bauchgefühl, lässt sich schlecht reduzieren, außer man gewöhnt sich langfristig daran. Manchmal ändern Menschen in Abhängigkeit von irgendwelchen Lebensphasen ihre Risikoneigung. Singles sind deutlich risikobereiter als Familienoberhäupter. Aber Ad-hoc-Einstellungsänderungen gibt es bei der Riskoeinschätzung nicht. Hören Sie bei der Kapitalanlage also auf Ihren Bauch und lassen Sie sich nichts von irgendwelchen Beratern oder Anlagemagazinen verkaufen!

Anders herum bedeutet eine höhere persönliche Risikoneigung, dass Sie möglicherweise zumindest für das Anleihenmanagement gar keine Berater benötigen und im Grunde alles selbst machen können. Dieses Buch soll Sie dabei unterstützen.

2.6 Die objektiven Risiken: Vor jedem Bondkauf checken!

Nachdem bisher sehr viel von subjektiven Risiken, vom Bauchgefühl des Anlegers, die Rede war, schauen wir uns nun die objektiven Risiken von Obligationen näher an. Vor jeder Kaufentscheidung sollten Sie die einzelnen Risiken analysieren und genau prüfen, ob Sie diese eingehen wollen.

1) Das Marktrisiko

Für alle Anleihen, die an der Börse gehandelt werden, besteht ein Kursrisiko. Dies hängt mit dem bereits besprochenen Marktzinsniveau zusammen. Wenn der Kapitalmarktzins steigt, werden alte Anleihen weniger wert, da sie einen geringeren Coupon tragen als Neuemissionen. Die Nachfrage geht zurück, der Preis, ausgedrückt im Kurs des Papiers, sinkt. Dieser Kurs ist aber nur dann ein realer Verlust, wenn Sie die Anleihe tatsächlich verkaufen.

> **Tipp**: Kaufen Sie in Hochzinsphasen Langläufer und in Niedrigzinsphasen Kurzläufer.

Das Marktrisiko ist um so größer, je länger die (Rest-) Laufzeit einer Anleihe ist und umgekehrt. Dieses Phänomen ist einfach zu erklären. Stellen Sie sich vor, dass Sie zwei Anleihen mit einem Coupon zu jeweils vier Prozent erwerben. Die erste Anleihe hat noch sechs Jahre Restlaufzeit, während die zweite nur noch vier Jahre läuft. Wenn das Zinsniveau auf 5 Prozent steigt, wird der Kurs des Langläufers stärker fallen als beim Kurzläufer, denn bei ersterem werden ja noch zwei Jahre länger Zinszahlungen zu dem dann relativ niedrigen Coupon fällig.

Wir haben besprochen, dass das objektive Risiko immer auch eine positive Komponente birgt. Beim Marktrisiko ergibt sich daher oft auch eine Kurschance. Wenn die Umlaufrendite nämlich auf drei Prozent sinkt, haben Sie bei Ihrem oben gekauften Vierprozenter das Recht weiterhin Coupons mit vier Prozent zu bekommen. Je länger diese Zinszahlungen in einer Niedrigzinsphase noch andauern, desto besser. Daher wird der Kurs Ihres Vierprozenters steigen und zwar umso stärker, je länger die Restlaufzeit ist. Wenn Sie das Papier in dieser Phase verkaufen, können Sie den Kursgewinn realisieren müssen diesen aber - wie die Zinserträge beim Halten der Anleihe auch - mit der 25%-Abgeltungssteuer versteuern.

Tipp: Bundesschatzbriefe, Finanzierungsschätze und Sparbriefe sind die erste Wahl für mündelsichere Anlagen.

Es gibt aber auch Bonds, die nicht an der Börse notiert sind und die Sie jederzeit zum Nennwert zurückgeben können. Dies sind zum Beispiel Bundesschatzbriefe, Finanzierungsschätze und Sparbriefe von Sparkassen und Genossenschaftsbanken. Nur bei diesen Papieren gehen Sie absolut sicher, dass während der Laufzeit der Anleihe kein Vermögensverlust durch das Marktrisiko eintritt.

Tipp: Anleger sollten vor einer Investition genau prüfen, ob sie für die gesamte Dauer der Restlaufzeit auf ihr Kapital verzichten können.

Für den Rest der Bondwelt, und das sind etwa 90 Prozent aller Anleihen, gilt: Nur wenn der Anleger die Restlaufzeit bis zur Rückzahlung der Anleihe „durchhält", geht er kein Kursrisiko ein. Bei den meisten Obligationen wird ein Durchhalter am Ende der Laufzeit 100 Prozent seines eingesetzten Kapitals zurückerhalten. Zwischenzeitliche Schwankungen brauchen ihn nicht zu interessieren.

2) Das Liquiditätsrisiko

Dieses Risiko beschreibt, dass es schwer oder teilweise unmöglich sein kann, eine Anleihe zu einem fairen Preis zu verkaufen. In einem normalen Markt und bei einer Standardanleihe stellt die Liquidierbarkeit, die oft auch Fungibilität genannt wird, kein Problem dar. Dagegen können Bonds, die aus volumensmässig kleinen Emissionen kommen, die Sonderbedingungen enthalten oder auf eine unübliche Fremdwährung lauten, an der Börse oft nur einen geringeren als rechnerisch fairen Kurs erlösen. Viele Anleger kaufen ja gerade solche Anleihen, um einen höheren Ertrag zu erwirtschaften. Dieser ist hingegen nur die logische Konsequenz eines schwierig zu vermarktenden Bonds. Bei sinkenden Zinsen werden Obligationen mit einem kleinen Markt – oder genauer: mit einem geringeren Umsatzaufkommen – stärkere Kursverluste hinnehmen müssen als Standardpapiere. Als Durchhalter bis zur Fälligkeit des Papieres haben Sie natürlich mit dem Liquiditätsrisiko wiederum keine Schwierigkeiten.

Tipp: Wenn Sie Ihr Kapital bis zum Ende der Laufzeit nicht benötigen, kann es sich lohnen, das Fungibilitätsrisiko bewusst einzugehen, um eine Rendite oberhalb des Kapitalmarktniveaus zu erzielen.

3) Das Ausfallrisiko

Wenn Sie im Privatleben Geld verleihen, werden Sie sich vorher über die wirtschaftliche Lage Ihres Schuldners informieren: Wie sicher können Sie sein, dass der Schuldner Ihr Geld zurückzahlen und die regelmäßigen Zinsen bedienen kann? Auch im Wirtschaftsleben gibt es Unternehmen und Staaten, die gut dastehen und andere, denen Sie lieber kein Geld leihen sollten. Letztere können auf den Kapitalmärkten kein Geld einsammeln, wenn sie nicht bessere Konditionen bieten als andere Emittenten mit besserer Zahlungsfähigkeit. Das ist die bekannte „no free lunch"-Bedingung. Auf den Kapitalmärkten gibt es eben nichts umsonst. Daher ist ein hoher Coupon immer auch ein Indiz für eine geringere *Bonität* eines Schuldners. Das *Bonitätsrisiko* umfasst daher zwei Gefahren: erstens, dass Zinszahlungen teilweise oder völlig ausfallen und zweitens, dass die Rückzahlung am Ende der Laufzeit ausbleibt (Tilgungsrisiko).

Nun ist es für einen privaten Investor sehr schwer, die Qualität eines institutionellen und/oder ausländischen Schuldners einzuschätzen. Einerseits fehlt ihm die Zeit für eine ausführliche Analyse, andererseits muss seine Einschätzung sehr stabil sein, weil sie sich über den gesamten Zinszahlungs- und Tilgungszeitraum erstrecken muss. Das sind oftmals zehn Jahre oder länger. Banken und institutionelle Anleger sind allerdings gleichermassen überfordert und bedienen sich der sogenannten *Rating-Agenturen*, die mittlerweile auch Privatanlegern offenstehen. Sie verfügen über die Mittel und über die Sachkenntnis, die Bonität eines Anleihe-Emittenten zu beurteilen. Sie verfolgen dessen Qualität systematisch und kontinuierlich über die gesamte Laufzeit anhand einer Fülle von Kriterien, die sie zu einer einzigen Kennzahl verdichten. Mittlerweile sind die Rating-Agenturen so wichtig geworden, dass Unternehmen sie ähnlich wie Wirtschaftsprüfungsgesellschaften hoch für ihre Einschätzung bezahlen. Ohne Rating ist heute auf keinem Kapitalmarkt der Welt mehr eine Anleihe zu platzieren. In Kapitel 4 gehen wir ausführlich auf die Aussagekraft von Ratings ein.

Tipp: Informieren Sie sich bei den bekannten Rating-Agenturen (z. B. Moody's oder Standard & Poors) über die Bonität des Anleihenschuldners.

4) Das Inflationsrisiko

Die Veränderung der Kaufkraft des Geldes wird von den meisten Kapitalanlegern unterschätzt. Weil die Märkte aber auf die Wirkung der Inflation reagieren, lohnt es sich, dass wir uns im nächsten Kapitel mit den Grundlagen der Kapitalmarkttheorie beschäftigen.

Während Sachwertinvestitionen (zum Beispiel Immobilien) vom Risiko steigender Preise nicht oder kaum betroffen sind, erleiden Bondanleger mit fortschreitender Zeit und/oder zunehmender Geldentwertung Einbußen. Das heißt: Die Kaufkraft des investierten Geldes wird nach Zahlung der Zinsen und Rückzahlung des Kapitals geringer sein als es heute erscheint. Denn ein Teil des erzielten Zinseinkommens wird lediglich den inflationsbedingten Kaufkraftverlust ausgleichen. Insofern werden wir noch sehen, dass die wirkliche Rendite einer Anleihe auf dem Papier immer deutlich höher ist, als die Rendite nach Inflation. Die Rendite nach Abzug der Inflationsrate nennt man *Realrendite.*

Bondanleger haben neben der Inflation selbst zusätzlich auf dem Kapitalmarkt ein *inflationsinduziertes Kursrisiko.* Denn steigender Geldentwertung begegnen Notenbanken gern mit einer Anhebung der Leitzinsen. Ein steigendes Marktzinsniveau bedeutet aber immer sinkende Kurse für den Anleger und folglich auch Verluste, wenn er denn in solchen Marktphasen verkaufen muss. Wegen dieser doppelten Wirkung der Inflation ist sie das Gespenst eines jeden Bondinvestors. Abhilfe leisten übrigens sogenannte inflations-indexierte Schuldverschreibungen, welche die steigende oder fallende Inflationsrate ausgleichen und so zu der erwünschten Zielrendite führen. Diese Wertpapiere waren in Deutschland vor Einführung des Euro verboten, sind in den USA jedoch bei vielen Rentenfreaks weit verbreitet und beliebt.

Tipp: Achten Sie auf inflations-indexierte Schuldverschreibungen, wenn Sie das Inflationsrisiko vermeiden möchten.

5) Das Wiederanlagerisiko

Das schlimmste, was einem Anleger passieren kann, der eine Anleihe bis zur Rückzahlung halten möchte, ist eine jährliche Zinszahlung. Warum? Nun, zum einen muss er auf diese Erträge Einkommensteuer zahlen. Zum anderen wird es unserem Durchhalter in den wenigsten Fällen gelingen, die Ausschüttungen zur Nominalrendite der Anleihe wieder anzulegen. Das aber schmälert die Gesamtrendite über die Laufzeit dieser Investition.

Hinweis:
Hier zeigt sich deutlich, dass sich ein „Risiko" auch positiv auswirken kann: nämlich in Zeiten steigender Zinsen, wenn der Marktkurs Ihrer Anleihe sinken würde.

Beispiel:
Sie erwerben eine 5-Prozent-Anleihe, die fünf Jahre läuft. Im ersten Jahr der Couponzahlung kann das Geld vielleicht gerade mal zu etwas unter 5 Prozent erneut investiert werden. Aber je näher man der Rückzahlung kommt, desto schwieriger wird dieses Vorhaben. Klar, denn „time is money" und für die Überbrückung eines Jahres können Sie für die Anlage der letzten Zinszahlung vor der Tilgung eben nur Festgeldniveau erzielen, keinesfalls aber die 5 Prozent!

6) Das Kündigungsrisiko
Eng mit dem Wiederanlagerisiko verbunden ist das Risiko, dass der Schuldner (also der Emittent des Bonds) seine Anleihe vorzeitig kündigt. Bonds mit dieser Rückrufvereinbarung in den Emissionsbedingungen ermöglichen dem Emittenten, die Anleihe zurückzuzahle, bevor sie fällig ist. Für Sie als Anleger heißt das: Sie können den unerwarteten Geldzufluss möglicherweise nur zu schlechteren Bedingungen als ursprünglich in der Anleihe verbrieft wieder investieren.

7) Das Währungsrisiko
Wenn Sie Anleihen kaufen, deren Zins- oder Tilgungszahlungen nicht auf Euro lauten, gehen Sie ein Währungsrisiko ein. Denn als heimischer Investor werden Sie ja die Zahlungsströme der Währungsanleihe wieder in Euro umtauschen wollen. Sinkt der Devisenkurs der Fremdwährung, erleiden Sie beim Umtausch Verluste. Vor diesem Risiko könnten Sie sich nur schützen, wenn Sie in das Land der Anlagewährung umsiedeln.

Tipp: Wie alle Risiken bietet auch das Währungsrisiko eine Chance, auf die viele Investoren setzen: Gewinnt die Emissionswährung gegenüber dem Euro, steigt der Kurs der Anleihe. Beim Verkauf kann (nach Ablauf der Spekulationsfrist *Abgeltungssteuer ??*) ein Kursgewinn realisiert werden.

Auch Schuldner (Unternehmen, Institutionen und Staaten) aus dem Euro-Raum begeben Bonds in fremder Währung. Auch bei sehr guter Bonität des Emittenten ist dennoch für den Risikograd der Schuldverschreibung vor allem die Stabilität der Währung ausschlaggebend. Zur Beurteilung des Währungsrisikos sind natürlich die Länderratings interessant, aber vor allem auch die Devisenkurs-Charts. Es gibt übrigens zuhauf ausländische Emittenten wie etwa Coca-Cola oder den Staat Brasilien, die im Euro-Raum Anleihen auflegen. Das ist verständlich, weil der Euro-Bondmarkt nach dem Dollar-Bondmarkt der größte und liquideste ist. Unternehmen oder Staaten, die Schulden bei privaten Anlegern machen wollen, können sicher sein, dass sie hier ihre Emisson problemlos platzieren können. Für Sie als Investor fällt dann das Währungsrisiko vollkommen weg, während das Bonitätsrisiko des Schuldners bleibt.

2.7 Warum Zeit wirklich Geld ist: Die Kapitalmarkttheorie

Wir haben bereits gesehen, dass auch die Kurse von Anleihen schwanken, zwar nicht so drastisch wie Aktienkurse und auch deutlich mechanistischer, aber immerhin. Dabei haben wir immer von „Veränderungen des Marktzinsniveaus" gesprochen und deren Auswirkungen in Richtung fallender oder steigender Bondkurse untersucht. Was aber ist die Ursache für eine Veränderung des Marktzinsniveaus?

Hier kommt die Kapitalmarkttheorie mit ihrem Begriff von „Kapitalmarkt" ins Spiel. Eines vorweg: Obwohl der Kapitalmarkt unsere eigene Schöpfung ist, versteht ihn kaum jemand. Jedenfalls nicht so gut, als dass man zuverlässig prognostizieren könnte, wie sich bestimmte Marktpreise oder Kurse zukünftig entwickeln. Allgemein bezeichnet der Wirtschaftswissenschaftler einen Markt für Güter, die Ansprüche auf gegenwärtige und zukünftige Zahlungen darstellen, als Finanzmarkt. Diese Güter können zum Beispiel Geld, Aktien, Renten oder Immobilien sein, so dass viele einzelne Finanzmärkte existieren. Die Gesamtheit dieser Finanzmärkte, die gegenwärtige und zukünftige Zahlungen in Übereinstimmung bringt, nennt man Kapitalmarkt.

Risikotransformation	Fristentransformation
sorgt dafür, dass Risiko gehandelt, also gekauft und verkauft werden kann. Dies ist die Voraussetzung dafür, dass man das Risiko einer Investition reduzieren kann.	Sorgt dafür, dass verschiedene Laufzeitpräferenzen von Kapitalgebern und Kapitalnehmern koordiniert werden.
Losgrößentransformation	**Publizitätstransformation**
Ist das Zusammenfassen und Splitten unterschiedlicher Kauf- und Verkaufsmengen.	Bedeutet die standardisierte Schaffung von Transparenz, zum Beispiel durch Gütesiegel, Ratings, Börsenaufsicht, Aktienrecht usw.

Abb. 6: Die vier Funktionen eines Finanzmarktes

Die nun folgenden grundlegenden Begriffe der Kapitalmarkttheorie sind an dieser Stelle nicht etwa Selbstzweck. Vielmehr sollte man sie sich stetig ins Gedächtnis rufen, denn sie helfen, dass man bei der Kapitalanlage rational entscheidet und nicht auf Verkaufstricks hereinfällt. Möglicherweise kennen Sie einige dieser Prinzipien – ich kenne sie auch, dennoch erwische ich mich regelmäßig selbst dabei, wie ich ein oder gleich mehrere Kapitalmarktgesetze verletze. Das geschieht immer dann, wenn ich mir von einer bestimmten Investition, meistens in ein Wertpapier, unglaublich viel verspreche, weil ich Vorteile und Unterbewertungen analysiert habe, die andere nicht gesehen haben. Dass diese Einschätzung meist unsinnig ist, will ich Ihnen auf den nächsten Seiten aufzeigen.

In der Regel sind es vier Gesetze, die wir bei unseren Anlageentscheidungen durch Banken- oder Börsenbriefwerbung viel stärker berücksichtigen sollten: das Zeitwertprinzip, das Mini-Max-Prinzip, das Opportunitätsprinzip und die Arbitragefreiheit.

1) ***Das Zeitwertprinzip***
   Darunter versteht man das Phänomen, dass eine heutige Einnahme (ein positiver Cash Flow oder Zahlungsstrom) immer gegenüber einer Einnahme in einer späteren Periode präferiert wird. Anders ausgedrückt: „Zeit ist Geld“. Ich nenne das Zeitwertprinzip auch „Gummibärchentheorem“. Denn wenn Sie Kinder haben, kennen Sie die Antwort, wenn Sie fragen: „Wollt Ihr die Gummibärchen jetzt oder später?“ Dieser vergleichsweise einfache Sachverhalt liegt

also schlichtweg in der Gier der Menschen begründet. Dennoch vergessen viele Anleger dieses Prinzip, weil es noch von der Renditegier überlagert wird. Sie schließen irgendwelche Verlustzuweisungsmodelle oder Lebensversicherungen ab und vernachlässigen, dass die Kapitalbindung in der Regel länger als 15 Jahre beträgt – doppelt so lange wie die deutsche Durchschnittsehe hält!

Daraus sollten wir lernen, dass wir heutige positive Cash Flows höher bewerten als zukünftige Auszahlungen. Um diesen Sachverhalt rechnerisch abzubilden, zinsen Banker zukünftige Zahlungsströme, also alle Ein- und Auszahlungen einer Investition, auf den heutigen Zeitpunkt ab, um den Barwert oder Kapitalwert zu erhalten. Je höher der Kapitalwert, desto vorteilhafter die Investition. Dabei ist jedoch zu berücksichtigen, dass Inflation und Steuern die Vorteilhaftigkeit von Alternativen verändern. Denn auch Inflation und Steuern sind Zahlungsströme (oder zahlen Sie etwa keine Steuern?) und unterliegen einem „Zinseszinseffekt". Wie beide in die Investitionsrechnung miteinzubeziehen sind, sehen wir im nächsten Kapitel bei der Suche nach der „wahren Rendite".

2) ***Das Opportunitätsprinzip***
Dieses Entscheidungskalkül vernachlässigen wir wahrscheinlich am häufigsten von allen. Immer dann, wenn uns die Werbung oder ein Bankberater etwas verkaufen möchte, fragen wir uns, ob wir zuschlagen sollen oder nicht. Als rationaler Mensch denken wir über die Vor- und Nachteile dieses Produktes nach und kommen bei überwiegenden Vorteilen zu einer Kaufentscheidung. Nehmen wir beispielsweise einen geschlossenen Immobilienfonds. Vorteilhaft ist die Verlustzuweisung. Auch die Rendite ist bei einem soliden Generalmieter akzeptabel. Da fallen die lange Kapitalbindung und das Agio nicht ins Gewicht. – Und schon sind wir hereingefallen, weil wir das Opportunitätsprinzip verletzt haben!

Denn entscheidungstheoretisch kann man nicht die Vorteile und Nachteile einer Alternative bewerten ohne eine zweite, auch Nullalternative genannt, zu betrachten. In unserem Immobilienfall kann die Nullalternative beispielsweise ein Bundesschatzbrief sein.

Entscheidungs-kriterium	Alternative: Immobilienfonds	Nullalternative: Bundesschatzbrief
Rendite	+	-
Risiko	+	++
Transaktionskosten	-	+
Liquidierbarkeit	-	+
Gesamtwertung	**0**	**+**

Abb. 7: Opportunitätsprinzip

Die Rendite des Immobilienfonds ist etwas höher als die des Bundesschatzbriefes, wobei das Risiko des Bundesschatzbriefes weitaus geringer ist. Zudem sind die Transaktionskosten des „BuSchas" niedriger, so dass die Rendite nach Kosten besser sein dürfte. Außerdem ist dieser im Gegensatz zum geschlossenen Fonds problemlos liquidierbar. Folglich sollten wir vor dem Hintergrund einer Alternativanlage von einem Kauf des Fonds absehen. Was noch nicht heißt, dass wir nun die festverzinsliche Alternativanlage ins Depot legen sollen! Entscheiden nach dem Opportunitätsprinzip bedeutet nur, dass man eine Alternative gegen eine Nullalternative vergleicht, nicht dass man letztere auch erwirbt.

Insofern hilft das Opportunitätsprinzip uns zuverlässig beim Schutz gegen Banken- und Versicherungswerbung oder andere Verkaufstricks. Wenn Sie wieder einmal in Emissionsprospekten die „Chancen auf eine hervorragende Wertentwicklung" lesen, sollten Sie erst einmal fragen, woran „hervorragend" gemessen wird. An Sparbüchern, Optionsscheinen oder Oldtimern? Auch bei der Investitions- und Finanzierungsentscheidung für ein großes Immobilienprojekt ist daher stets eine Alternative relativ zu einer zweiten Alternative zu beurteilen. Auch hier kann die Nullalternative ein Bundesschatzbrief sein, oder die Möglichkeit, das Geld in der eigenen Firma zu investieren. Beim Vergleich dieser Alternativen sollten Sie anhand der Zahlungsströme überprüfen, ob sich ein positiver Kapitalwert ergibt. Erst dann können Sie entscheiden, ob das Projekt sich lohnt, ob Sie sich für eine andere Alternative entscheiden oder vor diesem Hintergrund zunächst ganz auf die Anlage verzichten.

3) Das Prinzip der Arbitragefreiheit

Es beschreibt, dass man auf dem Kapitalmarkt keine positiven Zahlungsströme ohne Risiko erzielen kann. Grund hierfür ist die hohe Effizienz des Kapitalmarktes. Durch die modernen Informationstechnologien sind heutzutage alle Informationen sofort im Preis verarbeitet. Das heißt: Für ein und dieselbe Aktie zahlt man zum gleichen Zeitpunkt in Frankfurt und New York auch den gleichen Börsenpreis. Somit sind keine Transaktionen mit erwartetem positivem Kapitalwert mehr möglich.

Bei der Kapitalanlageentscheidung sollten wir uns also darüber klar sein, dass mit einer höheren Rendite regelmäßig auch ein höheres Risiko verbunden ist. Der Nobelpreisträger *Milton Friedman* hat diesen Zusammenhang treffend charakterisiert: „There is no free lunch". Weil es also auf den Kapitalmärkten nichts umsonst gibt, sollten Sie den nächsten Telefonverkäufer, der bei Ihnen anruft und 25 Prozent Rendite mit penny stocks oder Diamanten verspricht, sofort in die Wüste schicken. Jeder Basispunkt jenseits der Umlaufrendite von festverzinslichen Wertpapieren wird mit zusätzlichem Risiko erkauft.

4) Das Mini-Max-Prinzip
Dies ist das zentrale betriebswirtschaftliche Grundgesetz. Es besagt, dass man bei gegebenen Bedingungen entweder versuchen kann, das Maximale zu erzielen oder aber ein gegebenes Ziel mit minimalem Einsatz erreichen kann. Die Maximierung eines ökonomischen Zieles bei *gleichzeitiger* Minimierung des Einsatzes ist nicht logisch, weil Investition und Ergebnis immer in einem positiven linearen Zusammenhang stehen. Insofern ist auch – zur Verblüffung vieler Anleger – die Maximierung der Rendite bei Minimierung des Risikos nicht möglich.

2.8 Wie Banken rechnen: Die Suche nach der wahren Rendite

Dieses Kapitel wollte ich eigentlich „Grundlagen der Finanzmathematik" nennen. Allerdings hätten Sie dann beim Studium der Einleitung das Buch entweder nicht gekauft oder sich spätestens an dieser Stelle vom Lesen verabschiedet. Dennoch sollten Sie wissen, wie Banken rechnen und wie sie manchmal tricksen, um Habenzinsen möglichst hoch und Sollzinsen möglichst niedrig ausschauen zu lassen. Das Schlimme an dem Wort „Rendite" ist ja, dass es nirgendwo vernünftig definiert ist.

Teilweise wird die Rendite in der Bankenwerbung irreführend mit „Verzinsung", „Performance" oder noch schwammiger mit „Wertentwicklung" gleichgesetzt. Auch die Steuerbehörden sind im Umgang damit oft recht hilflos. Als im Einkommensteuergesetz im Rahmen des letzten Steueränderungsgesetzes das erste Mal von der Höhe einer „Rendite" die Rede war, auf die die Abgeltungssteuer zu zahlen ist, rief ich gleich meinen Freund Martin im Bundesfinanzministerium an und habe ihn gefragt, welche Rendite er denn eigentlich meine. Antwort: „Ja, gibt es denn unterschiedliche Renditen?".

Die **Rendite** ist ein Maß für den Ertrag einer Anlage innerhalb einer bestimmten Periode. Sie wird in Prozent des investierten Kapitals ausgedrückt.

Am Ende dieses Kapitels werden Sie zumindest alle Renditebegriffe kennengelernt haben. Die Formeln gehören zwar nicht zum „Lernziel", helfen aber weiter, Investitionen und Finanzierungen im Allgemeinen und Anleihen im Besonderen vernünftig zu bewerten.

Merken sollten Sie sich vor allem folgenden zentralen Punkt: Inflation und Steuern beeinflussen die Rendite maßgeblich und ändern die Vorteilhaftigkeit von Investitions- und Finanzierungsalternativen. Mit anderen Worten: Was oberflächlich betrachtet nach einer guten Kapitalanlage aussieht, kann sich schnell als Zusatzgeschäft entpuppen, wenn man die Geldentwertung und die steuerlichen Gegebenheiten, insbesondere den Spitzensteuersatz, einrechnet. Bei Sparbüchern, Termingeldern, den meisten Anleihen und selbst beim guten alten Bausparvertrag erlebt man dann schnell eine böse Überraschung. Doch wie berücksichtigt man Inflation und Steuern bei der Berechnung von Renditen?

Inflation und Steuern: die maßgeblichen Renditekiller!

Die Wirkung der Inflation kann man am besten mit einem Phänomen beschreiben, das der berühmte Wirtschaftswissenschaftler *John M. Keynes* mit den Worten „money is a vail" bezeichnete: Geld ist ein Schleier. Ein Schleier, der sich über den tatsächlichen, also den realen Wert von Sachen legt und uns einen nominalen Wert vortäuscht. Deutlich wird dies zum Beispiel dann, wenn Sie jede Woche in den gleichen Supermarkt gehen und immer für nominal 200 Euro einkaufen. Anfänglich können Sie den Einkaufswagen bis zum Rand vollladen. Nach zehn Jahren ist der Wagen nach dem Einkauf nur noch halb voll – das ist realer Wertverlust. Diese schleichende Geldentwertung ist nichts anderes als Inflation. Im Euroland beträgt dieser am Preisanstieg eines künstlichen Warenkorbes gemessene Geldwertverfall derzeit etwas über 2 Prozent. Als es die Mark noch gab, war es teilweise deutlich weniger. Die damalige Deutsche Bundesbank als oberster Währungshüter hatte sich seit Gründung der Bundesrepublik zum Stabilitätsweltmeister gemausert und weltweit Anerkennung dafür geerntet.

Ausgesprochen kleine Zahlen werden Sie sagen, warum reitet der Kerl so darauf herum? Nun, der entscheidende Punkt ist, dass auch die Inflation einem *Zinseszinseffekt* unterliegt. Das bedeutet, dass Geld, welches Sie in diesem Jahr zur Bank tragen mit derzeit zwei Prozent entwertet wird. Im nächsten Jahr wird derselbe Betrag bereits um 2,04 Prozent entwertet, im darauf folgenden Jahr um 2,0808 Prozent usw. (sofern die Inflation konstant bei zwei Prozent pro Jahr bleibt).

Diese Erkenntnis führt dazu, dass die Inflation mittel- und langfristig eine große Rolle in unserem Leben spielt. Hat ein *VW Golf* 1980 noch 8.804 Euro gekostet, muss man heute schon mehr als 15.000 Euro hinblättern. In 20 Jahren wird ein *Golf* dann schon 25.600 Euro kosten, so viel wie heute ein Mittelklassewagen. Dieses Beispiel zeigt, dass die Inflation gerade bei der zumeist langfristig angelegten Finanzplanung und der privaten Altersvorsorge zu schwerwiegenden Fehlannahmen führen kann, wenn sie vernachlässigt wird.

Weil der Preis des *Golfs* und der Preis für Geld vergleichbar sind, wird klar, dass man überall dort, wo Banken und Versicherungen uns Zinsen für Guthaben oder Kreditzinsen auftischen, den „wahren" Zinssatz berechnen muss. Nämlich die Rendite nach Berücksichtigung der Inflation. Wirtschaftswissenschaftler nennen das auch *Realrendite*. Dagegen finden Sie in den bunten Prospekten der Finanzintermediäre nur die nicht inflationsbereinigte *Nominalrendite*.

Die Betrachtung der Realrendite bei Kapitalanlagen führt zu einigen interessanten Ergebnissen, die Sie abspeichern sollten. Die Inflation sorgt in der schon sehr lange dauernden Niedrigzinsphase beispielsweise dafür, dass Sie bei Bargeld und Girokonten jedes Jahr eine *negative Rendite* erzielen. Auch langes Parken von Geldern auf Sichteinlagen- oder Termineinlagenbasis bringt real betrachtet null Prozent Zinsen. Zieht man dann noch die Transaktionskosten in Form von Kontoführungsgebühren, Telefongesprächen mit dem Anlageberater und Bankbesuchen ab, zahlen Sie auch bei Festgeldern jedes Jahr noch Geld drauf, anstatt welches zu verdienen. Richtig schlimm wird es aber bei langfristigen Sparverträgen.

Die angenehme Seite der Inflation ist, dass sie auch für Schulden gilt. Wenn Sie beispielsweise 6 Prozent im Jahr an Ihre Hypothekenbank zahlen, dann hilft Ihnen die Geldentwertung derzeit mit freundlichen 1/3 dieses Abtrages über die Runden. Von den nominal 350.000 Euro für eine Eigentumswohnung werde Sie real betrachtet nach 30 Jahren nur 193.225 Euro zurückbezahlt haben und damit trotzdem komplett entschuldet sein.

Anders als die Inflation nagt der zweite Renditeschädling, die Steuer, nicht im Verborgenen sondern ganz offensichtlich an unseren mühsam erarbeiteten Kapitalfrüchten. Weil Sie jedes Mal, wenn Sie Ihr Sparbuch nachtragen lassen, den Satz lesen „... abzüglich Zinsabschlagsteuer", schenke ich mir an dieser Stelle lange Begründungen, warum auch die *Steuer* renditewirksam ist. Übrigens kann die Steuerbelastung anders als die Inflationsrate ziemlich sicher vorhergesagt werden, da die häufigen Gesetzesänderungen im Steuerrecht immer ausreichend zeitnah vor Inkrafttreten veröffentlicht werden müssen.

Dennoch schummeln die Finanzdienstleister auch hier, denn in den seltensten Fällen wird man eine angegebene Rendite um Ihren persönlichen Steuersatz bereinigen. Behalten Sie deshalb im Hinterkopf, dass der Steuereffekt auf die Rendite wesentlich größer ist als der Inflationseffekt – vor allem, wenn Sie unter dem Spitzensteuersatz leiden.

Diese Aussage kann man auch mathematisch erklären. Wenn Sie eine Zinsanlage wie etwa ein festverzinsliches Wertpapier mit einem Nennwert von 100.000 Euro im Depot haben, das eine jährliche Ausschüttung von beispielsweise sechs Prozent bringt, dann beschreibt dieser sechsprozentige Coupon lediglich die *Bruttorendite*, also die Rendite ohne den Abzug von Steuern. Nach Kapitalertragsteuern von 25% verbleibt Ihnen nur noch eine 4,5 prozentige Ausschüttung als so genannte *Nettorendite*, also 4.500 Euro. Wenn Sie jetzt diese entgangenen 25 Prozent der Ausschüttung in der nächsten Periode wieder aufholen wollen, geht das mit Anleihen schon gar nicht mehr. Ihnen bleibt lediglich, den verbliebenen Ausschüttungsbetrag von 4.500 Euro in riskante Aktien anzulegen. Eine Aktie zu finden, die bei angemessenem Risiko den erforderlichen kompensatorischen Kursgewinn von 25% erzielt, dürfte allerdings eine ziemlich große Herausforderung sein – jedenfalls für mich.

Das Beispiel macht eines deutlich: Die Vernachlässigung der Steuer bei der Auswahl einer Anleihe wiegt sehr schwer und kann oft genug gar nicht mehr ausgebügelt werden.

Dennoch reiten alle möglichen Bücher, Börsenbriefe und Zeitschriften zur Kapitalanlage und erst recht die Finanzberater vornehmlich auf den reinen Produktmerkmalen wie Zinssatz, Laufzeit, Herkunft oder Kapitalmarktrisiko herum: „Kaufen Sie jetzt lieber ausländische Value-Fonds statt deutsche Growth-Fonds", „Aktienanleihen statt Aktien ordern" oder „Auslandsanleihen gegenüber Auslandsaktien übergewichten" sind nur einige Beispiele von Schlagzeilen. Eine steuerliche Betrachtung hat in diesen Aufrufen aber in keiner Weise stattgefunden – obwohl bereits jeder Anleger, der seine Freistellungsaufträge ausgeschöpft hat davon betroffen ist! Doch gerade die steuerlichen Rahmenbedingungen und Gestaltungsmöglichkeiten bei der Finanzplanung sind für steuergeplagte Anleger das oberste Gebot.

Auf der Suche nach der „wahren" Rendite gibt es nun noch einen letzten wichtigen Punkt. Um den korrekten Ertrag einer Anlage in einer Periode zu ermitteln, sind selbstverständlich Inflationseffekt und Steuereffekt *gleichzeitig* zu betrachten. Dies ist leider einleuchtend, denn wir zahlen unsere Steuern ja nicht auf den realen, sondern auf einen nominalen Wert. Das kann schon zu merkwürdigen Ergebnissen führen. So ist es beispielsweise zunächst erfreulich, wenn Ihr Einkommen jedes Jahr genau mit der Inflationsrate steigt. Unter dem Strich haben Sie aber real, also inflationsbereinigt, weniger in der Tasche. Dafür sorgt unser progressiv steigender Einkommensteuertarif, der ja auf das Nominaleinkommen angewendet wird. So führt ein nominal mit der Inflationsrate steigendes Einkommen zu einem jährlich höheren Steuersatz und dadurch zu realen Einbußen. Einen „Trost" gibt es jedoch: Als Spitzensteuersatz-Anleger kann Ihr Steuersatz nicht mehr steigen, so dass Sie sich um diesen so genannten „kalten Progressionseffekt" nicht sorgen müssen. Allerdings haben Sie jetzt gelernt, dass sich Steuern und Inflation nicht nur einzeln auf die Vorteilhaftigkeit einer Kapitalanlage auswirken, sondern sich zu allem Übel auch noch gegenseitig beeinflussen. Denn einerseits sorgt die Inflation dafür, dass die jährlichen Zinszahlungen des Anleiheschuldners an Sie real weniger wert sind. Andererseits wird aber auch der Abzinsungszinsfuß geringer, was bedeutet, dass die Kosten des Kapitals sinken. Wir haben es also mit zwei gleichzeitig ablaufenden und sich gegenseitig beeinflussenden Effekten zu tun. Aus diesem Grunde muss die Rendite auch diesen Interaktionseffekt berücksichtigen.[2] Daher gibt es nur eine „wahre" Rendite, die so genannte *Nettorealrendite* – das ist die inflationsbereinigte Rendite nach Steuern. Oft findet man in der Finanzmathematik auch den neutraleren Ausdruck *Nettorealzins*.

2 Wegen des Interaktionseffektes müssen Inflation und Steuer auch multiplikativ verbunden sein. Es geht also nicht, wie man es in diversen Fachbüchern findet, einfach eine Saldierung vorzunehmen, indem vom Bruttonominalzins zunächst der Steuerzinssatz und davon dann die Inflation abgezogen wird. Das wäre nur dann richtig, wenn die Effekte nacheinander abliefen. Das ist aber reine Fiktion.

Um vom Bruttonominalzins i, also der „normalen" Rendite aus den Schaufensterplakaten, zur Nettorealrendite i_0^s zu kommen, müssen Sie in folgenden Schritten vorgehen:

1. Zuerst berechnen Sie den Nettonominalzins i^s, indem Sie den Bruttonominalzins i mit Ihrem persönlichen Steuersatz s gewichten:
   $$i^s = i(1-s)$$

   Beispiel: Sei der Coupon einer Anleihe, also der Bruttonominalzins, 6 Prozent bei einem Steuersatz von 40 Prozent, dann ist der Nettonominalzins 0,06 * (1 - 0,4) = 0,036, also 3,6 Prozent.

2. Danach berechnen Sie den Nettorealzins i_0^s, indem Sie den Nettonominalzins mit der Inflationsrate w (angen. 2 Prozent) gewichten:
   $$i_0^s = \frac{1+i_s}{1+w} - 1$$

   Bei Fortführung des obigen Beispieles ergibt sich für die Nettorealrendite der Anleihe:

   $$i_0^s = \frac{1+0{,}036}{1+0{,}02} - 1 = 0{,}01569,$$

   also etwa 1,6 Prozent nach Inflation und Steuern.

Aus dieser Beispielrechnung lässt sich bereits einiges an Rückschlüssen für die Anlagestrategie schließen. In Niedrigzins-Zeiten, in denen die Umlaufrenditen eher um die 1 bis 1,5 Prozent liegen, muss man sich verdammt strecken, um mit klassischen Anleihen noch eine positive Nettorealrendite zu erhalten.

Wenn Sie an dieser Stelle noch nicht ausgestiegen sind, werden wir das Modell des Nettorealzinses noch um eine letzte Komponente erweitern. Bisher haben wir nämlich nur die Rendite *einer* Periode betrachtet. Anlage- oder Finanzierungsentscheidungen im Kontext von Bonds gelten aber zumeist mittel- bis langfristig. Wenn Sie die langfristige Vorteilhaftigkeit von Investitions- und Finanzierungsentscheidungen beziehungsweise Kapitalanlagealternativen unter Berücksichtigung von Steuern und Inflation beurteilen wollen, so müssen Sie die Nettorealrendite in *jeder* Periode (t = 0, t = 1, ... t = T) über die gesamte Laufzeit der Anleihe ermitteln. Dazu sind die aus Einzahlungen und Ausschüttungen bestehenden Zahlungsströme, neudeutsch

„Cash Flows", in der jeweiligen Periode unter Inflations- und Steueraspekten zu betrachten. Bei späteren Perioden ist deren Wert auf den heutigen Zeitpunkt abzuzinsen. Klar, denn beispielsweise zukünftige positive Cash Flows sind verglichen mit heutigen Auszahlungen natürlich nicht so viel wert, weil man auf sie warten muss. Sie erinnern sich an die Kapitalmarkttheorie: Zeit ist Geld.

Diese Überlegung der Abdiskontierung aller Zahlungsströme wird mit folgender Kapitalwertformel abgebildet. Dabei ist C_0^s der inflationsbereinigte Kapitalwert nach Steuern unter Berücksichtigung der Abschreibungen:

$$C_0^S = (1-s) * \sum_{t=0}^{T} \frac{z_t}{(1+i_0^S)} + s * z_0 + s * \sum_{t=0}^{T} \frac{a_t}{(1+\ i_0^S)^t(1+w)^t}$$

mit a = Abschreibungen
s = Steuersatz
w = Inflation
z = Zahlung

Wenn Sie nun nach dem Opportunitätsprinzip zwei Anlagealternativen vergleichen, sollten Sie sich für die Investition entscheiden, die den höchsten inflations- und steuerbereinigten C_0^s hat.

Der Praxistipp: Achtung bei Börsensoftware!
Es gibt eine Vielzahl von Renditekennzahlen.[3] Aber genau diese Formel sollten Sie einsetzen, wenn Sie unterschiedliche Anleihen untereinander vergleichen oder aber deren Vorteilhaftigkeit gegenüber anderen Kapitalanlagealternativen überprüfen möchten. Wenn Sie mit dem Formeleditor von *Microsoft-Excel* umgehen können, bietet Ihnen die Gleichung eine echte Hilfestellung. Die standardmäßig voreingestellten finanzmathematischen Funktionen von *Excel* leisten dies jedoch nicht. Wenn Sie ein gekauftes Programm, sogenannte Börsensoftware, einsetzen, fragen Sie den Hersteller, mit welcher Formel es im Hintergrund rechnet. Nur wenn das Programm nach der obigen Formel rechnet, können Sie sicher sein, dass die Berechnungen nicht durch Vernachlässigung von Inflation und Steuern schöngefärbt sind.

---

3 Zum Beispiel den internen Zinsfuß. Außerdem gibt es eine Formel für variabel verzinsliche Anleihen, für festverzinsliche Anleihen ohne Änderung der Nominalverzinsung oder die sogenannte Börsenformel. International hat sich die ISMA-Methode durchgesetzt. Dies ist im Grunde die obige Formel ohne Berücksichtigung der Inflation und des Steuersatzes. Näheres dazu in Eller, S. 106 ff.

Leider gibt es keine gesetzliche Verordnung, nach der die Finanzintermediäre ihre Renditeversprechen nur noch als Nettorealrendite abgeben dürften. Stattdessen sind Sie als mündiger Anleger gefordert, zumindest überschlägig und im Kopf nachzurechnen, was denn wirklich von proklamierten 6 Prozent Verzinsung übrig bleibt. Das geht allerdings gerade noch für die jetzige Periode. Alles was an Restlaufzeit Ihrer Schuldverschreibung danach kommt, muss mit PC-Unterstützung evaluiert werden.

Vielfach missbraucht die Finanzdienstleistungsindustrie diesen Mangel an Regulierung, indem Sie eine Rendite angibt, die zum Beispiel nach der *„internen Zinsfußmethode"* ermittelt wurde. Dieses Vorgehen ist bei vielen anleihebasierten Finanzinnovationen und fast allen Verlustzuweisungsmodellen der Fall und in hohem Maße irreführend. Zwar ist die interne Zinsfußmethode ein legitimes Renditemaß, das auch alle Einzahlungen und Auszahlungen verschiedener Perioden berücksichtigt, sie unterstellt jedoch, dass alle Cash Flows dem gleichen (internen) Zinssatz unterliegen. Dieses führt in der Praxis zu der Schwierigkeit, die ausgeschütteten Zahlungen wieder zum internen Zinsfuß anlegen zu müssen, was in den meisten Fällen jedoch unmöglich ist. Hier begegnet uns also das Wiederanlagerisiko: Wenn etwa die Restlaufzeit einer 10-jährigen Anleihe nur noch zwei Jahre ist, können Sie die jährlichen Ausschüttungen nur noch für zwei Jahre anlegen, während Sie Ihre Ausschüttungen im ersten Jahr der Beteiligung noch für zehn Jahre festlegen konnten. Wie wir gelernt haben, werden für längere Laufzeiten höhere Zinsen gezahlt als für kürzere. Folglich wird aufgrund dieser unrealistischen Unterstellung eines konstanten internen Zinsfußes die Rendite mittels dieser Methode künstlich nach oben verändert. Nur wenn Sie die Einzahlungen und die Auszahlungen einer langlaufenden Anleihe mittels der Nettorealrendite bewerten, stellen Sie vielleicht fest, dass man Ihnen eigentlich eine Investition verkauft hat, die oft nicht einmal Sparbuchniveau erreicht - bei zehnjähriger Kapitalbindung.

Fazit:
Ein ausgeschlafener Bondinvestor wird zwei Alternativen ausschließlich anhand der Nettorealrendite bewerten. Dazu muss er bei allen Zahlungsströmen Inflationseffekte und Steueraspekte berücksichtigen. Misstrauen Sie grundsätzlich den Renditeangaben der Finanzintermediäre. Hinterfragen Sie, welche Rendite eigentlich gemeint ist und wie Sie berechnet wurde: real, nominal, brutto oder netto? Lassen Sie sich nicht von absoluten Zahlen im Rentenfondsbereich wie „179 Prozent Wertentwicklung in den letzten zehn Jahren" täuschen, das entspricht eben auch nur einer Rendite von 6 Prozent pro Jahr. Betrachten Sie überdies die „Verzinsungsangaben" auf der Basis der internen Zinsfußmethode äußerst kritisch. Unser Freund John M. Keynes hat über langfristige Analysen gesagt: „in the long run we are all dead". Diese Erkenntnis lässt sich schwerlich bestreiten, aber damit wir bis

dahin wenigstens noch ein bisschen Spaß haben können und uns nicht von der Rendite eines Bankplakates täuschen lassen, empfiehlt es sich, Anlageentscheidungen generell immer nur noch anhand der Nettorealrendite zu treffen.

2.9 Die Entscheidungskriterien: Welches Anlageziel ist wichtiger?

In den vorangegangenen Kapiteln haben wir viel über Ausstattungsmerkmale, Risiken und Auswahlkriterien bei Anleihen gesprochen. Offenbar gibt es eine Vielzahl objektiver Kriterien für Anleihen, die man bei der Anlageentscheidung prüfen sollte. Will man alle Aspekte berücksichtigen, führt das zu sehr viel Aufwand. Das Entscheidungsproblem kann jedoch auf einige wenige objektive Faktoren komprimiert werden. Das ist sehr vorteilhaft, weil das menschliche Gehirn mit der Berücksichtigung sämtlicher Determinanten ohnehin überfordert wäre.

Die vier wichtigsten Entscheidungskriterien bei der Anleihenauswahl:

- die Rendite nach Steuern und nach Inflation
- das Risiko (Oberbegriff für alle Teilrisiken wie Währungsrisiko, Schuldnerrisiko, etc.)
- die Liquidierbarkeit
- die Besteuerung

Wichtig ist dabei allerdings, diese vier Kriterien in eine priorisierende Reihenfolge zu bringen. Außerdem beeinflusst jedes der Anlageziele alle anderen, so dass Sie auch diese Interaktion berücksichtigen müssen.

Wir haben bereits analysiert, dass es eines der wichtigsten Anlageziele ist, jederzeit zahlungsfähig zu sein. Gleichzeitig existiert eine Wechselwirkung mit dem *Risiko*: Stecken Sie alles in eine Anleihe höchsten Risikos, leidet bei Kursverlusten unweigerlich die Liquidität. Verzichten Sie jedoch auf riskantere Alternativen zu Gunsten von Festgeld, Sichteinlagen oder Finanzierungsschätzen, so gehen Sie auch ein Liquiditätsrisiko ein. Denn Inflation und Transaktionskosten vermindern – zumindest langfristig – die Nettorealrendite und führen so ebenfalls zu eingeschränkter Liquidität.

Einleuchtend und bekannt ist auch die Interaktion der Liquidität mit der *Rendite*. Jedenfalls versuchten Banken uns seit Jahrzehnten zu erzählen, dass es eine höhere Rendite gibt, je länger wir uns „festlegen" und auf unser Geld verzichten. Doch seit es Geldmarktfonds, Tagesgeldkonten und Reservefonds gibt, erschreckt diese liquiditätsmäßige Wechselwirkung aufgeklärte Investoren nicht mehr.

Grundregel: Halten Sie immer nur soviel Liquidität vor wie notwendig und investieren Sie soviel wie möglich. Sonst verzichten Sie auf zuviel Rendite.

Die Interaktion der Liquidität mit der *Steuer* haben wir im vorangegangenen Abschnitt bereits erläutert. Meine Erfahrung zeigt hier vor allem bei Freiberuflern, dass das Ergebnis von „Betongoldflucht" (also einer unangemessenen Übergewichtung von Immobilien) und Abschreibungsakrobatik oft zu einem existenzbedrohenden Liquiditätsengpass führt.

Darüber hinaus beeinflusst die Rendite die Höhe der Steuerzahlung. Letztere ist umso höher, je mehr kapitalertragsteuerpflichtige Erträge Sie erzielen. Andersherum ist selbstverständlich Ihre Nettorendite geringer, je höher Ihr persönlicher Steuersatz ist.

Die Determinante *Steuer* steht also durch die Kapitalbindung bei vielen Anleihen in unmittelbarer Beziehung zur *Liquidität* und über die Nachsteuerbetrachtung von Erträgen auch zur *Rendite*. Die steuerliche Gestaltung führt jedoch auch zu *Bonitätsrisiken* beim Erwerber. So werden Fremdwährungsanleihen, insbesondere solche die von schlechteren Schuldnern begeben werden, bei der Sicherheitenbewertung von Banken nur mit einem Bruchteil des Nennwertes anerkannt. Dieser Beleihungwert ist abhängig vom Rating des Schuldners.

Während die obigen Zielkonflikte in der wirtschaftswissenschaftlichen Literatur so gut wie gar nicht behandelt werden, gibt es eine Fülle von Untersuchungen zur *Rendite-Risiko-Interaktion*. Gemeint ist hier das objektive Risiko einer Kapitalanlage, nicht Ihre persönlichen, subjektiven Risikoeinstellungen. Für die Lösung der Frage, wie man das Renditeziel und das Risiko bei der Kapitalanlage gleichermaßen unter einen Hut bringt, erhielten *H. Markowitz, W. Sharpe* und *M. Miller* 1990 den Nobelpreis für Wirtschaftswissenschaften.[4] Sie legten bereits in den fünfziger Jahren den Grundstein zur modernen Portfoliotheorie, die also gar nicht mehr so modern ist.

Exkurs: Die Grundprinzipien der Diversifikation nach Markowitz
Markowitz ging von der Annahme aus, dass ein risikoscheuer Investor bereit ist, auf Ertragsteile zu verzichten, um sein Risiko zu minimieren. Bei gegebener Rendite wird angestrebt, das damit verbundene Risiko zu minimieren oder es wird versucht, bei gegebenem Risiko die Rendite zu maximieren. Konkret wird Risiko hier verstanden als Abweichung von

[4] Zum Modell von Markowitz vgl. ausführlich Peridon, Steiner (1988), S. 171ff., oder Franke, Hax (1999), S. 252ff.

der durchschnittlichen Jahresrendite. Diese Definition ist sinnvoll, weil wir ja bereits herausgefunden haben, dass es selbst bei Sparbüchern Zinsänderungen gibt und Risiken in Form von Inflation, mangelnder Liquidität durch die Festlegungsfrist etc. auftauchen. Außerdem ist dieses Risikomaß objektiv vergleichbar und quantifizierbar. Die Schwankungen des Risikos werden ausgedrückt durch die so genannte „*Volatilität*", die Ihnen bestimmt schon einmal bei *n-tv* oder *Börse online* begegnet ist. Diese Volatilität ist nichts anderes als die auf das Jahr bezogene Standardabweichung der Renditen in Prozent. Dabei ist die Standardabweichung einfach ein bestimmtes statistisches Maß, welches Abweichungen um einen Mittelwert beschreibt.

Markowitz hat nun mathematisch den Zwei-Wertpapier-Fall betrachtet. Wir schenken uns den komplexen Beweis und versuchen einfach zu verstehen, was geschieht, wenn wir zwei Wertpapiere mit unterschiedlichen Renditen in einem Depot mischen.

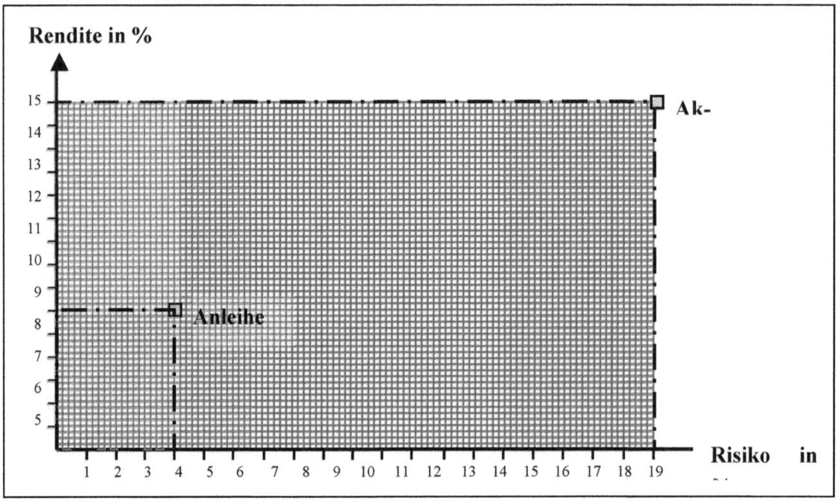

Abb. 8: Der Zwei-Wertpapier-Fall

Wir haben es in diesem Diagramm mit einer Anleihe zu tun, die 6 Prozent Rendite bringt und deren Standardabweichung 4 Prozent ist. Das zweite Wertpapier ist eine Aktie mit 15 Prozent Rendite und 20 Prozent Volatilität. Angenommen, die Anteile jedes Titels sind im Depot gleich. Dann ist es einfach, zu ermitteln, wie die jährliche Rendite ist:

0,5 * (6 + 15) = 10,5 %

Wie aber verhält sich das durchschnittliche Risiko? Man könnte nun erwarten, dass es auch dem halben Mittelwert der Einzelrisiken entspricht, also 12 Prozent. Das ist aber nicht der Fall! *Markowitz* konnte an dieser Stelle zeigen, dass das gesamte Portfoliorisiko normalerweise *kleiner* als die gewichtete Summe der Einzelrisiken ist. Das ist der berühmte *Diversifikationseffekt,* nach dem man nicht alle Eier in einen Korb legen soll. Wie aber kommt dieses überraschende Ergebnis zustande? Nur wenn wir das wissen, können wir die moderne Portfoliotheorie auch praktisch für das Anleihenmanagement nutzen.

Die Möglichkeit, Risiko zu reduzieren, indem man Wertpapiere mischt, beruht allein auf der Tatsache, dass die einzelnen Risiken des jeweiligen Wertpapiers fast nie völlig identisch sind. Die das Risiko ausdrückenden Kursbewegungen zweier Wertpapiere sind daher auch nicht völlig deckungsgleich. Nur in einem solchen Fall wäre oben das Ergebnis 12 Prozent. In der realen Welt aber bewegen sich die Kurse zweier Wertpapiere zwar oft in die gleiche Richtung, jedoch werden Anleihen und Aktien ein völlig anderes Ausmaß der Schwankungsbreite haben. Selbst wenn Sie zwei Aktien mischen, die eine ähnliche Schwankungsintensität besitzen, geschieht es, dass die Kursbewegung bei einem der Titel zeitlich verzögert eintritt. Übrigens ein typisches Phänomen bei konjunkturzyklischen Werten.

Für Sie bedeutet die Portfoliotheorie zunächst also, dass Sie Alternativen finden müssen, deren Renditeschwankungen möglichst unterschiedlich sind. Selbstverständlich sollten Sie dabei nicht auf den Wertpapierbereich fixiert sein, sondern den Begriff „Portfolio“ genau wie *Markowitz* im weitesten Sinne gebrauchen und auch außerhalb Ihres Depots suchen. Beispielsweise werden Schiffsbeteiligungen und Kapitallebensversicherungen sehr unterschiedliche Schwankungen in der jährlichen Rendite besitzen. Weil Versicherungen sehr stark in Immobilien und Grundbesitz investieren, dürften sie allerdings ähnlich volatil wie Immobilien sein.

In der Praxis hängt die Diversifikation nach Markwitz entscheidend davon ab, wie man den Zusammenhang zwischen den Kursbewegungen zweier Alternativen ist. Das macht der gemeine Bankenanalyst anhand einer statistischen Kennzahl, dem *Korrelationskoeffizienten.* Bei unkorrelierten Renditen (Korrelationskoeffizient = 0) bewegen sich die zu grunde liegenden Kurse unabhängig voneinander. Wenn man beide Titel mischt, kann man bis zu einem gewissen Punkt eine steigende Rendite bei sinkendem Risiko erreichen! Bei negativ korrelierten Renditen kann man durch Diversifikation das Risiko senken und theoretisch sogar vollständig vernichten. Letzteres ist praktisch jedoch unmöglich, da es kaum Investments gibt, die sich vollständig gegenläufig entwickeln. Am Ende hängt eben doch jeder Markt von der Weltkonjunktur ab. Die Kunst des Portfoliomanagements besteht nun darin, diese unkorrelierten oder negativ korrelierten Werte zu finden.

Empirische Untersuchungen haben bestätigt, dass es bei einem rein deutschen Aktiendepot möglich ist, mit etwa zehn Wertpapieren das Risiko auf 65 Prozent zu diversifizieren. Würde man sich auf US-Aktien konzentrieren, gelänge eine Diversifikation bis auf ein Risiko von 35 Prozent, was an der Menge unkorrelierter oder negativ korrelierter Aktien hängt, die bei dem größten Aktienmarkt der Welt natürlich in größerer Anzahl zur Verfügung stehen als in Deutschland. Unter diese 35 Prozent Risiko gelangen Sie relativ einfach, wenn Sie global streuen und in das USA-Portfolio einige japanische Titel oder Emerging-Markets-Werte kaufen, die von der amerikanischen Konjunktur nicht so sehr abhängig sind wie etwa deutsche Unternehmen.

Praktische Bedeutung hat die moderne Portfoliotheorie auch, weil sie klar macht, dass es mit jedem zusätzlichen Wertpapier, das ich in mein Depot lege, zunehmend schwieriger wird, ein weiteres mit den anderen Titeln nicht korrelierendes zu finden. Im Zeitalter der Globalisierung hängen alle Märkte irgendwie zusammen. Jedes zusätzliche Papier in meinem Depot senkt dessen Gesamtrisko immer weniger. Daher sind in der Praxis der Diversifikation Grenzen gesetzt. Im Gegenteil, es gibt so etwas wie Überdiversifikation, die wegen der Transaktionskosten ohne zusätzlichen Renditevorteil mit Performanceverlusten verbunden ist. Noch wichtiger ist die Tatsache, dass alle Korrelationen in der Krise nicht stabil sind und daher bei Börsentalfahrten kein Diversifikationseffekt mehr vorhanden ist. Ursächlich dafür ist, dass institutionelle Anleger wie Pensionskassen, Fonds, Versicherungen auch Assetklassen verkaufen müssen, die überhaupt nichts mit der entstandenen Krise zu tun haben, um die Liquiditätsnachfrage der Anleger irgendwie zu befriedigen. In Finanzkrisenzeiten sind daher auch Immobilien und Gold genauso fallend. Sie werden aus der Not der Portfoliomanager heraus verkauft, um an Geld zu kommen und damit ist die Diversifikation nicht mehr möglich. Auch die Preise von Gold und Immobilien gehen daher in Finanzkrisen zusammen mit allen anderen Assetklassen nach unten. Die Korrelation ist also nicht stabil sondern dynamisch und geht im letzten Falle sofort gegen 1.

Die Ausführungen zeigen also, dass es Zielkonflikte bei den Entscheidungskriterien gibt. Eine hohe Rendite ist zumeist mit einem hohen Risiko verbunden. Jedoch kann das Gesamtrisiko eines Portefeuilles durch geschickte Kombination verschiedener Alternativen mit jeweils unterschiedlicher Rendite und unterschiedlichem Risiko reduziert werden. Der Diversifikation sind jedoch Grenzen gesetzt. Weiterhin stehen auch Liquidität und Rendite, zumindest im Sichteinlagenbereich, in einem antagonistischen Verhältnis. Den gegensätzlichen Zusammenhang zwischen Besteuerung und Rendite sowie zwischen Besteuerung und Risiko haben wir ausführlich erläutert.

Welches dieser Entscheidungskriterien ist also das wichtigste? In vielen Fach- und Lehrbüchern zur Finanzplanung findet man die These des magischen Dreiecks oder wenn alle Kriterien berücksichtigt werden, des magischen Vierecks, wonach sämtliche Bestimmungsfaktoren bei einer Kapitalanlageentscheidung gleichrangig berücksichtigt werden müssen.[5] Diese Sichtweise hilft uns bei der Portfoliogestaltung nicht weiter und ist partiell unzutreffend. Zugegebenermaßen ist es schwierig, Gründe dafür zu finden, warum eventuell das Liquiditätsargument wichtiger ist als das Risikoargument oder als eine der anderen Determinanten. Es gibt allerdings einen Bestimmungsgrund, der wichtiger ist als alle anderen. Das ist die Rendite, oder genauer gesagt, die Nettorealrendite.

Wenn man zwei alternative Anleihen nach dem Opportunitätsprinzip vergleicht, dann reicht es aus, zunächst die Nettorealrenditen zu betrachten. Liegt eine davon unter einem gerade akzeptablen Mindestniveau, wie etwa der geforderten Gesamtrendite Ihres Portfolios, können Sie diese Alternative gleich aussortieren. In jedem Fall sollten Sie erst danach das jeweilige Risiko betrachten, um festzustellen, ob die Rendite eventuell durch ein überproportionales Risiko erkauft wurde. Erst sollten Sie überprüfen, ob die Anleihe auch Ihren Liquiditätsanforderungen genügt. Die Steuer ist bereits implizit in der Nettorealrendite enthalten. Allerdings nur, was die renditewirksame Einkommensteuer angeht. Andere steuerliche Wirkungen, etwa erb- und schenkungsteuerliche, sind gesondert zu betrachten.

Tipp:
Vergleichen Sie zunächst die Nettorealrendite. Stimmt diese nicht – gemessen an Ihrer Gesamtportfoliorendite – so brauchen Sie die anderen Kriterien gar nicht erst zu betrachten.

Sie könnten jetzt auch andersherum argumentieren und sagen, es gibt Fälle, in denen ich ausschließlich hochverfügbare, liquide Anlagen suche. Aber auch in diesen Fällen werden sie mehrere geeignete Lösungen finden: Festgeld, Tagesgeldkonten etc. Daher ist die Liquidität allein kein entscheidungsrelevantes Kriterium. Denn die Vorteilhaftigkeit selbst beurteilen Sie dennoch an dem Renditevorsprung des Festgeldes gegenüber einer anderen Alternative im kurzfristigen Bereich. Ein vernünftiger (rationaler) Anleger wird aber nur dann einen Vermögenszuwachs erzielen können, wenn er *langfristig* die Gesamtrendite seiner Investitionsprojekte maximiert. Wenn er immer nur sein Festgeld prologieren würde und damit stets ausschließlich hochliquide Anlagen hält, kann die Nettorealrendite negativ werden und – vor allem inflationsbedingt – sein Kapital vernichten!

Ähnlich wie bei der Liquidität könnte man nun auch bei den anderen Kriterien argumentieren. Das Ergebnis daraus ist, dass die Rendite für alle Anleger mit ausgeschöpften Sparerfreibeträgen und insbesondere für Spitzensteuersatzanleger langfristig wichtiger ist als die anderen Determinanten der Kapitalanlage.

[5] Vgl. etwa Böckhoff, Stracke (1999), S. 81, oder Lindmayer (2000), S. 2

Entscheidungstheoretisch spricht man von strenger Dominanz der Rendite gegenüber den anderen Entscheidungskriterien.

Fazit: Halten Sie an folgenden Entscheidungsprinzipien fest

1) Über allem steht das alles entscheidende Kriterium: die Rendite.
2) Mathematisch ausgedrückt heißt die Zielfunktion: „Maximiere die Nettorealrendite".
3) Sicherheit, Liquidität, Besteuerung sind lediglich strenge Nebenbedingungen.

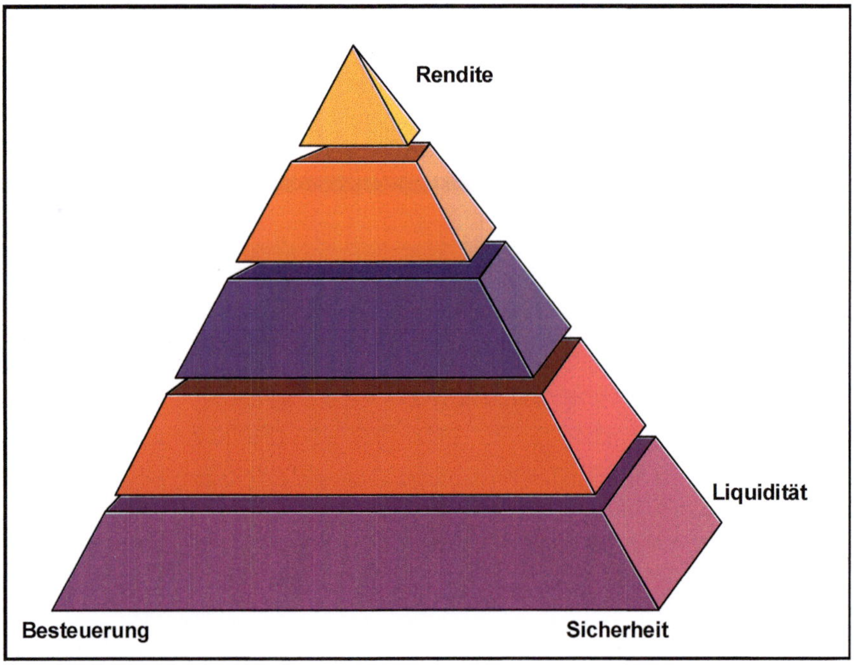

Abb. 9: Das magische Viereck ist in Wirklichkeit ein Tetraeder

3. Die Grundlagen der Anleihenbesteuerung

Wir haben bereits an einigen Beispielen gesehen, dass die Steuer der größte Feind des Bondinvestors ist. Haben Sie Ihren Sparerfreibetrag bereits voll ausgeschöpft, müssen Sie im Kopf immer die 25%-ige Abgeltungssteuer abziehen, wenn Banken von Rendite reden. Die Inflation trägt dann zusätzlich ihren Teil dazu bei, dass Geldanlage in Deutschland nicht immer Spaß macht. Ich warne allerdings bereits an dieser Stelle davor, Anleihendepots in Steueroasen zu verfrachten. Wesentlich stressfreier und dazu noch vollkommen legal ist es, wenn man die komplizierten deutschen Besteuerungsregeln kennt und damit das Finanzamt mit seinen eigenen Waffen schlagen kann.[6]

Seit Einführung der Abgeltungssteuer zum 1.1.2009 sind Kursgewinne bei Wertpapieren jeglicher Couleur nicht mehr nach 12 Monaten Haltefrist steuerfrei. Stattdessen werden die Kursgewinne von Anleihen und anderen Wertpieren bei deren Realisierung mit der Abgeltungssteuer in Höhe von 25% direkt an der Quelle, nämlich der Bank, besteuert. Für feste Kapitalfrüchte wie Dividenden oder Zinsen gilt ebenfalls der 25%-ige Steuerabzug. Neu ist, dass die Kapitalertragsteuer mit dem Einbehalt bei jedem Zufluss komplett abgegolten ist und keine Kapitalerträge mehr in der Einkommensteuererklärung erklärt werden müssen.

Aber Achtung! Sollten Sie in Ihrem Depot Auslandsanleihen, -aktien oder -fonds in Euro oder anderen Währungen besitzen, sollten Sie dringend mit einem fachkundigen Steuerberater sprechen, ob und wie die ausländischen Kapitaleinkünfte berücksichtigt werden können oder müssen.

Für Spitzensteuersatzgeschädigte muss die Abgeltungssteuer in Höhe von nur 25% als grosses Geschenk gewertet werden. Insbesondere Anleiheinvestoren, die früher 52% von jedem verdienten Zins-Euro an Herrn Schäuble abführen mußten, haben nun mit den 25% Abgeltungssteuer eine Halbierung der Steuerlast! Das ist gerade in einer Niedrigzinsphase ein extremer Vorteil!

Gleichzeitig mit Einführung der Abgeltungssteuer hat der Gesetzgeber allerdings auch das Verbot des Abzuges von Werbungskosten grundsätzlich ausgeschlossen.[7] Daher sind Bank- und Depotgebühren, Portfoliobezogene Steuerberatungshonorare etc. grundsätzlich nicht mehr abziehbar.

---

[6] Vgl. hierzu sowie im folgenden Rhodius, Lofing (2017).

[7] § 20 Abs. 9, 2. Halbsatz EStG.

Eine der letzten verbleibenden Steuergestaltungsmöglichkeiten mit Anleihen sind die Regelungen zu *Doppelbesteuerungsabkommen* und zur *fiktiven Quellensteuer.*

3.1 Doppelbesteuerungsabkommen und fiktive Quellensteuer: Vorsicht bei Anlagen im Ausland

Bei der Auslandsanlage stößt man immer wieder auf den Begriff des *Doppelbesteuerungsabkommens* (DBA), das die internationale Besteuerung regelt und vor dem Hintergrund einer zunehmenden Globalisierung der Kapitalmärkte erläutert werden muss. Bei einem DBA handelt es sich um einen zwischenstaatlichen Vertrag, den verschiedene Länder miteinander schließen, um die Besteuerung von Sachverhalten bezüglich Einkommen und Vermögen zu regeln, die beide Staaten betrifft. Dabei soll vermieden werden, dass ein Ertrag in zwei Ländern besteuert wird. Nach den nationalen Steuergesetzen ist der Steuerinländer zur Versteuerung seines Welteinkommens im Inland verpflichtet. Weiterhin unterliegt er als beschränkt Steuerpflichtiger der Besteuerung des Landes, aus dem der Ertrag stammt. Die Regelungen des DBA gehen den nationalen Steuergesetzen vor. Deutschland hat mit den wichtigsten Staaten ein DBA abgeschlossen.

Wie funktioniert ein DBA in der Praxis? Zwar sind die bilateralen DBAs in der Tat unterschiedlich, jedoch wird für Kapitalerträge die Besteuerung in fast allen Abkommen gleich geregelt.[8] Die Einnahmen sind im Wohnsitzstaat zu versteuern. Das auszahlende Land (Quellenland) behält eine pauschale, begrenzte Steuer (*Quellensteuer*) ein. Die ausländische Quellensteuer wird im Wohnsitzstaat auf die inländische Steuer angerechnet. Allerdings ist diese Anrechnung begrenzt auf die Höhe des Betrages der Einkommensteuerschuld, den der ausländische Staat nach dem DBA erheben darf. Ein übersteigender Betrag muss im Erstattungsverfahren vom ausländischen Quellenstaat zurückgefordert werden.

Beispiel 1:
Nehmen wir an, ich habe ein festverzinsliches Wertpapier in Holland gekauft, das dort in einem Depot ruht. Jedes Jahr würde ich daraus als (Zins-) Erträge umgerechnet 4.000 Euro beziehen. Der Quellensteuersatz in den Niederlanden beträgt 25 Prozent. Laut Gesetz ist der Abzug in Deutschland aber auf 15 Prozent beschränkt. Folglich bleibt mir nach Abzug der holländischen Quellensteuer von den 4.000 Euro Ausschüttung nur 3.000 Euro. Bei meiner Steuererklärung hätte ich hingegen 4.000 Euro als Einnahme zu versteuern. Somit kann ich von meiner Einkommensteuerschuld 15 Prozent von 4.000 Euro, also 600 Euro, abziehen. Den Restbetrag von 400 Euro kann

8 Vgl. hierzu sowie im Folgenden ausführlich Kracht (2000), S. 99, und Wahl (2001)

ich im Erstattungsverfahren von den niederländischen Finanzbehörden zurückfordern. Einen Antrag hierzu gibt es bei jeder deutschen Bank oder beim Bundesfinanzministerium.

Die Berücksichtigung der einbehaltenen ausländischen Steuerbeträge erfolgt durch zwei verschiedene Verfahren. Als Investor in ausländischen Kapitalanlagen können Sie zwischen dem *Anrechnungsverfahren* und dem *Abzugsverfahren* wählen.

Beim *Anrechnungsverfahren* wird die ausländische Quellensteuer auf die deutsche Einkommensteuerschuld wie im obigen Beispiel angerechnet. Gemäß § 34c (1) EStG ist die Anrechnung jedoch auf die Höhe der Einkommensteuer begrenzt, die anteilig auf die ausländischen Einkünfte entfällt. Es gilt also:

$$\text{Höchstbetrag} = \text{tarifliche Einkommensteuer x } \frac{\text{ausländische Einkünfte}}{\text{Summe der Einkünfte}}$$

Bei der Ermittlung der ausländischen Kapitaleinkünfte ist darauf zu achten, dass diese für jeden einzelnen Staat gesondert errechnet werden muss. Darüber hinaus können anteilig Werbungskosten, der Werbungskostenpauschbetrag und der Sparerfreibetrag abgezogen werden.

Beim *Abzugsverfahren* wird die ausländische Steuer bei der Ermittlung der einzelnen Einkunftsarten abgezogen. Der Abzug wird aber im Gegensatz zum Anrechnungsverfahren nicht begrenzt. Der Abzug erfolgt bei der Einkommensermittlung wie beispielsweise der Abzug von Werbungskosten. Damit veringert sich Ihr zu versteuerndes Einkommen und nachfolgend Ihre effektive Steuerlast.

Sie sollten hier unbedingt mit Ihrem Steuerberater sprechen, welche der Optionen Sinn macht!

Im Zusammenhang mit der Besteuerung ausländischer Kapitalanlagen sollten Sie unbedingt zwei Besonderheiten kennen, die gerade für Anleihefüchse mit hohen Steuersätzen einen interessanten Steuerkick bringen können.

Die *Anrechnung* einer *fiktiven ausländischen Quellensteuer* gilt für eine Reihe von Entwicklungs- und Schwellenländern. Obwohl auf Zinsen, Erträge oder Dividenden tatsächlich keine Steuer im ausländischen Staat erhoben wurde, muss der Fiskus die Quellensteuer in Höhe eines bestimmten Prozentsatzes vom Bruttobetrag auf die inländische Einkommensteuerschuld anrechnen. Damit lohnt sich eine Investition in ausländische Rentenpapiere mit fiktiver Quellensteuer insbesondere für Anleger mit hohem Steuersatz. Denn nur in diesem Fall wird ein Großteil der fiktiven Steuer berücksichtigt. Bevor Sie sich nun auf die Suche nach geeigneten Papieren machen, sollten Sie beachten, dass bei dem Renditebonus, den diese Rentenpapiere bringen, sollten die oftmals die schlechte Bonität und das Wechselkursrisiko des Emittentenlandes mitberücksichtigt werden. *Auch bei Anleihen mit fiktiver Quellensteuer geht ohne Steuerberater gar nichts!*

3.2 Die Fondsbesteuerung: Ein Buch mit sieben Siegeln

Wenn Sie Ihren Banker oder Steuerberater in den Wahnsinn treiben wollen, dann fragen Sie ihn einfach nach der Besteuerung von (Renten-) Investmentfonds und ETFs. Insbesondere die ertragsteuerlichen Unterschiede zwischen inländischen und ausländischen Anteilen geben selbst Finanzbeamten immer wieder Rätsel auf. Wer bei der Auswahl seiner Fonds die Nettorealrendite nicht gefährden will, darf auf keinen Fall in eine der vielfältigen Steuerfallen tappen. Daher sollten Sie die nach-fol¬genden Seiten aufmerksam lesen und mit Ihrem Steuerberater besprechen.

Die große Schwierigkeit an der Fondsbesteuerung ist, dass diese laufend geändert wird. Die letzte große Novelle war das Investmentsteuerreformgesetzt vom Mai 2016. Nicht einmal 1 Jahr später (!) ist schon die nächste Investmentsteuerreform 2018 in den Startlöchern.

Alle deutschen Fonds werden im Grunde wie Anleihen behandelt und die Erträge werden nach dem Zuflussprinzip mit der Abgeltungssteuer von 25% an der Quelle besteuert. Das heißt Fonds (auch ETFs), die Zinsen, Dividenden oder Kursgewinne aus dem Fonds ausschütten, müssen mit dem Ausschüttungstag 25% dieser Erträge des Anlegers einbehalten. Bei nicht ausschüttenden (sogen. thesaurierenden) Fonds gilt der Tag des Jahresabschlusses mit der Gewinnverwendungsbuchung im Fonds als Zufluss beim Anleger und wird ebenfalls mit 25% versteuert.

Auch vereinnahmte Mieten von Immobilienfonds sind steuerpflichtig. Zudem ist jeder Kursgewinn, den der Anleger mit dem Fonds nach guter Performance selbst realisiert nunmehr die einheitliche Abgeltungssteuer fällig. Spekulationsfristen und Freibeträge gibt es daher in diesem Zusammenhang nicht mehr.

Allein der Sparer Pauschbetrag in Höhe von 801 Euro (bei Ehegattenveranlagung 1.602 Euro) ist dem Fondsanleger erhalten geblieben. Der den Sparer-Pauschbetrag übersteigende Betrag unterliegt dem Abgeltungsteuersatz von 25 Prozent (zuzüglich Solidaritätszuschlag und gegebenenfalls Kirchensteuer). Die Abgeltungsteuer wird im Falle der Verwahrung der

Fondsanteile bei einer inländischen depotführenden Bank oder Kapitalverwaltungsgesellschaft im Regelfall bereits von der depotführenden Stelle an das Finanzamt abgeführt. In den meisten Fällen sind hierzu keine weiteren Angaben in der Einkommensteuererklärung notwendig.

Ist der persönliche Steuersatz geringer als der Abgeltungsteuersatz von 25 Prozent, beispielsweise im Alter oder in einem schlechten Jahr eines Mittelständlers, kann der Anleger eine Besteuerung der Kapitalerträge mit seinem persönlichen Steuersatz im Rahmen der Einkommensteuerveranlagung erreichen (sogen. *Günstigerprüfung*).

Ab 2018 wird die Besteuerung von Investmentfonds neu geregelt, indem mit besitzstandswahrenden Regelungen Schluss gemacht wird:

Vor Einführung der Abgeltungssteuer (2009) waren Fonds und andere Wertpapiere nach einer Haltedauer von einem Jahr in Bezug auf die Kursgewinne komplett steuerfrei. Sollten Sie in Ihrem Depot noch nicht realisierte Kursgewinne aus dieser Zeit besitzen, sollten Sie diese dringend nach Rücksprache mit Ihrem Steuerberater realisieren. Denn mit dem 31.12.2017 gilt diese Altfallbegünstigung nicht mehr! Ab dem 1.1.2018 tut das Finanzamt so, als hätten Sie Ihren Fondanteil danach gekauft und Sie müssen sowohl Zinsen als auch Kursgewinne komplett versteuern. Die Freigrenze für diese Veräußerungsgewinne ist sehr großzügig, nämlich 100.000 €. Daher sollten Sie unbedingt darüber nachdenken!

Das gleiche gilt m.E. für aufgelaufene Buch-Verluste aus der Zeit vor 2009. Es müßte noch Milliarden von Euro an aufgelaufenen Wertpapier-Verlusten aus der Finanzkrisenzeit geben. Sehr wahscheinlich wird es so sein, dass es nur noch bis zum 31.12.2017 die Möglichkeit gibt, diese Altverluste mit neuen Erträge zu verrechnen. Bitte sprechen Sie auch hier dringend Ihren Steuerberater an.

4. Die Bewertung von Anleihen vor dem Hintergrund Ihrer Ziele und Ihrer steuerlichen Situation.

Nachdem ich Sie in den letzten Kapiteln mit langweiligen, aber wichtigen finanzwirtschaftlichen und steuerlichen Grundlagen konfrontiert habe, geht es ab jetzt endlich richtig zur Sache. Wir haben besprochen, dass insbesondere für Spitzensteuersatz-Zahler gut und gern die Hälfte der Bruttorendite an den Fiskus geht. Aus diesem Grunde ist es offensichtlich, dass die steuerliche Betrachtung die Vorteilhaftigkeit von Kapitalanlagealternativen entscheidend ändern kann. Banker und Steuerberater wissen natürlich um diesen Effekt und versuchen, Ihnen entsprechende Gestaltungsalternativen an die Hand zu geben.

Weil am Ende des Tages de jure nur *Ihre* Unterschrift zählt und *Sie allein* mit dem Ergebnis klarkommen müssen, sollten Sie der Tatsache ins Auge sehen, dass keiner dieser Berater Ihnen die Entscheidung abnehmen kann. Damit Sie diese so sicher wie möglich treffen können, ist es erforderlich, die Vor- und Nachteile von Kapitalanlagen zu kennen, insbesondere unter steuerlichen Gegebenheiten. Vor einer *Verabsolutierung des Steuereffektes* bei der Anleiheentscheidung sei an dieser Stelle bereits gewarnt. Wir haben ja gelernt, dass es noch einige andere Entscheidungskriterien gibt, die jeder selbst für sich persönlich gewichten muss!

Fast alle Fachbücher und Zeitschriften stellen bei der Analyse der Vorteilhaftigkeit von Anleihen auf den Unterschied zwischen *klassischen Anleihen und Finanzinnovationen* ab. Diese Differenzierung ist jedoch völlig ungeeignet. Einmal gibt es schuldverschreibungsbasierte Konstrukte wie Optionsanleihen oder Zerobonds schon seit Jahrzehnten, so dass man schwerlich noch von „Innovationen“ sprechen kann. Zum Zweiten gibt die Unterscheidung aus Sicht einer Anlageempfehlung nichts her. Warum sollten Sie in ein Wertpapier investieren, nur weil es intelligent entwickelt und neu auf dem Markt ist? Sie werden vielmehr daran interessiert sein, welche Anleihen sich vor dem Hintergrund Ihrer augenblicklichen persönlichen Situation für Ihre Kapitalanlageziele eignen und welche Sie besser meiden.

In der nachfolgenden Übersicht habe ich die „Finanzinnovationen" daher bewusst in „Gänsefüßchen" gesetzt:

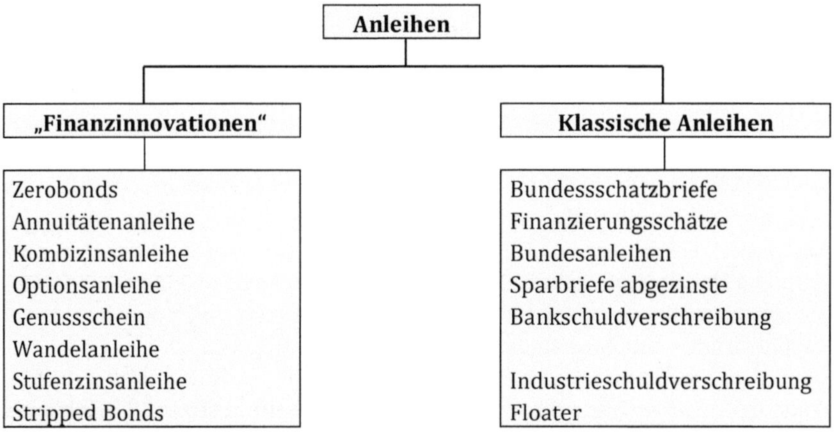

Abb. 10: Übersicht: Anleihen

Dieses Kapitel soll Ihnen eine Übersicht über alle Bonds verschaffen und kann für Sie auch als Nachschlagewerk dienen. Bei der Vorstellung der einzelnen Obligationen versuchen wir stets, diese bestimmten Anlegertypen und deren Anlagezielen zuzuordnen. Für die Risikobereiteren unter uns stelle ich danach aktienkursabhängige Anleihen vor, die in der täglichen Bankpraxis, in Zeitungen und Börsenzeitschriften eine ungeheure Verbreitung erfahren haben.

4.1 Welche Anleihe für welchen Anlegertyp?

Wenn Sie ein bereits ein Bankdepot besitzen, kennen Sie sicher die Grundsatzgespräche anhand von fünf bis sieben standardmäßig vorgegebener Kästchen mit Beschreibungen, die der Bestimmung Ihrer persönlichen Risikoklasse dienen sollen. Dabei ordnen Banken Anleger regelmäßig in sehr risikobereite und absolut risikoscheue Typen ein. Allerdings sollten Sie wissen, dass diese Fragebögen in keiner Weise der Evaluierung Ihrer Anlagementalität oder der Entwicklung einer bestimmten Beratungsphilosophie dienen. Einziger Zweck dieser Formulare ist es, die *Bank* abzusichern und aus der Beratungshaftung nach dem Wertpapierhandelsgesetz und MiFID zu nehmen.

Wenn wir aber beantworten wollen, welche Schuldverschreibung sich für welchen Anlegertyp eignet, so müssen wir natürlich zunächst die verschiedenen Arten von Renteninvestoren beschreiben. Auch wenn sich damit schon eine Vielzahl von wissenschaftlichen Studien beschäftigt haben,[9] kann man immer wieder fünf verschiedene Typen identifizieren:

Typ	Bezeichnung	Beschreibung
1	Zielsparer	Spart regelmäßig (z. B. monatlich) kleinere Beträge über einen langen Zeitraum mit einem festen Anlageziel. Das kann die Altersvorsorge, ein Haus oder eine Yacht sein. Dabei machen ihm kleinere Wertschwankungen des angelegten Kapitals wegen seines langen Anlagehorizontes wenig aus.
2	Risikovermeider	Hier haben wir es mit jemandem zu tun, der unabhängig davon, ob er regelmäßig anlegt oder eine Einmalanlage tätigt, Kursrisiken vermeiden will. Kapitalerhalt steht zu jeder Zeit als Anlageziel vor einer Steigerung der Rendite. Oft berücksichtigt er nicht, dass Inflation und Besteuerung mit der Zeit dennoch zu Kapitalverlust führen können. Typischer „Festgeldprolongierer".
3	Einkommensorientierter	Hat es oft nicht mehr nötig zu sparen, sondern bereits ein Vermögen aufgebaut. Wichtigstes Anlageziel ist es, daraus bei Kapitalerhalt stetige monatliche Kapitalfrüchte zu erzielen. Typischer Rentner, der das Kapital aus seiner ausgezahlten Lebensversicherung nun selbst anlegt. Renditestreben geht vor Kursgewinnen, „Couponjäger".
4	Risikofreudiger Wachstumsorientierter	Geht mit Einmalanlagen und monatlichen Sparbeträgen bewusst ein höheres Risiko ein als alle anderen Typen. Kursgewinne und Zinserträge gehen vor Kapitalerhalt.
5	Steuergeplagter	Hat seinen Sparerfreibetrag bereits ausgeschöpft und unterliegt einem höheren persönlichen Steuersatz. Nettorealrendite ist primäres Anlageziel.

Abb. 11: Anlegertypen

Wenn Sie sich bei dieser Beschreibung nicht immer einem einzigen bestimmten Typ zuordnen konnten, so ist das ganz normal. Häufig sind es zwei Klassen, denen man sich zugehörig fühlt. Mein Großvater beispielsweise ist als *einkommensorientierter Risikovermeider* zu beschreiben, während ich

[9] Zum Beispiel „Soll und Haben"

mich zu den *steuergeplagten Zielsparern* zähle. Ihre Anlegerklasse und damit Ihre mit der Kapitalanlage verbundenen Ziele können sich durchaus von Situation zu Situation und über die Zeit hinweg verändern. Jedem dieser Typen können nun Anleiheformen zugeordnet werden, die entweder mehr oder weniger mit dessen Anlagezielen harmonieren.

Vorweg möchte ich noch betonen, dass es nicht die *eine beste Kapitalanlage* gibt, die keine Nachteile hätte. Vor allem nicht, wenn Sie sich an die „nofreelunch-Bedingung" erinnern. Leute, die so etwas behaupten, leben entweder vom Verkauf einer bestimmten Anlage oder haben keine Ahnung. Oder beides. Jede der nachfolgenden Obligationen hat daher ihre Existenzberechtigung. Allerdings gibt es eine *optimale* Anleihe, die zu einem bestimmten Zeitpunkt vor dem Hintergrund Ihrer persönlichen Anlageziele und unter Beachtung sämtlicher exogener Nebenbedingungen des Kapitalmarktes die geeignete ist. Mit allen Vor- und Nachteilen. Ihnen bei der Isolierung dieser (Anleihe-) Alternative zu helfen, ist Ziel der nachfolgenden Ausführungen.

Bei der Beurteilung der Schuldverschreibungen anhand der vier Entscheidungskriterien des Tetraeders der Kapitalanlage gehen wir daher von einem Anleger mit hohem, respektive Spitzen-Steuersatz aus. Jedem Bond ist ein eigener Abschnitt gewidmet. Dabei analysieren wir innerhalb des Abschnitts immer nach derselben kriterienbezogenen internen Gliederung:

Wir waren zu dem Schluss gekommen, dass für einen Spitzensteuersatz-Zahler beim Vergleich von Kapitalanlagen natürlich die Nettorealrendite das wichtigste Kriterium des Tetraeders ist. Trotzdem beschreiben wir zunächst die generelle *Funktionsweise* und den *Steuereffekt* der jeweiligen Anlage allgemein und beispielhaft. Denn erst wenn man verstanden hat, wie eine Kapitalanlage funktioniert, kann man auch die Vorteilhaftigkeit unter Steueraspekten evaluieren und die *Nettorealrendite* tatsächlich berechnen. Auf diese Weise fließt die Nebenbedingung „Steuerminimierung" zusätzlich zur *Inflation* implizit mit ein. Danach sind *Liquidierbarkeit* und der *Schutz vor sonstigen* Risiken, wie Länder-, Währungs- und Kündigungsrisiko zu bewerten. Anschliessend werden wir auch auf die Aspekte des *Timings* eingehen, weil man eine Kapitalanlage stets dynamisch, also über die Zeit hinweg, betrachten muss. Eignet sich die Schuldverschreibung eher für ein kurzfristiges, mittel- oder langfristiges Engagement? Schließlich stellt sich die Frage, wie sich die betrachtete Alternative vor dem Hintergrund Ihrer Lebensphasen eignet und welche der *fünf Anlagemotive* sie dabei abdecken kann.

Am Ende eines jeden Kapitels finden Sie als Überblick den *Bond-Kompass*. Er soll Ihnen die Navigation bei Ihrem nächsten Bank- oder Steuerberaterbesuch erleichtern und ist eine tabellenartige Gesamteinschätzung über alle vorgenannten Anlagekriterien. Anhand der Empfehlungen für die jeweiligen Typen können Sie damit vor jeder Kaufentscheidung selbst prüfen, ob sich das Papier für Ihren augenblicklichen Anlagetyp eignet oder nicht.

Bei allen folgenden Produktvergleichen anhand dieser Kriterien ist die Bewertung nach dem Opportunitätsprinzip immer im Vergleich zu einer risikolosen Bundesanleihe zu verstehen, falls keine weitere Benchmark explizit erwähnt wird. Die Aussage „die Volatilität ist relativ hoch" bedeutet also relativ hoch im Vergleich zu einem Bundespapier.

Am Ende dieses Produktkapitels finden Sie eine Grafik, die alle Vergleiche zusammenfasst. Anhand dieser können Sie auf einen Blick leicht eine eigene Prioritätenrangliste hinsichtlich der diskutierten Kapitalanlagen erstellen.

4.2 „Finanzinnovationen"

Fast allen folgenden Kapitalanlagen ist gemeinsam, dass sie von Banken irgendwann einmal begeben wurden, um Spitzensteuersatzzahlern irgendeinen Steuerkick bei der Kapitalanlage zu ermöglichen. Mittlerweile ist dieser durch die 25%ige Abgeltungssteuer nicht mehr erforderlich. Die Finanzdienstleistungsindustrie hat daher in der „Erfindung" neuer Anleihenkonstrukte etwas nachgelassen.

Grundsätzlich gibt es nur noch wenige Gestaltungsmöglichkeiten, die auch nach Einführung der Abgeltungssteuer noch wirken. Allerdings funktionieren diese Strategien unabhängig davon, ob es sich bei der Anleihe um eine „Innovation" oder eine „normale" klassische Anleihe handelt:

Eine davon ist die *Steuerstundungsstrategie:* Viele Schuldverschreibungen haben während der Laufzeit nur geringe oder gar keine Zinszahlungen, so dass nur eine geringe Kapitalertragsteuer anfällt. Erst am Ende der Laufzeit werden zum Ausgleich oft hohe Coupons fällig. Wenn diese in Zeiten anfallen, in denen Sie einen günstigeren Steuersatz haben, zum Beispiel als Rentner, sollten Sie diese Strategie unbedingt nutzen, um hohe zu versteuernde Erträge in spätere, günstigere Zeiträume zu verschieben.

4.2.1 Zerobonds: Das Ende einer großen Euphorie

Als vor dreißig Jahren mit den Skateboards auch die Nullcouponanleihen nach Deutschland kamen, wurde der Rentenmarkt von einer Zerobondwelle überflutet. Doch von der ersten Begeisterung ist wenig übrig geblieben. Außer vielleicht in Form von Restbeständen in Ihren Depots, die Sie überprüfen sollten.

Nullcouponanleihen sind festverzinsliche Wertpapiere, die ohne Zinsschein emittiert werden. Im Unterschied zur traditionellen Festzinsanleihe wird der Zins nicht jährlich oder halbjährlich ausgezahlt, sondern die Zinsen werden vielmehr angesammelt und erst bei Fälligkeit zusammen mit dem Anleihebetrag entrichtet. Der Kursunterschied zwischen dem niedrigen Ausgabekurs und dem späteren Rückzahlungskurs zu 100 Prozent stellt den eigentlichen Ertrag des Anlegers dar. Bei den Zeros gibt es zwei Varianten. Neben diesen Abzinsungspapieren existieren vereinzelt noch *Kapitalzuwachsanleihen*, bei denen die Rückzahlung nicht zu pari, sondern weit über 100 Prozent erfolgt.

Die bei Anleihen generell vorhandene Mechanik der Kurse in Abhängigkeit vom Kapitalmarktzins ist bei Zerobonds weit weniger transparent als bei klassischen Bonds mit laufenden Zinszahlungen. Bei Letzteren sind Zinszahlungen und Kursgewinne fein säuberlich voneinander getrennt. In der Notierung eines Zerobonds hingegen sind die impliziten „Zinszahlungen" und Kursgewinne (bzw. Kursverluste) miteinander vermischt. Die Kursnotierung von 77,3 Prozent sagt Ihnen nichts darüber, ob Sie mit dieser Notierung einen Kursgewinn oder sogar einen Kursverlust erzielen. Denn die Differenz zur Rückzahlung von 100 Prozent sieht ja zunächst nach einem „vorprogrammierten Kursgewinn" aus. Ähnlich liegen die Probleme bei den handelbaren Geldmarktpapieren, auf die wir noch eingehen werden. Bei Zerobonds fallen allerdings wegen der langen Laufzeiten die Kursschwankungen aufgrund von Kapitalmarktzinsveränderungen betragsmäßig sehr viel stärker ins Gewicht.

Das wohl wichtigste Argument für den Zerobond war der *Steuerstundungseffekt*. Wie im übrigen deutschen Einkommensteuerrecht auch, gilt bei Zinsen das *Zuflussprinzip*. Sie müssen also die Zinsen erst in dem Jahr versteuern, in dem sie Ihnen zufließen. Zum Beispiel erst in 20 Jahren, wenn Sie Ihren Betrieb veräußert haben, im Ruhestand oder auf Hawaii leben und einem niedrigeren persönlichen Steuersatz unterliegen als heute. Die Ihnen jährlich eigentlich zustehenden Zinsen können in voller Höhe, also nicht durch die Steuer gekürzt, während der ganzen Laufzeit für Sie weiterarbeiten bis zur Endfälligkeit. Sie werden zur Emissionsrendite quasi automatisch jährlich wiederangelegt, was bei ausschüttenden Papieren mit Wiederanlagerisiko schwierig sein dürfte. Viele steuergeplagte Menschen haben sich daher mit Nullcouponanleihen so etwas wie eine zweite Altersvorsorge aufgebaut.

Diese Strategie hat wie alles im Leben jedoch auch eine Kehrseite. Denn der Steuerstundungseffekt hat sich auf 25% Abgeltungssteuer „reduziert". Nur wenn Sie im Alter einen geringeren persönlichen Steuersatz als die Abgeltungssteuer besitzen, können Sie über die bereits erläuterte *Günstigerprüfung* die Kapitalertragsteuer unter den 25%-Satz drücken.

Neben dem Steuerstundungseffekt waren noch vor einigen Jahren die quasi „vorprogrammierten" Kursgewinne von Zerobonds, die ja weit unter pari gekauft und zu 100 Prozent eingelöst wurden, das Hauptverkaufsargument am Bankschalter. Die Rückzahlung der 100% hängt selbstverständlich von der Entwicklung des Ratings des Anleiheschuldners ab und über einen langen Zeitraum kann die Bonität des Emittenten durchaus leiden!

Die Nachteile von Zerobonds im Hinblick auf den *Inflationseffekt* wurden bereits im generellen Abschnitt über Anleihen erläutert und sollen hier nicht wiederholt werden.

Nicht besonders erfreulich ist auch die *Liquidierbarkeit* von Zerobonds. Zumindest dann nicht, wenn die Emissionsbedingungen vor langer Zeit festgelegt und damit heute nicht mehr marktüblich sind. Daher empfiehlt es sich grundsätzlich, beim Verkauf eng zu limitieren.

Für Nullcouponanleihen gelten im Allgemeinen dieselben *Risiko-* und Bonitätsmaßstäbe wie für Anleihen insgesamt. Allein die lange Laufzeit macht Zeros anfälliger für Inflation und Kapitalmarkt- und Zinsänderungsrisiken.

Die *Nettorealrendite* ist aufgrund der inflationären Beeinträchtigung und der seit Einführung der Abgeltungssteuer geringeren Steuereffektes nicht mehr so attraktiv wie vor der Steuerreform.

Fazit:

- Anders als früher lohnen sich Zerobonds nach der letzten Steuergesetzänderung nicht mehr so sehr für steuergeplagte Anleger.
- Langfristig orientierte Zielsparer gefährden durch Zeros sogar ihre Altersvorsorge, wenn Rendite und Inflationseffekte sowie die Bonitätsschwankungen des Zero-Schuldners nicht beachtet werden.
- Ohne jährliche Ausschüttung findet auch ein einkommensorientierter Bondanleger genauso wenig Gefallen an den Papieren, wie ein wachstumsorientierter, der wegen der teilweise mangelhaften Liquidität am Erzielen von Kursgewinnen durch Timing behindert wird.

- Der Kauf von Zeros ist noch am ehesten in Hochzinsphasen sinnvoll, um sich die Rendite für lange Zeit zu sichern.
- Was die Lebensplanung angeht, so sind Zerobonds mit zunehmendem Lebensalter immer weniger ratsam, weil die Hebelwirkung aus dem Zinsänderungsrisiko überproportional im Vergleich zu anderen abgezinsten Wertpapieren ist.

Kriterium	niedrig	mittel	hoch
Steuereffekt	*	*	
Inflationsschutz	*		
Nettorealrendite	*	*	
Liquidierbarkeit	*		
Schutz vor sonstigen Risiken	*	*	
Eignung für:			
Zielsparer	*		
Risikovermeider	*		
Einkommensorientierte	*		
Wachstumsorientierte	*		
Steuergeplagte	*		

Abb. 12: Bondkompass: Zerobonds

4.2.2 Annuitätenanleihe: Zerobond in Raten

Die relativ neuen Annuitäten-Bonds, auch ABOs genannt, sind sehr eng mit den Nullcouponanleihen verwandt. Auch bei den ABOs handelt es sich um Anleihen ohne laufende Verzinsung. Von den normalen Anleihen unterscheiden sie sich im Wesentlichen in der Anzahl der tilgungsfreien Jahre. Nach Ablauf dieser Zeit werden Tilgung und Zinsen, finanzfachchinesisch zusammen als Annuität bezeichnet, nicht in einem einzigen Betrag, sondern in mehreren gleich hohen Jahresraten zurückgezahlt. Die Laufzeit dieser Tranchen beträgt zumeist 10, 15, 20, 25 und 30 Jahre. Es gibt aber auch zehnjährige Papiere, die fünf Jahre tilgungsfrei sind und dann vom fünften bis zum zehnten Jahr gleich hohe Annuitätsbeträge ausschütten. Den Kreationen der Financial Engineers in den Banken sind bei der Ausgestaltung kaum Grenzen gesetzt.

Technisch können Annuitätenbonds einfach als Kombination mehrerer hintereinander geschalteter Zerobonds betrachtet werden. Damit gelten die für Zerobonds getroffenen Schlüsse hinsichtlich unserer Beurteilungskriterien für ABOs analog.

Ähnlich wie Zeros besitzen Annuitätenanleihen einen Steuerstundungseffekt mit allen zuvor beschriebenen Nachteilen. *Steuerlich* wird die ausgeschüttete Annuität in einen Tilgungsanteil und einen Zinsanteil zerlegt. Die Tilgung ist steuerrechtlich gesehen nichts anderes als die teilweise Rückzahlung des Vermögensstammes und damit steuerfrei. Der Zinsanteil der Annuität und ein eventueller Kursgewinn sind mit 25% Abgeltungssteuer zu versteuern.

Was die *Inflation* angeht, so sind auch die typischerweise lang laufenden Annuitätenanleihen davon betroffen. Der Geldentwertungseffekt dürfte im Vergleich zu einem Zerobond gleicher Laufzeit jedoch geringer sein, weil bereits einige Jahre vor Endfälligkeit die Rückzahlung in Form der Annuität einsetzt und nicht erst als Gesamtbetrag am Laufzeitende erfolgt.

Die *Nettorealrendite* wird im Vergleich zu klassischen Straight Bonds in den meisten Fällen geringer sein. Bei Laufzeiten von 10 bis 30 Jahren liegt die Verzinsung der ABOs üblicherweise unter dem Marktdurchschnitt. Ursächlich ist die Nutzung dieser Instrumente durch Industriekonzerne und Banken, die sich bei der Emission einen Finanzierungszins sichern wollen, der unter dem langfristigen Kapitalmarktzins liegt.

Das *Risiko* liegt dann auch darin, dass bei Änderung des Kapitalmarktzinses die ABOs wegen der überdurchschnittlich langen Laufzeit extrem kursempfindlich reagieren. Die Folge davon ist eine börsentägliche *Liquidierbarkeit*, die ihren Preis in der Marktenge der Papiere hat. Es gibt nur wenige Emittenten und nur wenige Emissionen für diese spezielle Form der Anleihe, so dass auch die Börsenumsätze und die Kurspflege nicht immer optimal sind. Insofern ist auch hier ein enges Limitieren angesagt.

Fazit:

- Was die Eignung für bestimmte Anlageziele angeht, so gilt ähnliches wie bei den Zerobonds.
- Die ABOs eignen sich am ehesten noch für steuersensible Privatanleger, die nach einer gewissen Zeit über hohe und feste Einnahmen verfügen wollen, also für die Altersvorsorge, für die Ausbildung der Kinder etc.
- Der Steuerstundungseffekt, der ja zum langen buy-and-hold zwingt, wird mit der mangelnden Reaktionsfähigkeit hinsichtlich des Timings bei Niedrig- und Hochzinsphasen bezahlt. Daher kann ein Kauf unter diesem Gesichtspunkt lediglich in Hochzinsphasen uneingeschränkt empfohlen werden.

Kriterium	niedrig	mittel	hoch
Steuereffekt	*	*	
Inflationsschutz	*		
Nettorealrendite	*		
Liquidierbarkeit	*		
Schutz vor sonstigen Risiken	*	*	
Eignung für:			
Zielsparer	*		
Risikovermeider	*		
Einkommensorientierte	*		
Wachstumsorientierte	*		
Steuergeplagte	*		

Abb. 13: Bondkompass: Annuitätenanleihen

4.2.3 Kombizinsanleihe: ein Auslaufmodell

Die Kombizinsanleihe ist das beste Beispiel für das Hase-und-Igel-Spiel zwischen Banken und Finanzverwaltung. Ursprünglich wurden diese Finanzinnovationen konstruiert und verkauft, um steuerfreie Erträge aus Kursgewinnen zu erzielen. Nach mehreren Gesetzesänderungen aber sind diese Kursdifferenzpapiere keinesfalls mehr steuerbegünstigt. Im Gegenteil: Da es keine Übergangsregelung für Altfälle gibt, soll dem steuergeplagten Anleger bereits an dieser Stelle geraten werden, diese Papiere aus dem Depot zu eliminieren. Kombizinsanleihen sind enge Verwandte der Stufenzinsanleihen und treten nach den neuen steuerlichen Regelungen nicht mehr in Rudeln auf. Neuemissionen gibt es kaum noch.

Wie funktionieren diese Kombizinsanleihen? Sie sind nichts anderes als festverzinsliche Anleihen, die allerdings keinen gleichmäßigen jährlichen Cash-Flow besitzen. Vielmehr werden innerhalb eines bestimmten Zeitraumes überhaupt keine Zinszahlungen geleistet. Damit verhält sich die Kursentwicklung des Papiers in dieser Phase ähnlich wie die eines Zerobonds. Danach folgt eine mehrjährige Phase hoher Zinsausschüttungen, die die erste zinslose Phase kompensieren soll. Ein Beispiel wäre eine zehnjährige Anleihe, die im 1. bis 5. Jahr keine Zinscoupons und danach im 5. bis 10. Jahr 16 Prozent ausschüttet.

Steuerlich besteht Kapitalertragsteuerpflicht für Zinscoupons und realisierte Kursgewinne in Höhe der 25-igen Abgeltungssteuer.

Die *Nettorealrendite* ist vergleichbar mit Annuitätenanleihen.

Die *Liquidierbarkeit* leidet einmal unter dem ohnehin engen Markt für Kombizinsanleihen. Nach den steuerlich geänderten Regelungen gab es nur noch wenige Neuemissionen. Zum anderen dürften für bestehende Kombizinsanleihen nach Ablauf der zinslosen Zeit wegen der geringen Nachfrage durchaus Probleme bestehen, diese überhaupt noch loszuwerden. Auch hier geht ohne Limit nichts.

Zu den *Risiken*: Die Emittenten von Kombis sind regelmäßig Industriekonzerne und Banken, so dass es Bonitätsrisiken gibt, die über das Rating zu überwachen sind. Die mangelhafte Fungibilität ist ein Ergebnis steuerlicher Änderungen. Liquiditätsprobleme können die Folge sein. An dieser Stelle wird auch deutlich, dass es bei allen Obligationen des Financial Engineering abseits der klassischen Anleihen ein großes Steueränderungsrisiko gibt. Der Gesetzgeber hat in der Vergangenheit immer wieder gezeigt, dass es ihm wichtiger ist, zu Gunsten der Staatskasse den sogenannten Finanzinnovationen den Garaus zu machen, als über Vertrauensschutz für Altfälle nachzudenken.

Fazit:

- Aus Anlegersicht besitzen Kombizinsanleihen vornehmlich für einkommensorientierte Bondinvestoren einigen Charme.
- Zunächst eignen sie sich wegen des unregelmäßigen Cash Flows zur Steuerung und Verlagerung der Erträge in Lebensphasen mit geringerem Steuersatz. Das ist der bekannte Steuerstundungseffekt.
- Teilweise gibt es auch Kombizinsanleihen mit fallenden Zinscoupons, manchmal auch Step-Down-Bonds genannt. Diese sind interessant, wenn Sie noch nicht ausgeschöpfte Sparerfreibeträge haben und in zukünftigen Perioden mit einem höheren Ausschöpfungsgrad etwa durch Fälligkeiten rechnen. Auf diese Weise können die Freistellungsspielräume vollständig ausgenutzt werden.
- Allerdings sind bei steigendem Kapitalmarktzinsniveau die Kursrisiken deutlich höher. Vom Timing her gesehen, dürfte sich der Kauf eines Kombis mit steigendem Zinscoupon am meisten lohnen, wenn Sie fallende Zinsen erwarten. Diese Spekulation geht allerdings nur dann auf, wenn Sie die Kursgewinne auch tatsächlich realisieren können. Das heißt, wenn es einen liquiden Markt für Ihr Papier gibt.
- Insofern sollten Risikovermeider und Zielsparer diese Obligationen eher vermeiden.

Kriterium	niedrig	mittel	hoch
Steuereffekt	*		
Inflationsschutz	*		
Nettorealrendite	*		
Liquidierbarkeit	*		
Schutz vor sonstigen Risiken	*	*	
Eignung für:			
Zielsparer	*		
Risikovermeider	*		
Einkommensorientierte	*	*	
Wachstumsorientierte	*		
Steuergeplagte	*	*	

Abb. 14: Bondkompass: Kombizinsanleihen

4.2.4 Optionsanleihen: Renaissance eines Anlageinstrumentes

In vielen Bankfachbüchern und Anlegermagazinen werden Optionsanleihen unter dem Begriff Finanzinnovationen subsumiert. Dabei gibt es diese Wertpapiergattung bereits seit mehr als 30 Jahren in Deutschland. Sie sind im Grunde wie klassische Anleihen ausgestattet. Optionsanleihen lauten auf einen bestimmten Währungsbetrag, bringen eine feste Verzinsung und werden auch nach 5, 10 oder 15 Jahren zum Nennwert zurückgezahlt. Von den normalen Schuldverschreibungen unterscheiden sie sich dadurch, dass ihnen Optionsscheine beigefügt sind, die manchmal auch finanzfachchinesisch „warrants" genannt werden. Optionsscheine gewähren Ihnen das Recht, Aktien oder Anleihen und neuerdings auch Devisen, Edelmetalle und Öl der emittierenden Gesellschaft zu einem bestimmten Kurs (Optionspreis), in einem bestimmten Verhältnis (Optionsverhältnis) und innerhalb einer festgelegten Frist (Optionsfrist) zu beziehen. Nach Ausübung der Option bleibt die Optionsanleihe im Gegensatz zur Wandelanleihe bestehen. Sie erwerben also etwa die Aktien zusätzlich zu Ihrem Zinsanspruch. Insofern handelt es sich um ein *festverzinsliches Wertpapier mit Zusatzrechten*. Diese zusätzlichen Rechte bezahlt der Gläubiger durch einen im Vergleich zum Kapitalmarktniveau unterdurchschnittlichen Zinscoupon.

Letzteres macht die Optionsanleihe für den Emittenten natürlich zu einem günstigen Finanzierungsinstrument. Für den Anleger bietet die Optionsanleihe jedoch alle Vorteile eines festverzinslichen Wertpapiers wie zum Beispiel regelmäßige und garantierte Zinszahlung und die Rückzahlung des Kapitals am Ende der Laufzeit, wenn die Schuldnerbonität stimmt. Gleichzeitig hat der Anleger die Möglichkeit, an Aktienkurssteigerungen des Emittentenunternehmens teilzunehmen. Allerdings mit begrenztem Kursrisiko, und das ist in diesen Zeiten natürlich das spannendste Merkmal dieser Papiere. Wenn nämlich der Kurs der zugrunde liegenden Aktie steigt, steigt auch der Kurs der Optionsanleihe. Fällt der Aktienkurs dagegen, sinkt die Anleihennotierung höchstens auf den Wert der „leeren" Obligation ohne die Option. Damit ist das Kapitalmarktzinsniveau der Puffer und die Untergrenze für den Anleihenkurs.

Die Konstruktion einer Optionsanleihe ist so komplex, dass sie drei Börsennotierungen benötigt. Das hört sich etwas abstrus an. Die vielen Vorteile, die sich daraus ergeben, sollten Sie jedoch zum Weiterlesen ermuntern. Wenn nämlich zu Beginn der Optionsfrist die Optionsscheine von der Anleihe getrennt werden, entstehen drei selbständige und handelbare Wertpapiere mit eigenen Märkten:

1. die Anleihe mit Optionsschein (in der Fachwelt „cum" genannt oder „volle Stücke")
2. die Anleihe ohne Optionsschein („ex" oder „leere Stücke")
3. der Optionsschein („warrant")

Vom *Steuereffekt* her birgt die Optionsanleihe hingegen keine besonderen Überraschungen. Selbstverständlich sind nach der Abgeltungssteuerreform alle Zinserträge und realisierten Kursgewinne mit 25% zu versteuern.
Wenn Sie den Optionsschein verkaufen, ist dieser Kursgewinn anders als vor Einführung der Abgeltungssteuer nicht mehr steuerfrei. Ein Verkauf von Aktien, die Sie aufgrund einer Ausübung Ihres Optionsrechtes bezogen haben, ist ebenfalls komplett zu versteuern.

Als eine der wenigen Obligationen ist die Optionsanleihe der *Inflation* nicht vollständig ausgeliefert. Der Optionsschein macht zumindest teilweise ein aktienähnliches, eher sachwert- als geldwertkonformes Verhalten möglich. Vor dem Hintergrund des Geldentwertungsschutzes besitzt die Optionsanleihe daher deutliche Vorteile gegenüber klassischen Anleihen.

Auch die *Nettorealrendite* von Optionsanleihen dürfte weitaus attraktiver sein als bei Straight Bonds. Durch den geringeren Inflationseffekt einerseits und die Aktienperformancebestandteile über den Optionsschein andererseits gehört die Optionsanleihe schon wegen der Absicherung nach unten zu den interessantesten Instrumenten am Kapitalmarkt überhaupt. Die Nachfrage danach ist mittlerweile so groß geworden, dass synthetische Instrumente, auch Derivate genannt, diese Anlageform mehr und mehr ersetzen.

Die *Liquidierbarkeit* von Optionsanleihen ist nicht immer ordentlich. Es müssen aufgrund der größeren kapitalmarktbedingten Kursschwankungen im Vergleich zu klassischen Anleihen enge Limits gesetzt werden.

Bei allen Vorteilen, die Ihnen eine Optionsanleihe bietet, dürfen die *Risiken* nicht unberücksichtigt bleiben. So sind die Zinsen wesentlich niedriger als bei klassischen Anleihen. Dieser Nachteil soll durch die Optionsscheine ausgeglichen werden. Bei ungünstigem Kursverlauf der zugrunde liegenden Aktie unterliegt auch die Optionsanleihe erheblichen Kursrisiken, die größer sind als bei Straight Bonds, aber weitaus geringer als bei Aktien. Nach unten hin besteht eine Kurssicherung durch die Anleihe. Am unangenehmsten jedoch ist das Risiko aus den Optionsscheinen. Zum Schluss der Optionsfrist werden die Optionsscheine wertlos. Wer im Besitz einer Optionsanleihe mit Optionsschein ist, sollte sich also hinter die Ohren schreiben, dass Optionsscheine besser rechtzeitig verkauft und nicht ausgeübt werden.

Fazit:

- Eine Optionsanleihe gehört in das Depot eines steuergeplagten und/oder wachstumsorientierten Bondinvestors. Über Kursgewinne kann man eine überdurchschnittliche Nachsteuer-Rendite erzielen, während das Risiko nach unten hin durch den Wert der Anleihe begrenzt ist.
- Nur semiprofessionelle Zocker glauben, dass der Wortbestandteil „Option" auf irgendetwas Spekulatives hinweist. Optionsanleihen sind absolut seriöse und konservative Investments.
- Als interessierter Zweiterwerber suchen Sie nach Optionsanleihen mit weit unter pari liegenden Kursen. Die Differenz zum Fälligkeitskurs von 100 Prozent muss allerdings bei Realisierung mit 25% versteuert werden.
- Wegen der höheren Kursschwankungen im Vergleich zu Straight Bonds haben dagegen Risikovermeider aber auch Zielsparer, die am Ende ihres Anlagehorizontes über das Geld verfügen müssen, wenig Spaß an Optionsanleihen.
- Der geringe Coupon macht diese Obligationen zudem für einkommensorientierte Anleger unattraktiv.

Kriterium	niedrig	mittel	hoch
Steuereffekt	*		
Inflationsschutz	*	*	
Nettorealrendite	*	*	
Liquidierbarkeit	*	*	
Schutz vor sonstigen Risiken	*		
Eignung für:			
Zielsparer	*		
Risikovermeider	*		
Einkommensorientierte	*		
Wachstumsorientierte	*	*	*
Steuergeplagte	*	*	

Abb. 15: Bondkompass: Optionsanleihen

4.2.5 Stufenzinsanleihen: vor dem Abstieg

Bei Stufenzinsanleihen (auch Step-up-Bonds genannt) handelt es sich um Obligationen mit über die Laufzeit ungleichmäßigen Coupons. Der Name bezieht sich darauf, dass von Jahr zu Jahr steigende Zinszahlungen garantiert werden. Oft besitzen Stufenzinsanleihen in den ersten Jahren nur sehr geringe, unter Kapitalmarktzinsniveau liegende, und später sehr hohe Coupons. Stufenzinsanleihen sind eng verwandt mit den Kombizinsanleihen, über die wir bereits gesprochen haben. Im Grunde sind Kombizinsanleihen nur eine besondere Form von Stufenzinsanleihen, weil die Coupons der ersten Jahre gleich Null sind.

Nach Einführung der Abgestungssteuer sind bei Stufenzinsanleihen sämtliche Kapitalzuflüsse während der Laufzeit sowie die Kursgewinne zu versteuern.

Was die Punkte Inflation, Rendite, Liquidierbarkeit und Timing im Financial Planning angeht, so gilt das bei der Kombizinsanleihe Beschriebene.

Fazit:

- Die Emission derartiger Anleihen wird zurückgehen.
- Ursprünglich einmal als Instrument zum steuerfreien Kursgewinn konstruiert, sind nach etlichen steuerrechtlichen Veränderungen keine Vorteile gegenüber klassischen Anleihen geblieben.

- Aus Kapitalmarktsicht sind Stufenzinsanleihen lohnend, wenn man Kursgewinne erzielen kann. Das funktioniert, wenn Sie in Zeiten fallender Zinsen eine Stufenzinsanleihe erwerben, die naturgemäß mit steigenden Coupons ausgestattet ist. Wenn man sich die Rentenmärkte im aktuellen Zinstal näher ansieht, dürfte es jedoch noch viele Jahre oder Jahrzehnte dauern, bis wir wieder in einer Hochzinsphase mit fallenden Zinsen sind. Vielleicht erinnert sich dann noch jemand an die Stufenzinsanleihen.
- Zumindest für wachstumsorientierte Anleger gibt es unter diesen Umständen noch ausreichend Motive für den Erwerb von Step-up-Bonds.

Kriterium	**niedrig**	**mittel**	**hoch**
Steuereffekt	*		
Inflationsschutz	*		
Nettorealrendite	*		
Liquidierbarkeit	*		
Schutz vor sonstigen Risiken	*		
Eignung für:			
Zielsparer	*		
Risikovermeider	*		
Einkommensorientierte	*		
Wachstumsorientierte	*	*	
Steuergeplagte	*	*	

Abb. 16: Bondkompass: Stufenzinsanleihen

4.2.6 Bondstripping: nicht nur für Agenten spannend

Für Kapitalbeträge jenseits der 100.000 Euro ist bei bestimmten Bundesanleihen ein "Bond-Stripping" möglich. Dabei werden bereits im Umlauf befindliche Anleihen in das Stammrecht und den Zinsschein separiert und nach der Trennung abgezinst gehandelt. Den Antrag hierfür stellen Sie bei Ihrer depotführenden Bank. Nachdem das Wertpapier in seine Bestandteile zerlegt wurde, werden an der Börse drei Notierungen gehandelt:

1. die ungestrippte Anleihe mit Zinsschein (Anleihe cum)
2. die einzelnen Zinsscheine
3. die ursprüngliche Anleihe ohne Zinsschein (Anleihe ex)

Was geschieht nach der Teilung?[10] – Bei einem Verkauf der Anleihe ohne Zinsschein richtet sich der Wert nach dem Zinsniveau am Veräußerungstag und der Laufzeit. Der Erwerber wird für diese Anleihe lediglich einen abgezinsten Betrag einer vergleichbaren Nullcouponanleihe zahlen. Beim Ver-

10 Vgl. ausführlich Kracht (2000a), S. 597, und Wahl (2001), S. 283f.

kauf der Zinsscheine erhält der Verkäufer ebenfalls nur den abgezinsten Betrag. Die Höhe richtet sich hierbei nach der Laufzeit bis zum Zinstermin. Es ist nicht möglich, alle Zinsscheine en bloc zu verkaufen. Jeder Zinsschein hat eine Wertpapierkennnummer und wird isoliert gehandelt.

Während der Inhaber einer ungestrippten Anleihe hinsichtlich unserer Beurteilungskriterien Besteuerung, Inflation, Nettorealrendite, Risiko und Liquidierbarkeit logischerweise alle Vor- und Nachteile einer klassischen Obligation hat, besitzt der Erwerber einer Anleihe ohne Zinsschein im Prinzip einen Zerobond. Für Anleger resultieren daraus folgende *Vorteile* des Bondstrippings:

Der wesentliche Vorteil liegt in der flexibleren Ausübungsmöglichkeit durch den Anleger, ohne dass er beim Ersterwerb Nachteile gegenüber ungestrippten Obligationen in Kauf nehmen müsste. Der Anleger kann jederzeit seine anteiligen Zinsen erhalten und muss nicht die zugehörige Anleihe gezwungenermaßen gleichzeitig mitveräußern.

Anleihen ex sind wie Zerobonds endfällige Anleihen ohne Ausschüttung, so dass ein Wiederanlagerisiko entfällt. Im Gegensatz dazu dürfte es bei ungestrippten klassischen Anleihen in vielen Fällen unmöglich sein, die Ausschüttung zum gleichen Nominalzins wieder anzulegen. Diese Chance sinkt mit geringer werdender Restlaufzeit. Wer also ein ehemals zehnjähriges Papier mit 8 %-Coupon und zwei Jahren Restlaufzeit besitzt, wird wahrscheinlich für seine Ausschüttung am Kapitalmarkt bei gleicher Sicherheit nicht mehr als Festgeldniveau erzielen.

Die Trennung in Stammrecht und Zinsscheine ermöglicht Ihnen, Zerobonds unterschiedlicher Laufzeiten und isoliert davon Zinsscheine verschiedener Fälligkeiten zu erwerben. Damit ist eine exakte und unter Wiederanlageaspekten risikolose Zahlungsstromsteuerung möglich. Beispielsweise können Sie auf diese Weise eine indiviuelle Rentenzahlung konstruieren. Keine Frage, dass sich das Stripping insbesondere für Zielsparer und den einkommensorientierten Bondinvestor eignet.

Das Kursänderungsrisiko ist, wie bereits erläutert, bei Nullcouponanleihen wesentlich größer als bei klassischen verzinslichen Papieren. Für risikofreudigere und wachstumsorientierte Anleger, die auf Zinssenkungen spekulieren, eröffnen sich mit Zins-Strips langer Laufzeit hohe Kursgewinnchancen.

Für steuergeplagte „Stripper" liegt der Vorteil in der günstigeren Besteuerungspraxis. Das Halten von gestrippten Anleihen ex bis zu Lebensphasen mit geringerem Einkommensteuersatz führt zum bekannten Steuerstundungseffekt.

Die *Besteuerung* richtet sich nach der Abgeltungssteuerreform bei allen drei Notierungen nach dem Zuflußprinzip. Wann immer Sie (Zins-)erträge erhalten oder Kursgewinne realisieren, fallen 25% Abgeltungssteuer an.

Kriterium	**niedrig**	**mittel**	**hoch**
Steuereffekt	*	*	
Inflationsschutz	*		
Nettorealrendite	*	*	
Liquidierbarkeit	*	*	
Schutz vor sonstigen Risiken	*		
Eignung für:			
Zielsparer	*		
Risikovermeider	*		
Einkommensorientierte	*	*	
Wachstumsorientierte	*	*	*
Steuergeplagte	*	*	*

Abb. 17: Bondkompass: gestrippte Anleihen ohne Zinschein (ex)

Kriterium	**niedrig**	**mittel**	**hoch**
Steuereffekt	*	*	
Inflationsschutz	*		
Nettorealrendite	*	*	
Liquidierbarkeit	*	*	
Schutz vor sonstigen Risiken	*		
Eignung für:			
Zielsparer	*		
Risikovermeider	*		
Einkommensorientierte	*	*	
Wachstumsorientierte	*	*	*
Steuergeplagte	*		

Abb. 18: Bondkompass: Bondstripping – Zinscheine

4.3 Klassische Anleihen

Nachfolgend erläutern wir klassische Anleihen, zu denen -schon historisch bedingt- auch Unternehmensanleihen (Corporate Bonds) oder Genußscheine gezählt werden.

Merkwürdigerweise sind einige diese Spezialitäten in den letzten Jahren dennoch nahezu in Vergessenheit geraten. Oder haben Sie etwa einen Genussschein oder gar eine Wandelanleihe im Depot? Wenn ja, dann ist es spätestens jetzt Zeit, Ihrem Wertpapierberater einen auszugeben. Er ist offensichtlich nicht auf die heftigen Werbekampagnen hereingefallen, in der abwechselnd eine Finanzinnovation nach der anderen empfohlen wurde. Darunter viele Papiere, die gestern noch steuerfrei waren und heute gar keinen großen Vorteil mehr besitzen - wie die Stufenzinsanleihe, den Zero und die Kombizinsanleihe.

Anders als Wandelanleihen oder Genüsse führen Industrieanleihen und Floater als Bonds kein Schattendasein. Insbesondere die Corporate Bonds erfreuen sich jüngst steigender Umsätze. Allerdings ist zu konstatieren, dass auch diese Anleiheformen zu den absoluten Klassikern in der bunten Welt der Wertpapiere gehören. Daraus lässt sich auf jeden Fall schließen, dass man generell bei neuen synthetischen Anleiheformen zunächst vorsichtig sein und stattdessen lieber zum bewährten konservativen Anlageinstrument, das man versteht, greifen sollte.

Tipp: Bevor Sie sich für den Kauf von Sparbriefen oder ähnlichen zinstragenden Eigenemissionen von Finanzinstituten entscheiden, vergleichen Sie auf jeden Fall die Zinssätze und die Bonitätverschiedener Banken.

4.3.1 Sparbriefe

Neben den verschiedenen Formen des Kontensparens bieten Ihnen die Kreditinstitute auch Spar(kassen)briefe und Spar(kassen)obligationen an. Diese Anlageformen nehmen eine Mittelstellung zwischen Spareinlagen und börsengängigen festverzinslichen Wertpapieren ein. Die Sparbriefe stehen in Konkurrenz zu den Bundesschatzbriefen, während die Sparobligationen mit den festverzinslichen Wertpapieren konkurrieren. Ihre Ausstattung, also Stückelung, Laufzeit, Verzinsung, wird von den Marktüberlegungen der emittierenden Institute frei bestimmt. So erklärt sich das für den Betrachter diffuse Angebotssortiment der einzelnen Banken, Sparkassen und Genossenschaftsinstitute.

Eines der am häufigsten genutzten Sparangebote ist immer noch der *Sparbrief*, eine Namensschuldverschreibung, die auf den Namen des Sparers oder auch zu Gunsten eines Dritten ausgestellt wird. Für Sparkassen und Genossenschaftsbanken ist der Sparbrief eine beliebte Möglichkeit der Refinanzierung. Nur wenn die Mittelherkunftsseite und die Mittelverwendungsseite ihrer Bilanzen vernünftige Relationen aufweisen, dürfen sie weiterhin Kredite vergeben. Insofern benötigen diese Institute, die sich am Kapitalmarkt nur schwer refinanzieren können, dringend Sondersparformen zur Liquiditätsbeschaffung. Sparbriefe gibt es ab Nennwerten von 100 Euro aufwärts und in der Regel für Laufzeiten zwischen vier und sechs Jahren. Sie tragen einen festen Zinssatz. Sparbriefe haben den Vorteil, dass Sie diesen problemlos bei Kapitalbedarf, wie beispielsweise einer Baufinanzierung, abtreten können. Der Beleihungswert dürfte oft sogar 100 Prozent betragen. Im Unterschied zu festverzinslichen Wertpapieren werden Sparbriefe nicht an der Börse gehandelt. Insofern gibt es kein Kursrisiko und der Zinssatz ist garantiert. Ausfälle sind bei der zumeist sehr guten Bonität der emittierenden Banken kaum zu erwarten. Zumeist berechnen diese auch keine Kauf- und Verkaufsprovisionen, da es sich um eigene Papiere handelt.

Von den vielen Sparbriefmodifikationen ist für den steuergeplagten Sparer der abgezinste Sparbrief noch die interessanteste Variante. Wie bei anderen diskontierten Wertpapieren auch, werden Ihnen die Zinsen für die Laufzeit bereits beim Kauf angerechnet. Sie zahlen viel weniger als den Nennwert. Der Unterschied zwischen dem Kaufpreis und dem Nennwert ist Ihr Gewinn, wenn Sie die Nominalsumme des Sparbriefes zurück erhalten. Diese Differenz müssen Sie wie die Zinsen auch mit der 25%-igen Abgeltungssteuer versteuern.

Die *Liquidierbarkeit* von Sparbriefen und -obligationen ist einer der größten Nachteile dieser Kapitalanlage. Durch den fehlenden Börsenhandel können Sie nicht ständig über Ihr angelegtes Geld verfügen, sondern sind auf das Wohlwollen der emittierenden Sparkasse angewiesen, ob sie die Sparbriefe – und wenn ja zu welchem Preis – zurücknimmt. Die mangelnde Fungibilität ist zusammen mit der Geldentwertung das größte *Risiko*. Hinzu kommt als entgangene Chance, dass natürlich auch keine Kurssteigerungen möglich sind, wie bei anderen festverzinslichen Wertpapieren mit Kursnotierung. Nachteilig ist ebenfalls, dass keine Anpassung der Zinsen bei Änderung des Kapitalmarktzinses erfolgt, so dass Ihnen bei steigenden Zinsen Erträge entgehen. Das Ausfallrisiko ist bei allen deutschen Banksparprodukten aufgrund des Einlagensicherungsfonds sehr gering.

Fazit:

- Sparbriefe sind wohl nur für Risikovermeider und Zielsparer interessant und für Steuergeplagte höchstens als abgezinste Variante sinnvoll.
- Aus *Timingaspekten* ist eine Anlage nur dann sinnvoll, wenn der Kauf in einer Hochzinsphase erfolgt und Sie sich möglichst lange diesen Zins sichern. Dazu müssen Sie jedoch auch bereit sein, entsprechend lange auf Ihr Kapital zu verzichten.
- Achten Sie genau auf die Rendite. Aufgrund der geringen Fungibilität und der ggf. schlechteren Bonität der emittierenden Institute muss es auf jeden Fall einen Renditevorsprung bei Sparbriefen gegenüber vergleichbaren börsengehandelten Festverzinslichen geben.
- Aus strategischer Sicht ist zu berücksichtigen, dass abgezinste Sparbriefe einen *Steuerstundungseffekt* durch das Zuflussprinzip besitzen. Insofern ist die Nettorealrendite genau über die gesamte Laufzeit zu betrachten. Wenn die Einlösung in eine Zeit mit einem geringeren Steuersatz fällt oder verschoben werden kann, etwa ins Rentenalter oder nach der Betriebsaufgabe, kann aus dieser vermeintlich unattraktiven Kapitalanlage ein sinnvolles Produkt werden.

Kriterium	**niedrig**	**mittel**	**hoch**
Steuereffekt	*	*	
Inflationsschutz	*		
Nettorealrendite	*		
Liquidierbarkeit	*		
Schutz vor sonstigen Risiken	*		
Eignung für:			
Zielsparer	*	*	*
Risikovermeider	*	*	*
Einkommensorientierte	*		
Wachstumsorientierte	*		
Steuergeplagte	*		

Abb. 19: Bondkompass: Sparangebote

4.3.2 Bundesschatzbrief Typ B: der krisenfeste Klassiker

Bundesschatzbriefe und andere festverzinsliche Wertpapiere mit von Jahr zu Jahr steigenden Zinssätzen eignen sich vor allem für das Timing in Hochzinsphasen. Wie der Bundesschatzbrief Typ A wird auch der nicht an der Börse gehandelte Typ B als Daueremission mit einer siebenjährigen Laufzeit vom Bund ausgegeben. Eine jährlich nachschüssige Zinszahlung erfolgt beim Typ B anders als beim Typ A *nicht*. Als Veräußerer erhalten Sie alle zum Verkaufszeitpunkt während der Laufzeit angefallenen Zinsen und Zinseszinsen zuzüglich des eingesetzten Kapitalstamms. Aufgrund des zerobondähnlichen Zinseszinseffektes ist die Rendite des Typs B höher als die des Typs A.

Tipp: Weil es Typ B bereits ab einem Mindestanlagebetrag von 50 Euro gibt (den Banken gern verschweigen oder höher setzen), ist er die verbraucherfreundlichste Alternative zur Lösung des Wiederanlageproblems aller Arten von Ausschüttungen.

Der große Vorteil des Typ B ist jedoch der Wiederanlageeffekt. Wenn Sie in einer Hochzinsphase einsteigen, gilt genau wie beim Zerobond oder der Annuitätenanleihe, dass die nicht ausgeschütteten Zinsen implizit zum gleichen hohen Emissionszins angelegt werden. Hätten Sie in der Hochzinsphase den ausschüttenden Typ A gekauft, würden Sie in Zeiten niedrigeren Kapitalmarktniveaus Probleme haben, den Ausschüttungsbetrag zum selben hohen Zins anzulegen. Sie hätten lediglich die Möglichkeit, neue Typ A oder B zu kaufen, allerdings mit niedrigeren Zinscoupons.

Die Grundidee bei dieser Wertpapiergattung ist, dem Gläubiger die jederzeitige Möglichkeit einzuräumen, sein Wertpapier in Bargeld zurückzuverwandeln, indem er es dem Emittenten (also dem Bund) zurückverkauft. Andererseits soll der Gläubiger psychologisch daran gehindert werden, indem man in den letzten Jahren der Laufzeit *über* dem aktuellen Kapitalmarktniveau liegende Zinscoupons gutschreibt.

Bei den meisten Emissionen ist im ersten Jahr der Laufzeit eine Rückgabe noch ausgeschlossen. Bei Bundesschatzbriefen läuft dieses Jahr jeweils von dem Monat an, in welchem eine neue Ausgabe herausgebracht wurde. Die Sperrfrist beträgt somit de facto stets weniger als ein Jahr. Nach Ablauf des Sperrjahres ist die Rückgabe an den Bund monatlich auf 5.000 Euro begrenzt.

Steuerlich betrachtet wird der Typ B genauso behandelt wie ein Zerobond oder ein Sparbrief. Abgesltunngssteuerpflichtig ist nicht der Vermögensstamm, sondern der in dem Rückzahlungsbetrag bei Fälligkeit enthaltene Kapitalertrag. Auch beim Bundesschatzbrief Typ B gibt es daher einen Steuerstundungseffekt.

Obwohl die *Liquidierbarkeit* durch die 5.000 Euro-Grenze eingeschränkt ist, können Sie Ihre Bundesschatzbriefe, statt sie vorzeitig gegen Erstattung des Nominalwerts zurückzugeben, auch an einen Nachfolgekäufer weiterveräußern. Namentlich in den letzten Laufzeitjahren, wenn die Coupons über den am Kapitalmarkt üblichen Zinsen liegen, lassen sich unter Umständen sogar Kursgewinne erzielen, obwohl ein börslicher Handel nicht stattfindet.

Die *Risiken* beim Bundesschatzbrief sind außerordentlich gering. Das Bonitätsrisiko ist beim Bund als Emittenten naturgemäß zu vernachlässigen. Fremdwährungsrisiken bestehen nicht. Grundsätzlich gibt es aber Kapitalmarktrisiken bei Zinsniveau-Änderungen. Weil die späteren Coupons jedoch höher sind als die frühen, bieten Bundesschatzbriefe einen kleinen Schutz vor Zinsniveausteigerungen.

Fazit:

- Der Bundesschatzbrief Typ B darf durchaus als Basisinvestment für alle Anlegertypen bezeichnet werden.
- Vorteilhaft ist vor allem, dass auch kleine Geld-Beträge zur Emissionsrendite weiterverzinst werden. Er eignet sich damit zur konservativen Wiederanlage aller Arten von Ausschüttungen.
- Erfahrungsgemäß muss an dieser Stelle jedoch vor der Verabsolutierung von Bundesschatzbriefen in Wertpapierdepots gewarnt werden. Wenn Sie etwa bei einem Depot von 500.000 Euro „nur“ 10 Prozent in Bundesschatzbriefen haben, dauert es wegen der monatlichen Rückgabegrenze ganze zehn Monate, bis Sie diese Position in andere Werte oder Cash gedreht haben. Noch höhere Depotanteile führen dazu, dass ein Portfolio unter Umständen für lange Zeit festgefahren ist. Auf diese Weise können Sie kurzfristig kaum auf Kapitalmarktschwankungen reagieren.
- Steuerlich ist der Bundesschatzbrief Typ B nicht mehr so spannend wie er früher einmal war. Immerhin besitzt er er noch den Steuerstundungseffekt.
- Die Mindestanlagesumme von 50 Euro erlaubt insbesondere Zielsparern einen soliden Vermögensaufbau!

Anmerkung: Schatzbriefe gehören nur in ein Bankdepot, wenn die Depotführung kostenlos ist. Ansonsten empfiehlt sich die Übertragung zur Bundesschuldenverwaltung, die Ihr Depot kostenfrei führt.[11]

Kriterium	niedrig	mittel	hoch
Steuereffekt	*	*	
Inflationsschutz	*		
Nettorealrendite	*	*	
Liquidierbarkeit	*		
Schutz vor sonstigen Risiken	*	*	
Eignung für:			
Zielsparer	*	*	*
Risikovermeider	*	*	*
Einkommensorientierte	*	*	
Wachstumsorientierte	*		
Steuergeplagte	*		

Abb. 20: Bondkompass: Bundesschatzbriefe Typ B

4.3.1 Bundestitel: Starter-Kit

Wer sagt denn, dass Bundeswertpapiere immer langweilig sein müssen? Seit dem Ausbruch der Finanzkrise haben sich die Kurse von Bundesanleihen in „schwindelnde Höhen" entwickelt.
Erzkonservative Liebhaber dieser Anlagekategorie wurden in jeder also auch der aktuellen Aktienhausse milde belächelt. Spätestens nach den Ereignissen des 11. September 2001 wird jedoch wohl jedem klar sein, dass Staatstitel unabdingbar in jedes vernünftige Depot gehören. Während an diesem Tag die Weltbörsen auf Talfahrt waren, legte der Bundfuture als Barometer für den deutschen Rentenmarkt in Sekunden um zwei Prozentpunkte zu.

Bundeswertpapiere sind der Oberbegriff für

- Finanzierungsschätze
- Bundesschatzbriefe (Typ A und Typ B)
- Bundesobligationen
- öffentliche Anleihen
- Bundesschatzanweisungen

11 www.bsv.de oder unter Telefon 0 61 72 / 10 82 22.

Die Ausgestaltung der Papiere ist recht unterschiedlich und bringt selbst gestandene Bankberater immer wieder in Schwierigkeiten. Daher empfiehlt sich vor dem Kauf ein Blick auf die jeweils aktuellen Konditionen der Bundestitel unter www.deutsche-finanzagentur.de.

Kennen sollte man *Finanzierungsschätze*, kurz „Finschis", die Investoren den Einstieg in ein- und zweijährige Laufzeiten bieten. Sie werden abgezinst als so genannte Diskontpapiere aufgelegt und zum Nominalwert zurückgezahlt. Als Daueremissionen werden sie monatlich begeben. Wegen der kurzen Laufzeiten wurden Finschis nicht an der Börse eingeführt und auch eine vorzeitige Rückgabe ist nicht möglich.

Bundesschatzbriefe werden auf zwei Arten ausgestattet. Den Typ B kennen Sie schon, und auf Typ A gehen wir später noch ausführlich ein. Daran können Sie erkennen, dass der eine anders besteuert wird als der andere. Typ B sammelt Zinsen und Zinseszinsen während der siebenjährigen Laufzeit bis zur Fälligkeit an und wird dann zusammen mit dem angelegten Kapital zurückgezahlt. Typ A dagegen ist mit einer Laufzeit von sechs Jahren ausgestattet, die Zinsen werden jährlich gezahlt. Auch „Buschas" sind nicht börsennotiert, können aber vorzeitig zurückgegeben werden. Dieses ist jedoch erst nach dem ersten Jahr möglich und auf einen Maximalbetrag von 5.000 Euro pro Monat und Person begrenzt.

Bundesobligationen sind ebenfalls Daueremissionen des Bundes. Die Konditionen passt der Bund von Zeit zu Zeit den jeweiligen Kapitalmarktgegebenheiten an. Die Titel werden mit einer Laufzeit von etwas mehr als fünf Jahren mit jährlicher Zinszahlung aufgelegt. „Bobls" haben den Vorteil, dass sie zum Handel an allen deutschen Börsen eingeführt sind und man sie jederzeit zum aktuellen Kurs veräußern kann.

Bundesanleihen unterscheiden sich von den Bobls im Wesentlichen in ihrer Laufzeit, die zumeist zehn, manchmal auch 30 Jahre beträgt.

Die *Besteuerung* von Bundestiteln richtet sich ausnahmslos nach der Abgeltungssteuer, unabhängig von der Ausgestaltung des jeweiligen Bundeswertpapieres. Damit sind die zufließenden Zinsen sowie ein realisierter Kursgewinn mit 25%iger Abgeltungssteuer belegt.

In der Bundesrepublik gibt es anders als etwa in den USA erst seit kurzer Zeit inflationsindexierten Staatsanleihen. Gerade vor dem Hintergrund der andauerenden Niedrigzinsphase im Euroland und einer Inflationsrate um die 2% ist die reale Rendite von mittel- bis langfristen Anleihen daher oft negativ. Daher sind die inflationsindexierten Bundestitel sehr empfehlenswert!

Die *Nettorealrendite* ist nur dann gut, wenn Sie Ihre Freibeträge noch nicht ausgeschöpft haben. Danach holt sich der Fiskus je nach persönlichem Steuersatz einen Großteil der Erträge wieder zurück. Schon ziemlich undankbar, nachdem Sie ihm jahrelang Geld geliehen haben! In der derzeitigen Tiefzinsphase liegen die Renditen von 10-jährigen Bundesanleihen um die 0,5 Prozent. Nach Steuern bleiben Ihnen als Spitzensteuersatzzahler nur noch 0,25 Prozent. Berücksichtigt man den Inflationseffekt, der bei Geldwerten voll durchschlägt, bleibt bei der deutschen Durchschnittsinflationsrate von 2,7 Prozent[12] im Augenblick nur noch eine negative Rendite übrig. Auch die kostenfreie Aufbewahrungsmöglichkeit bei der Bundesschuldenverwaltung ändert da wenig.

Allen Bundeswertpapieren gemein ist das geringe *Ausfallrisiko*, das in Krisenzeiten ein Schutzpolster darstellt, wie das Eingangsbeispiel gezeigt hat. Aus diesem Grunde gehören sie als Fundament in jedes Wertpapierdepot. Bei Bundestiteln ohne Börsennotierung gibt es auch kein Kursrisiko. Allerdings entfallen damit im Grunde auch die Chancen, steuerfreie Kursgewinne zu realisieren.

Die *Liquidierbarkeit* ist bei den börsennotierten Bundestiteln so hoch wie bei keinem anderen festverzinslichen Wertpapier. Bundesschatzbriefe und Finanzierungsschätze sind jedoch nur eingeschränkt verfügbar. Nichts spricht bei denen jedoch gegen einen privatrechtlichen Verkauf der Papiere an einen Dritten, wenn man das Geld benötigt und die Rückgabemöglichkeiten an die Bundesschuldenverwaltung bereits ausgeschöpft hat. Nur muss man diesen Dritten erst einmal finden!

Fazit:

- Bundestitel gehören unabhängig vom Anlagemotiv zum Basisinvestment jeder Vermögensplanung.
- Finanzierungsschätze eignen sich zur kurzfristigen Geldanlage. Sie sollten die Rendite jedoch zuvor mit den verfügbaren Tagesgeldkontovarianten oder Festgeld vergleichen.
- Finschis und Bundesschatzbriefe Typ B besitzen einen Steuerstundungseffekt. Wenn Sie vor einer Lebensphase mit geringem Steuersatz (ggf. sogar unterhalb der 25%-igen Abgeltungssteuer) stehen, können Sie mit diesen Papieren die Steuerbelastung in diese steuergünstige Zeit verschieben und damit die Nettorealrendite erhöhen.
- Der Kauf von Bundesanleihen sollte – wie wir gesehen haben – nicht in einer Tiefzinsphase erfolgen. Anhand der nachfolgenden Übersicht

12 Quelle: DGZ Deka Bank (2001)

können sie erkennen, welche Papiere Sie in welchen Zinsphasen kaufen
oder verkaufen sollten[13].

Timingregeln	Erwartete Zinsentwicklung	
	fallend	**steigend**
Kauf	Niedrig verzinsliche Langläufer	Hoch verzinsliche Kurzläufer
Verkauf	Hoch verzinsliche Kurzläufer	Niedrig verzinsliche Langläufer

Abb. 21: Timingregeln für Festverzinsliche Wertpapiere

Grundsätzlich sind alle Bundeswertpapiere gute Empfehlungen in Hochzinsphasen und in Krisenzeiten. Sie eignen sich als Basisinvestment für einen sicheren Vermögensaufbau in Zeiten nicht ausgeschöpfter Sparerfreibeträge.

Kriterium	**niedrig**	**mittel**	**hoch**
Steuereffekt	*		
Inflationsschutz	*		
Nettorealrendite	*		
Liquidierbarkeit	*	*	*
Schutz vor sonstigen Risiken	*	*	
Eignung für:			
Zielsparer	*	*	*
Risikovermeider	*	*	*
Einkommensorientierte	*	*	*
Wachstumsorientierte	*	*	
Steuergeplagte	*		

Abb. 22: Bondkompass: Bundesanleihen

4.3.2 Straight Bonds: Die klassischen Anleihen

Wenn Zeitungen oder Analysten von Straight Bonds sprechen, meinen sie üblicherweise längerlaufende Anleihen von Emittenten mit Top-Bonität, die am Ende zu pari zurückgezahlt werden und mit einem über die gesamte Laufzeit gleichhohen Coupon ohne irgendwelche Sonderrechte ausgestattet

---

13 Vgl. Schubert (1994), S. 171

sind. Zu diesen Papieren zählen neben den im vorangegangenen Kapitel beschriebenen Bundesanleihen insbesondere Pfandbriefe, Kommunalobligationen sowie klassische Unternehmensanleihen.

Die *Nettorealrendite* hängt, wie eingangs beschrieben, neben der Steuerkomponente, die man für jede Anleiheform einzeln betrachten muss, im Wesentlichen von der *Bonität* des Schuldners, von dem aktuellen und erwarteten *Kapitalmarktzins* und der *Inflation* ab.

Nach der Abgeltungssteuerreform sind Straights Bonds wie andere Anleihen auch in Bezug auf die Erträge und die Kursgewinne voll steuerpflichtig. Dabei sind Zinsen nach Zufluß und Kursgewinne nach Realisierung mit 25% Abgeltungssteuer zu versteuern.

Die *Inflation* ist ein weiterer Bestimmungsfaktor der Nettorealrendite, deren Wirkungsmechanismus für alle Anleihen gilt und hier etwas eingehender untersucht wird. Je weiter der Zeitpunkt entfernt ist, an dem Sie die Kursgewinne realisieren, desto größer wird der Anteil Ihrer Gesamtrendite, der von der Inflation aufgefressen wird.

Nehmen wir einmal an, Sie besitzen eine Anleihe, die Sie für 77, 85 Prozent erworben haben. Die Emissionsbedingungen des Papiers sehen vor, dass es zu 100 Prozent zurückgezahlt wird. Wenn Sie von einer durchschnittlichen jährlichen Geldentwertungsrate von 2,5 Prozent ausgehen, dann hätte der am Ende der Laufzeit resultierende Tilgungsgewinn in Höhe von 22,15 Prozent nach acht Jahren Laufzeit nur noch eine Kaufkraft (nach Inflation) von ca. 18,15 Prozent. Sie sollten beachten, dass die inflationäre Entwertung des Ertrages sich auf Anleihen mit geringen Coupons stärker auswirkt als auf solche mit hohen Zinsscheinen. Das liegt an den jährlichen Cash Flows aus den Zinszahlungen, von denen bei Hochcouponanleihen zumindest noch ein geringer Teil übrig bleibt. Dieser Effekt wird bei Zerobonds, die abgezinst emittiert werden und bis zur Fälligkeit (zu pari) gar keine Zinszahlungen besitzen, vielfach ausser Acht gelassen.

Die *Liquidierbarkeit* von klassischen Anleihen ist sogar höher als bei den vorher besprochenen Bundesobligationen oder Bankschuldverschreibungen. Denn Straight Bonds können außer über die Bank auch über den Kapitalmarkt zurückgegeben werden. Zumindest die auf Euro lautenden Schuldverschreibungen mit Investmentgrade-Rating dürften Sie an der Börse und im Offertensystem Ihrer Bank problemlos verkaufen können. Jedoch ist die Fungibilität von Fremdwährungsanleihen und spekulativen Papieren von Emittenten schlechter und niedrigster Bonität oft genug so gering, dass Sie beim Verkauf unbedingt ein Kurslimit vorgeben sollten, wenn Sie nicht über den Tisch gezogen werden wollen.

Das *Risiko* kann nicht generell für alle Straight Bonds beurteilt werden. Das liegt an den unterschiedlichen Emissionsbedingungen. Während Wertpapiere des Bundes ein sanftes Ruhekissen sind, gibt es durchaus klassische Anleihen, die beispielsweise wegen des Bonitätsrisikos eine echte Spekulation darstellen.

Fazit:

- Klassische Anleihen sind das Basisinvestment für alle Anlegertypen.
- Die Nettorealrendite der Anleihen ist aufgrund der steuerlichen Belastung aus den Coupons und der Inflationseffekte deutlich geringer als die von Zerobonds oder anderen abgezinsten Obligationen.
- Dennoch gehören diese Straight Bonds in jedes ausgewogene Depot als Basisinvestment.
- Vom Timing her sind klassische Anleihen mit marktüblichen Zinserträgen in der derzeitigen Niedrigzinsphase deutlich unattraktiver als in Hochzinsphasen, wo es mehr als heute darauf ankommt, sich langfristig zu engagieren.
- Die Liquidierbarkeit von Standardanleihen ist zumeist gut.
- Das Risiko von Anleihen steigt mit abnehmender Bonität und schlechterer Fungibilität. Als Faustregel sollten Sie sich merken, dass sowohl Risiko als auch Liquidierbarkeit sinken, je komplexer die Emissionsbedingungen, also die Ausstattungsmerkmale einer Anleihe, sind.

Kriterium	**niedrig**	**mittel**	**hoch**
Steuereffekt	*		
Inflationsschutz	*		
Nettorealrendite	*	*	
Liquidierbarkeit	*	*	*
Schutz vor sonstigen Risiken	*	*	
Eignung für:			
Zielsparer	*	*	
Risikovermeider	*	*	
Einkommensorientierte	*	*	
Wachstumsorientierte	*	*	
Steuergeplagte	*		

Abb. 23: Bondkompass: Straight Bonds

4.3.3 Genussscheine: Depotbeimischung für Gourmets

Seitdem die Zinsen in Deutschland seit Jahren auf Talfahrt sind, stehen Genussscheine bei langfristig disponierenden, renditeorientierten und steuersensiblen Anlegern auf der Speisekarte. Wenn Sie noch keinen dieser Genüsse im Depot liegen haben, sollten Sie aufmerksam weiterlesen.

Genussscheine verbriefen das Recht, am Gewinn eines Unternehmens teilzunehmen. Da im Gegensatz zur Aktie mit dem Erwerb eines Genussscheines keine Mitbestimmungsrechte eingeräumt werden, ist die Rendite oftmals höher. Die vertragliche Ausgestaltung der Papiere kann sehr unterschiedlich sein. Die an deutschen Börsen gehandelten Scheine räumen den Anlegern zumeist folgende Emissionsrechte ein:

- Die Genussscheine verbriefen ein Vermögens- jedoch kein Besitzrecht. Der Inhaber ist am Gewinn beteiligt, nimmt unter Umständen an Kapitalerhöhungen teil und erhält je nach Vertragsgestaltung einen Anteil am Veräußerungserlös der emittierenden Aktiengesellschaft.
- Der Scheininhaber hat kein Stimmrecht und darf auch nicht an Hauptversammlungen teilnehmen.
- Genussscheine sind Nachrangkapital, so dass der Anleger an einem möglichen Konkurs der Firma beteiligt wird.
- Die Ausschüttungsbedingungen sind bereits vorab über die gesamte Laufzeit festgelegt und werden nicht wie bei Dividenden jährlich neu festgesetzt. Die Höhe der Ausschüttungen liegt deutlich über der Dividendenrendite der Aktie.
- Zusätzlich zur Ausschüttung gibt es Genussscheine, die dem Anleger ein Options-, Wandlungs- oder Gewinnbeteiligungsrecht einräumen.

Die vielfältige Ausgestaltung der Genussrechte führt zu mangelnder Markttransparenz.[14] Bereits die Ausschüttungen müssen nicht immer als fester Prozentsatz bestimmt werden. Daneben werden Ausschüttungen oft als Anteil am Jahresgewinn, einem Satz von der Umsatz- oder Kapitalrendite des Unternehmens und in Abhängigkeit der Dividende der Aktie festgelegt.

Die Besteuerung der Ausschüttungen und Realisierten Kursgewinnen von Genussscheinen unterscheidet sich zunächst nicht von der Besteuerung bei klassischen Anleihen. Sie sind zu 25 Prozent kapitalertragsteuerpflichtig.

Die *Inflation* ist bei Genussscheinen anders als bei anderen Obligationen kein bestimmender Einflussfaktor. Die Nähe zur Aktie und das verbriefte Vermögensrecht sorgen für eine teilweise inflationsfreie Rendite, sofern

---

[14] Eine Übersicht können Sie sich verschaffen unter www.onvista.de und www.deutsche-boerse.com.

diese aus Kursgewinnen besteht. Natürlich unterliegen die jährlichen Ausschüttungen der Geldentwertung.

Die *Nettorealrendite* bei diesen Papieren ist äußerst attraktiv. Bei einigen Scheinen betragen die Ausschüttungen 15 Prozent des Nennwertes.

Die *Liquidierbarkeit* von Genüssen darf getrost als unterdurchschnittlich betrachtet werden. Das liegt an den intransparenten und nicht standardisierten Ausstattungsbedingungen. Anders als bei klassischen Wertpapieren sind daher zwei Genussscheine nicht direkt vergleichbar. Wenn Sie sich für diese Wertpapiere interessieren, sollten Sie solche bevorzugen, die von deutschen Banken emittiert wurden. Letztere besitzen ausreichende Bonität (nicht vergessen: Genüsse haften auch für Verluste der AG) und sorgen durch die Kurspflege ihres eigenen Handels für entsprechende Marktliquidität. Eine weitere Ursache geringer Marktumsätze ist übrigens auch die Tatsache, dass einige Inhaber ihre Genüsse gar nicht verkaufen wollen. So gehen bei den attraktiven *Bertelsmann*-Genussscheinen, die auch sehr viele Mitarbeiter des Unternehmens besitzen, kaum Stücke um.

Weil Genussscheine sehr nahe an der Aktie des Unternehmens hängen, besitzen sie zweifelsohne ein höheres *Kursrisiko* als klassische Anleihen. Das Ausfallrisiko ist zumindest bei deutschen Scheinen und Unternehmen mit Investmentgrade-Rating als Emittenten relativ niedrig. Die unterschiedlichen Emissionsbedingungen der einzelnen Genussscheine machen jedoch ein genaues Studium derselben erforderlich, weil sie sich unmittelbar in Rendite und Kursschwankungen niederschlagen.

Fazit:

- Aus Sicht des wachstumsorientierten Anlegers eignen sich Genussscheine ähnlich wie Optionsanleihen hervorragend zur Spekulation auf steigende Unternehmensgewinne. Von diesen profitieren die meisten Genussscheine direkt durch die erhöhte Gewinnausschüttung.
- Daneben eignen sich Genüsse, wenn Sie mit sinkenden Zinsen rechnen. Infolge erhöhter Nachfrage durch frustrierte Anleihenkäufer wird Ihr hochverzinslicher Genussschein unabhängig von den betriebswirtschaftlichen Daten des zugrunde liegenden Unternehmens allein durch die sinkenden Renditen am Rentenmarkt im Kurs steigen.
- Insofern hat der Genussschein sowohl Rentencharakter als auch Aktiencharakter. Er hängt auch von der Entwicklung beider Märkte ab. Deswegen sind diese Papiere sehr gut zur Depotbeimischung geeignet.
- Neben dem Diversifikationseffekt sorgen viele Genussscheine für langfristige Substanz im Portfolio durch Ausschüttungskonstanz.

- Die Volatilität von Genussscheinen wird, bedingt durch die hohe Ausschüttung und den Rentencharakter, geringer sein als bei der korrespondierenden Aktie des jeweiligen Unternehmens.
- Insofern macht der Genussschein kaum Punkte bei Zielsparern und Risikovermeidern, dürfte aber bei einkommens- und wachstumsorientierten zum Depot-Pflichtprogramm gehören.

Kriterium	niedrig	mittel	hoch
Steuereffekt	*		
Inflationsschutz	*	*	
Nettorealrendite	*	*	*
Liquidierbarkeit	*		
Schutz vor sonstigen Risiken	*		
Eignung für:			
Zielsparer	*		
Risikovermeider	*		
Einkommensorientierte	*	*	*
Wachstumsorientierte	*	*	*
Steuergeplagte	*	*	

Abb. 24: Bondkompass: Genussscheine

4.3.4 Industrieanleihen: höhere Coupons mit Corporate Bonds

Eigentlich sind Industrieanleihen nichts Besonderes. Es handelt sich um ganz normale festverzinsliche Wertpapiere, die von Unternehmen, meistens Blue-Chip-Werten, begeben werden. Weil die Bonität auch von erstklassigen Industrieunternehmen wie *Siemens* und Co. natürlich nicht so gut ist wie die des Bundes, wird die Rendite immer leicht über der von Bundesanleihen liegen.

In den Fokus der Kapitalmarktjournalisten und Banker sind die Corporate Bonds erst seit dem Beginn der anhaltenden Niedrigzinsphase gerückt. Plötzlich waren wieder Anleihen von zweitklassigen Schuldnern, also einem Rating unterhalb von A, attraktiv, sicherten sie doch einen Renditevorsprung von ein bis zwei Prozentpunkten. Das Zahlungsausfallrisiko ist bei diesen Investitionen mit Investmentqualität gleichwohl sehr gering. Sehr schnell haben die Marketingexperten der Investmentfondsindustrie auf diesen Trend reagiert und Corporate-Bond-Fonds aufgelegt, die schon vergessen schienen. Manche von diesen Fonds engagieren sich schwerpunktmäßig im BBB- bis BB-Bereich, kaufen also auch Unternehmensanleihen, die keine Investmentqualität mehr besitzen. Solche Papiere erkennt man an den hohen Zinscoupons, weil niemand diesen ertragsmäßig kränkelnden Firmen sein Geld ohne eine hohe laufende Verzinsung leihen würde. Oft haben diese Unternehmen bereits vor der Kapitalmarktplatzierung ihrer High-Yield-Bonds sämtliche Banklinien ausgeschöpft. Auch hier gilt die Devise: "There is no free lunch on the capital markets".

Denn natürlich besteht zwischen der Risikoeinstufung und den Zahlungsschwierigkeiten eines Unternehmens ein enger Zusammenhang. *Standard & Poors* ermittelte in der Global Default Studie für 2016, insgesamt 162 Firmen (Vorjahr 113) in Zahlungsverzug gerieten. Was den Totalausfall eines Schuldners angeht, so liegt die Ausfallrate bei 4,2 Prozent (Vorjahr 2,8%).

Das bedeutet, dass Sie das Rating des emittierenden Unternehmens regelmäßig beobachten sollten, insbesondere wenn es keinen Investmentgrade hat!

Die *Besteuerung* von Unternehmensanleihen erfolgt wie bei allen klassischen Anleihen. Zinszahlungen sind bei Zufluss abgeltungssteuerpflichtig. Ebenso die realisierten Kursgewinne.

Weil auch bei Corporate Bonds die *Inflation* zuschlägt, ist die *Nettorealrendite* bei Anleihen mit Investmentgrade nur etwas besser als bei Bundesanleihen. Interessanter werden die Erträge, wenn Sie sich auf BBB-Anleihen konzentrieren. Diese Strategie geht nur dann auf, wenn die Risikoprämie, das ist der jährliche Vorsprung aus dem hohen Coupon gegenüber der Bundesanleihe, größer ist als die Ausfallwahrscheinlichkeit der Unternehmensanleihe Das aktuelle Rating eines Corporate Bonds nebst Ausfallwarscheinlichkeit erhalten Sie bei den großen Rating-Agenturen www.standardandpoors.com, www.Moodys.com, www.fitchratings.com aber für Unternehmensanleihen in Deutschland auch www.creditreform.de.

Damit sind wir neben dem Ausfallrisiko bereits beim zweiten wichtigen Problempunkt, dem *Kursrisiko*. Corporate Bonds schwanken viel stärker als Bundesanleihen, weil sie nicht nur dem Kapitalmarkteinfluss unterliegen, sondern überdies sensibel auf schlechte Unternehmensnachrichten des emittierenden Unternehmens reagieren.

Die Unternehmensanleihen von Großkonzernen werden an der Börse gehandelt und haben bei gutem Rating keine Liquiditätsprobleme. Anders als bei diesen gehen bei schlechter gerateten High-Yield-Bonds oft nur wenige Papiere um. Zusätzlich ist zu berücksichtigen, dass Letztere meist nur bei hohen Mindestlosgrößen handelbar sind. Daher scheiden Hochzinsanleihen für kleine Depots schon aus technischen Gründen aus.

Fazit:

- Unternehmensanleihen stellen eine interessante Depotbeimischung dar, die konservativen Investoren bei Investmentgrade-Rating Renditevorteile gegenüber Bundesobligationen bescheren.
- Insofern eignen sich solche Top-gerateten Corporate Bonds selbst für Anleger, die um jeden Preis Risiken vermeiden wollen oder auf ein ganz bestimmtes Ziel hin sparen.
- Auch weichen die Timingregeln nicht von denen klassischer Papiere ab.
- Als mutigerer Anleger können Sie auch zu schlechter bewerteten Corporate Bonds greifen. Achten Sie jedoch darauf, dass das Rating nicht schlechter wird als BBB.
- Die *Standard&Poor`s*-Analysen raten aufgrund der obigen Ergebnisse in solchen Fällen erstens zu Laufzeiten, die bei BB-Papieren unter vier Jahren liegen, und zweitens zu einer genauen und dauerhaften Beobachtung des Unternehmens-Ratings und des Marktumfeldes. Denn auch bei Herabstufungen und Marktzinssteigerungen ist selbstverständlich mit Kursverlusten zu rechnen.

Kriterium	**niedrig**	**mittel**	**hoch**
Steuereffekt	*		
Inflationsschutz	*		
Nettorealrendite	*	*	*
Liquidierbarkeit	*	*	
Schutz vor sonstigen Risiken	*		
Eignung für:			
Zielsparer	*		
Risikovermeider	*		
Einkommensorientierte	*	*	
Wachstumsorientierte	*	*	*
Steuergeplagte	*		

Abb. 25: Bondkompass: Corporate Bonds

4.3.5 Wandelanleihe: Come Back für Convertibles

Haben Sie immer schon mal davon geträumt, Ihr Geld in sichere Anleihen zu investieren und dennoch gleichzeitig bei steigenden Aktienmärkten zu profitieren? Wandelanleihen – so genannte Convertibles – bieten Ihnen die Möglichkeit dazu, indem Sie jederzeit die Anleihe zu einem vorher festgelegten Preis in Aktien umtauschen können. Immer, wenn wir es in der jüngsten Vergangenheit mit unsicheren Börsensituationen zu tun hatten, sind die Wandelanleihen daher verstärkt in den Blickpunkt der Investoren gerückt.

Wandelanleihen besitzen die Eigenschaften festverzinslicher Wertpapiere und Aktien gleichermaßen. Die Anleihe garantiert zunächst wie bei jeder Obligation eine feste Verzinsung über die gesamte Laufzeit und natürlich die Kapitalrückzahlung bei Fälligkeit. Als Anleger haben Sie jedoch die Möglichkeit, Ihr investiertes Vermögen zu einem festgesetzten Wandlungspreis und einem bestimmten Wandlungsverhältnis in die Aktie eines Unternehmens zu tauschen. Je nach Ausstattung des Papiers erstreckt sich diese Option nur über einen Teilabschnitt der Laufzeit oder bis hin zur Fälligkeit. Der Preis für das Wandlungsrecht ist der vergleichsweise geringe Nominalzins der Anleihe. Üben Sie Ihre Option nicht aus, so bekommen Sie wenigstens diese Miniverzinsung und das eingesetzte Kapital zurück. Wichtig für die Anlageentscheidung ist vor allem die Wandlungsprämie. Sie gibt in Prozent ungefähr an, um wie viel der Aktienkurs steigen muss, damit der Wandlungspreis erreicht wird. Über den Anleihekurs berechnet sich die Rendite, wenn es nicht zur Wandlung kommt.

Von den Optionsanleihen unterscheidet sich die Wandelanleihe dadurch, dass das Bezugsrecht für die zugrunde liegende Aktie nicht isoliert und abtrennbar neben der Anleihe besteht, sondern im Anleihepapier enthalten ist. Mit der Wandlung dieser Obligation in die Aktie geht also der Zinsanspruch vollkommen verloren. Bei der Optionsanleihe besteht dieser nach Veräußerung oder Ausübung des Bezugsrechtes weiter. Neben den Optionsanleihen werden die Convertibles gern mit Aktienanleihen verwechselt. Anders als Wandelanleihen besitzen diese einen sehr hohen Coupon. Hinzu kommt, dass das Recht zur Wandlung bei den Convertibles beim Anleger liegt, während bei Aktienanleihen allein der Emittent entscheiden darf, ob Aktien oder Zinszahlungen geliefert werden.

Diese drei Typen von Obligationen sind ähnlich und werden oft von Bankern und Finanzämtern in einen Topf geworfen. Sie sind auf den ersten Blick auch wirklich schwer zu differenzieren. Schauen Sie sich immer genau die mit der Anleihe verbundenen Rechte an. Denn nur dann, wenn Sie genau wissen, welches Papier Sie besitzen, wissen Sie auch, mit welcher Nettorendite Sie später rechnen können.

Wie bei anderen Anleihen auch sind gemäß § 20 (1) 7 EStG die festen Kapitalfrüchte, also die jährlichen Zinsen, zu versteuern. Steuerpflichtig sind ebenfalls realsierte Kursgewinne.

Was den *Inflationseffekt* angeht, so befinden sich Wandelanleihen ähnlich wie Optionsanleihen sehr nah an der zugrunde liegenden Aktie des begebenden Unternehmens. Sollte die Geldentwertung anziehen, haben Sie immer die Möglichkeit, in die Aktie zu tauschen. Beides sorgt im Vergleich zu Straight Bonds wie Bundespapieren für einen gewissen Inflationsschutz.

Die *Nettorealrendite* von Wandelanleihen ist auf den ersten Blick wenig attraktiv. Bei der Wandelanleihe der *Münchener Rück* etwa, die mit einem 1 %-Coupon ausgerüstet ist, notiert die Rendite schon mal um 0,60 Prozent. Das liegt daran, dass diese niedrige Anleiherendite zumeist ein Indikator für eine niedrige Wandlungsprämie ist. Das bedeutet, der aktuelle Aktienkurs der *Münchener Rück* liegt sehr nahe am vorher festgesetzten Wandlungspreis. In dieser Überlegung drückt sich der eigentliche Vorteil von Convertible Bonds aus: Tauscht man die Anleihe in die Aktie des emittierenden Unternehmens nachdem diese deutlich über den Wandlungspreis gestiegen ist, und verkauft die Aktien, so realisiert man Kursgewinne, die natürlich abgeltungssteuerpflichtig sind.

Die *Risiken* von Wandelanleihen bestehen vor allem in der Abhängigkeit von den Kursverläufen der zugrunde liegenden Aktie. Die beiden Wertpapierpreise entwickeln sich in etwa parallel. Die Zwischenstellung zwischen Aktien und Renten führt zu einem Kursrisiko, das höher ist als das von klassischen Anleihen. Es ist aber wegen der sicheren Zinszahlung und der Kapitalgarantie aus der Rückzahlung geringer als bei Aktien. Die Kursschwankungen könnten bei einige Wandelanleihenfonds sogar stärker sein als der Aktienmarkt. Das zeigt die folgende Grafik, die den Treetop Convertible Fonds mit dem S+P 500, einem marktbreiten US Aktien-Index, vergleicht.

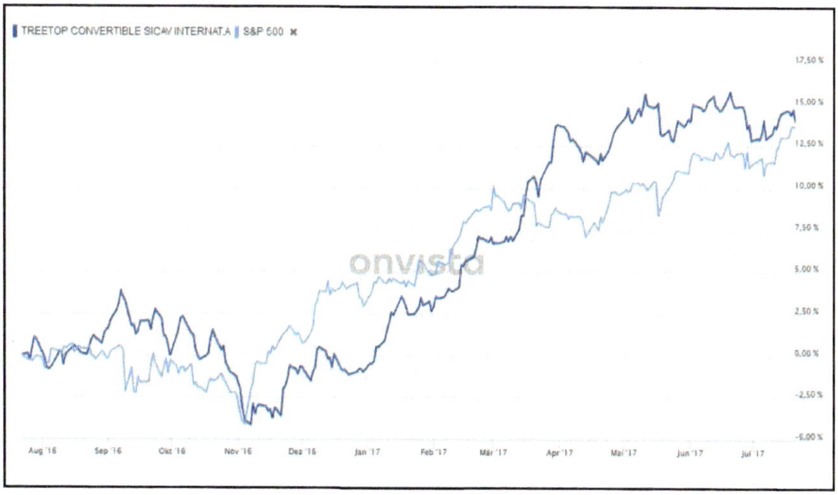

Abb. 26: Treetop Convertible Fonds vs. S+P 500

In den schlechten Aktienmarktphasen, wie etwa der Finanzkrise, sieht man, dass sich ein Wandelanleihenfonds nicht ganz so schlimm verschlechtert. Wenn der Aktienmarkt stürzt, öffnet sich bei dem Wandelanleihen-Fonds eine Art Fallschirm, der nichts anderes ist als der Wert der Rentenelemente. Wenn Sie sich überdies auf Emittenten mit guter Bonität konzentrieren, wie etwa DAX-Unternehmen, dann ist auch das Bonitätsrisiko tragbar.

Das wohl größte Risiko besteht in der mangelhaften *Liquidierbarkeit* von Wandelanleihen. Beim Kauf und Verkauf sollte unbedingt ein enges Limit aufgegeben werden. Bei Wandelanleihen-Fonds gibt es diese Probleme nicht.

Aus Sicht des *Timings* stellt sich bei Wandelanleihen während der Laufzeit permanent die Frage: „Wann soll ich wandeln und wann nicht?" Fast alle Wandelanleihen nehmen ab einer bestimmten Laufzeit entweder Aktiencharakter oder Rentencharakter an. Dieser drückt sich in der Höhe der Wandelprämie aus. Das ist der Prozentsatz Ihres Anlagebetrages, den Sie einbüßen, wenn Sie die Wandlung unmittelbar nach Anschaffung der Wandelanleihe vornehmen würden. Steigt der Aktienkurs um den Prozentsatz der Wandelprämie, die Sie beim Kauf aufgewendet haben, dann können Sie Ihr Anleihepapier ohne Einbuße in die vorbestimmte Zahl von Aktien umtauschen. Steigt der Aktienkurs darüber hinaus, dann gewinnen Sie einen entsprechenden Vorteil in Höhe der weiteren Kurssteigerung, allerdings ohne die bei Optionsanleihen oft beträchtliche Hebelwirkung der Optionsscheine.

Doch meist bringt das Wandlungsrecht erst dann einen Vorteil, wenn die Aktie über den Kurs hinaus gestiegen ist, zu dem sie bei Ausgabe einer Wandelanleihe notiert wurde. Insofern gelten für den Kauf von Wandelanleihen im Grunde dieselben *Timingregeln* wie für Aktien. Denn wenn Sie eine Wandelanleihe in einer Aktienkursbaisse anschaffen, müssen Sie unter Umständen lange warten, bis sich die Wandlung in Aktien lohnt.

Es kann sogar sein, dass dieser Zeitpunkt nie eintritt, weil die Aktie im Kurs stagniert oder fällt. Wenn der bei Emission der Wandelanleihe bestehende Kursstand zuzüglich Aufgeld nicht überschritten wird, lohnt es sich nicht, das Wandelrecht auszuüben. Es verfällt mit der Einlösung der Wandelanleihe am Laufzeitende. An einem Verfall des Wandelrechtes verlieren Sie als Inhaber von Stücken nichts. Aber Sie büßen Zinseinnahmen ein, weil Sie einen Convertible Bond gekauft haben anstatt eine vergleichbare klassische Anleihe ohne Wandlungsrechte. Denn die Verzinsung liegt – gemäß des Opportunitätsprinzips wegen des zusätzlichen Rechtes – im Vergleich zu normalen Anleihen grundsätzlich unter dem Kapitalmarktzinsniveau.

Für Sie ist die Nettorealrendite am höchsten, wenn Ihre Wandelanleihe Aktiencharakter bekommt. Das ist dann der Fall, wenn der Aktienkurs steigt, so dass die Wandlung der Convertibles in Aktien für Sie Vorteile brächte. Wir reden hier aber wirklich nur von einer Hypothese. Denn zunächst sollten Sie genau nachrechnen, ob Sie als Inhaber einer solchen Obligation das Wandelrecht so früh wie möglich ausüben oder das Papier lieber weiter im Depot halten. Denn die Wandelanleihe macht von dem Zeitpunkt an, wo die Wandlung für den Inhaber vorteilhaft ist, alle Bewegungen des Aktienkurses ziemlich parallel mit. Der einzige Unterschied liegt dann in der oft höheren Dividendenrendite der Aktie, im Vergleich zum niedrigen Nominalzins der Obligation.

Wenn die zugrunde liegende Aktie unter andauernder Kursschwäche leidet, bekommt die Wandelanleihe den Charakter eines festverzinslichen Wertpapiers. In diesem Fall haben Sie als Erstkäufer aus der Emission das Nachsehen, weil Ihr Kurs unter pari fällt, denn die Zinsrendite war ja zum Begebungszeitpunkt nicht marktgerecht für festverzinsliche Anleihen ohne Wandlungsrecht. Logisch, dass eine Wandelanleihe auf diesen Kurs zurückfällt, wenn ihr Recht nichts mehr wert ist.

Fazit:

- Als wachstumsorientierter Anleger kommen Sie an Wandelanleihen von Emittenten mit gutem Rating im Depot nicht vorbei. Denn Sie kennen vorher schon den (Wandel-)Preis, zu dem Sie die zugrunde liegende Aktie beziehen können.

- Steigt diese tatsächlich über den Wandlungspreis, streichen Sie den realisierten Kursgewinn mit 25% Abgeltungssteuer ein.
- Wegen der unter dem Marktzinsniveau liegenden Coupons und der meist stärker als Straight Bonds schwankenden Kurse sollten risikoaverse einkommensorientierte Anleger und Zielsparer von Wandelanleihen die Finger lassen.

Kriterium	niedrig	mittel	hoch
Steuereffekt	*		
Inflationsschutz	*	*	
Nettorealrendite	*	*	*
Liquidierbarkeit	*		
Schutz vor sonstigen Risiken	*		
Eignung für:			
Zielsparer	*		
Risikovermeider	*		
Einkommensorientierte	*		
Wachstumsorientierte	*	*	*
Steuergeplagte	*		

Abb. 27: Bondkompass: Wandelanleihen

4.3.6 Floater: alles im Fluss

Floating Rate Notes (FRN) sind börsennotierte Schuldverschreibungen kurzer oder mittlerer Laufzeit, deren Coupons regelmäßig an einen Referenzzinssatz, meist zuzüglich eines konstanten Auf- oder Abschlags, angepasst werden. Als Referenzzins wird üblicherweise ein Geldmarktsatz des Interbankenhandels gewählt. Dazu gehören der LIBOR (London Interbank Offered Rate) und der EURIBOR *(Euro Interbank Offered Rate)*, je nach dem, ob es sich um Pfundfloater oder Eurofloater handelt. Die Zinsanpassung erfolgt fast ausschließlich alle drei oder sechs Monate, selten in kürzeren oder längeren Abständen. Der zu einem bestimmten Termin ermittelte Zinssatz gilt dann für den folgenden Zinsabschnitt. Verändert sich der Geldmarktzins in der Zeit zwischen zwei Terminen, bewegt sich gleichzeitig der Kurs des Floaters. Steigt der Referenzzins, fällt der Floaterkurs und umgekehrt. Beim nächsten Zinsanpassungstermin schließlich muss der Floater wieder bei 100 Prozent notieren. Für Sie hat das den Vorteil, dass Sie ihre Floater immer zum nächsten Anpassungstermin ohne Kursverlust verkaufen können.

Die *Besteuerung* von Floatern ist nach der Abgeltungssteuerreform endlich nach langem Hin- und Her in der Rechtsprechung klar definiert. Wie bei anderen Wertpapieren auch, sind die Zinsen bei Zufluß und die Kursgewinne bei deren Realisierung mit 25% zu versteuern.

Was die *Inflation* angeht, so gilt für Floater das bereits für die Anleihen mit Kursgewinnbesteuerung Gesagte. Je länger das Papier läuft, umso größer ist der Geldentwertungseffekt.

In Bezug auf die *Nettorealrendite* existiert ein Zinseszinsvorteil, der sich durch Wiederanlage der mehrfachen unterjährigen Zinszahlungen zu den Anpassungsterminen ergibt. Nach dem Opportunitätsprinzip bewertet, dürfte die Nettorealrendite von Floatern bei kurzen und mittleren Haltedauern als attraktiv bewertet werden. Verglichen mit ähnlichen Bankprodukten wie Geldmarktkonten, Termineinlagen etc. ergibt sich durch den geringeren Spread vom referierten Geldmarktzins zumindest ein nominaler Renditevorteil von FRNs. Sie sollten jedoch genau nachrechnen, ob dieser nach Ankaufs- und Verkaufsspesen sowie anteiliger Depotgebühr immer noch signifikant ist. Wenn Sie ein Discount-Brokerage-Kunde sind, dürfte schon wegen der Depotgebührenfreiheit bei vielen Direktbanken diese Rechnung zumeist aufgehen.

Die *Liquidierbarkeit* bei Floatern ist zumeist nicht so gut wie bei klassischen Anleihen. Insbesondere exotische Floater (Reverse Floater, Cap- und Floor-FRNs etc.) mit besonderer Ausstattung sollten niemals ohne Limit verkauft werden. Grundsätzlich gibt es Floater ab einer Stückelung von 1.000 Euro, aber bei vielen sind durchaus sehr viel höhere Mindestvolumina erforderlich. Dadurch sinkt natürlich die Flexibilität beim Einsatz, insbesonders wenn es um die kurzfristige Disposition geht.

Die Konstruktion der FRNs führt beim Anleger zu *Risiken* bei Änderungen des Marktzinsniveaus und Sinken der Bonität des Schuldners, so dass das richtige Timing bei diesen Instrumenten eine große Rolle spielt. Denn bei steigendem Geldmarktzinssatz steigt auch der variable Zins der Anleihe, bei fallendem Referenzzins fällt auch der Floaterzins. Insgesamt sind die Kursschwankungen bei Floatern jedoch deutlich geringer als bei klassischen Anleihen, da die Verzinsung meist innerhalb kurzer Zeit dem aktuellen Zinsniveau angepasst wird. Je öfter bei einem FRN die Anpassung erfolgt, desto geringer ist die Volatilität und desto weniger wird der Kurs von 100 Prozent abweichen. Ein größeres Risiko besteht in der Kündigungsmöglichkeit, die sich viele Emittenten von FRNs eingeräumt haben. Insbesondere in Niedrigzinsphasen müssen Sie damit rechnen, dass der Schuldner sich lieber langfristig fest finanzieren möchte und daher den Floater vorzeitig tilgt. Für Sie bedeutet das natürlich ein Wiederanlagerisiko und logischerweise zusätzliche Kauf- und Verkaufsorderprovisionen. Bei Floatern, die auf ausländische Währung lauten, gehen Sie darüber hinaus ein Wechselkursrisiko ein.

Fazit:

- Floating Rate Notes werden vornehmlich zum Parken überschüssiger Liquidität als Alternative zu sonstigen Bankprodukten im Spar- und Sichteinlagenbereich eingesetzt. Dieses Anlagemotiv zieht sich durch sämtliche Anlegertypen gleichermassen.
- Vom Timing her sind Floater ein ideales Anlagemedium in Niedrigzinsphasen, wie wir sie gerade erleben. Beim Kauf festverzinslicher Wertpapiere ohne Zinsanpassung erleiden Sie in der auf jede Niedrigzinsphase folgenden Hochzinsphase mit Sicherheit Börsenkursverluste. Diese sind nur durch die Wahl kurzer Restlaufzeiten vermeidbar. Als Zielsparer oder Risikovermeider mit Floatern brauchen Sie keine ängstlichen Blicke auf den Kurszettel zu werfen.
- Angesichts der regelmäßigen Zinsanpassungen können Sie locker bleiben, weil Kursverluste nahezu ausgeschlossen sind und stets eine marktgerechte Verzinsung vorliegt.
- Erst beim Auslaufen der Hochzinsphase sollten Sie sich allerdings dann von diesem Anlagemedium trennen. Wenn Sie im festverzinslichen Bereich bleiben wollen, lohnt es sich, auf klassische Langläufer zu setzen, mit denen Sie die hohen Zinsen der Hochzinsphase über die nächste Niedrigzinsphase hinweg retten können.

Kriterium	**niedrig**	**mittel**	**hoch**
Steuereffekt	*	*	*
Inflationsschutz	*		
Nettorealrendite	*	*	
Liquidierbarkeit	*		
Schutz vor sonstigen Risiken	*	*	
Eignung für:			
Zielsparer	*	*	*
Risikovermeider	*	*	*
Einkommensorientierte	*	*	
Wachstumsorientierte	*	*	
Steuergeplagte	*	*	

Abb. 28: Bondkompass: Floater

4.4 Bonds für Fortgeschrittene: Aktienkursabhängige Anleihen

Bis jetzt haben wir ausführlich Straight Bonds, also klassische, festverzinslichen Anleihen, als auch variabel verzinsliche Papiere kennengelernt. Bei Letzteren reichte die Spanne von den relativ harmlosen Floatern, deren variable Verzinsung abhängig von einem kurzfristigen Referenzzinssatz war, bis hin zu Wandelanleihen, die teilweise schon Aktiencharakter besitzen. Doch es gibt noch weitaus riskantere Bonds, die in irgendeiner Form direkt vom Aktienkurs eines Unternehmens abhängen. Viele dieser Anleihen entstehen in den Hexenküchen der Financial Engineers deutscher und internationaler Banken. Oft sind die Emissionsbedingungen für den Coupon so verfremdet, dass für Otto Normalverbraucher schwer verständlich ist, wann und wie hoch die Ausschüttung ist. Selbst gestandene Banker erkennen daher oft nicht, dass es sich bei dem Papier, das sie gerade verkaufen, in Wirklichkeit um nur eine variabel verzinsliche Anleihe handelt.

Doch abgesehen von den komplexen Emissionsbedingungen ist selbst für ausgewiesene Wertpapierspezialisten die Welt der Finanzinnovationen aufgrund der schieren Menge ihrer Ableger nicht mehr überschaubar. Ich habe mich daher auf diejenigen Papiere konzentriert, die ich für besonders bedeutsam halte. Entweder weil die Multimediakampagnen der Banken und Sparkassen sie dazu gemacht haben, wie etwa die „Sommeranleihe" oder weil sie für die private Kapitalanlage tatsächlich dienlich sind.

Es ist selbst für Fachleute oft nicht mehr in der Lage, die einzelnen aktienkursabhängigen Anleihen voneinander abzugrenzen. Gibt es Discount-Zertifikate nur bei *Aldi*? Oder sind damit Discount-Broker als Bezugsstelle gemeint? Möglicherweise handelt es sich hier auch um ein Indexzertifikat auf die Konsumwertebranche mit Werten wie *Metro*, *Nestlé* und so weiter. Aber wo ist eigentlich der Unterschied zwischen einem Indexzertifikat und einer Indexaktie? Und was haben Indexanleihen und Anleihenzertifikate, was Indexzertifikate oder Aktienanleihen nicht haben?

Viele Fragen. Wir werden sie beantworten und nachfolgend systematisch die morphologischen Bestandteile dieser Anlageformen herausarbeiten. Nicht zuletzt entscheiden diese maßgeblich über die Besteuerung und damit über die Nettorealrendite. Dabei gilt es in jedem Abschnitt zu prüfen, welches dieser aktienkursdeterminierten Wertpapiere spannend ist und wovon Sie besser die Finger lassen sollten.

4.4.1 Discount-Zertifikat: Schnäppchen für Zocker

Diese Sonderangebote ermöglichen es, Aktien im Vergleich zum aktuellen Kurs billiger einzukaufen. Daraus resultiert ein Sicherheitspolster gegen Rückschläge; und am Ende können Sie trotzdem bis zu einer bestimmten Grenze verdienen, auch wenn an der Börse Flaute herrscht. Die konkrete Funktionsweise ist am Beispiel von *Daimler* einfach erklärt. Angenommen die Aktie kostet aktuell 57 Euro. Über ein Discount-Zertifikat der Schweizer *UBS* ist sie mit einem Abschlag von fast 10 Prozent zu haben. Klettert die Aktie, ist das Discount-Zertifikat zunächst mit von der Partie, laut Emissionsbedingungen jedoch nur bis zum so genannten Cap von 68 Euro. Liegt der Daimlerkurs zum Einlösungstag über dieser vom Emittenten festgelegten oberen Kursgrenze, bekommt der Zertifikatinhaber im Regelfall Cash ausbezahlt. Anderenfalls werden die Aktien in sein Depot gebucht. Sinkt *Daimler* dagegen, entstehen dem Investor erst unterhalb von 52 Euro Verluste, weil hier der Einstieg durch das Zertifikat lag. Logischerweise nimmt der Discount zum Laufzeitende hin ab, denn je näher der Einlösungszeitpunkt rückt, desto mehr ähnelt der Kauf des Zertifikats dem direkten Aktienerwerb. Verkauft man den Discount vorher, spielt der Rabatt keine Rolle mehr. Der Anleger erhält in diesem Fall nicht den aktuellen Aktienkurs, sondern den des Discount-Papiers.

Hört sich interessant an, oder? Ist es auch, aber nur für erfahrene Spekulanten. Denn hinter jedem Discount-Zertifikat steckt kein treuherziges Sonderangebot, sondern ein knallhartes Termingeschäft. Es handelt sich bei den meisten Konstruktionen um den Kauf einer zinslosen Aktienanleihe bei gleichzeitigem Verkauf einer Kaufoption, eines so genannten Short Call. Die durch das Optionsgeschäft erzielte Prämie finanziert den Kursabschlag für das Zertifikat.

Steuerlich unterliegen die Discount-Zertifikate ohne Ausnahme der Abgeltungssteuer. Insofern sind die Coupons und realisierte Kursgewinne mit 25% an der Quelle zu versteuern.

Die *Inflation* spielt bei diesen Papieren mit kurzer Laufzeit und dem Ziel über die zugehörige Aktie steuerfreie Kursgewinne zu vereinnahmen keine große Rolle.

Die *Nettorealrendite* kann attraktiv sein, allerdings nur dann, wenn die Spekulation aufgeht.

Die *Liquidität* ist aufgrund der Kurspflege durch die Handelsabteilungen der Emissionsbanken gut. Allerdings empfiehlt es sich, ein enges Limit zu setzen, weil die Kurse der Discounts ähnlich schwanken wie die der zugrunde liegenden Aktie.

Die mit Discounts verbundenen *Risiken* bestehen daher vornehmlich auch in Kursrisiken, aber auch in den Risiken aus dem Termingeschäft. Als Investor sind Sie in der Stillhalteposition und daher verpflichtet, die schlecht gelaufenen Aktien in Ihr Depot zu nehmen, wenn die Emissionsbank ihr Wahlrecht ausübt. Zudem gehen Sie mit den Discountanleihen natürlich auch das *Bonitätsrisiko* der emittierenden Bank ein, denn es handelt sich hierbei um Fremdkapital des Kreditinstitutes.

Fazit:
Discount-Zertifikate eignen sich aufgrund der aktienähnlichen Kursschwankungen ausschliesslich für risikobereite und wachstumsorientierte Anleger. Risikoneutralen oder risikoscheuen Bondinvestoren kann nur geraten werden, die Finger von diesen Papieren zu lassen.
Für die anderen können Discounts in bestimmten Kapitalmarktphasen eine interessante Depotbeimischung darstellen.
Sie sind vom *Timing* her empfehlenswert, wenn sich die Kurse an den Aktienbörsen leicht seitwärts bewegen oder auf der Stelle treten. Dann ist der Vorteil aus dem Abschlag sicher und es kommt bei leicht anziehenden Kursen der zugrundeliegenden Aktie noch ein begrenzter Kursgewinn obendrauf.
Wenn Sie dagegen mit einer Hausse rechnen, sind Sie wegen der Gewinnbegrenzung mit dem direkten Aktienkauf besser bedient. Diese Handlungsweise sei jedem konservativen und langfristig denkenden Investor empfohlen.
Die hartgesottenen Spekulanten schätzen Discount-Zertifikate aus ganz anderen Gründen. Weil sie ein Kunstprodukt mit einer verkauften Kaufoption sind, wird der Discount um so größer sein, je wertvoller diese Option ist. Erfahrene Derivateanleger wissen jedoch, dass Optionspreise gerade dann hoch sind, wenn die Kursschwankungen, quantifiziert durch die so genannte Volatilität, groß sind. Folglich sind die Rabatte über die Discounts besonders attraktiv, wenn es an den Börsen turbulent zugeht. Wenn diese Turbulenzen aber Vorbote einer Baisse sind, stürzen auch die Zertifikate ab. Immerhin ist der Verlust, dank dem Rabatt-Kauf, nie so groß wie bei einem direkten Aktieninvestment.

Kriterium	niedrig	mittel	hoch
Steuereffekt	*	*	*
Inflationsschutz	*	*	
Nettorealrendite	*	*	
Liquidierbarkeit	*	*	
Schutz vor sonstigen Risiken	*		
Eignung für:			
Zielsparer	*		
Risikovermeider	*		
Einkommensorientierte	*		
Wachstumsorientierte	*	*	
Steuergeplagte	*		

Abb. 29: Bondkompass: Discount-Zertifikate

4.4.2 Aktienanleihe: Bestseller oder Bauernfänger?

Sind Sie auch stolzer Besitzer einer Aktienanleihe? Oder dachten sie immer, es wäre eine Umtauschanleihe? Vielleicht hat Ihnen Ihr Banker auch einen Reversed Convertible verkauft, einen Equity-Linked-Bond empfohlen oder einen Cash-or-Share-Bond angeraten? Manche Anleger besitzen auch einfach nur eine Hochzinsanleihe mit Tilgungswahlrecht. In allen Fällen handelt es sich um ein und dieselbe Konstruktion des Financial Engineering und um eine der beeindruckendsten Marketingkampagnen der letzten zehn Jahre. Seit gut drei Jahren sammeln die Emittenten dieser Papiere Milliarden ein, als hätte es die Finanzkrise 2008 nicht gegeben. Was steckt wirklich dahinter?

Im Grunde bestehen Aktienanleihen aus hochverzinslichen Inhaberschuldverschreibungen der begebenden Bank mit einem Rückzahlungswahlrecht durch irgendeine zugrunde liegende Aktie. Meist werden Platzierungen auf Blue Chips wie *Addidas, SAP* oder *Lufthansa* vorgenommen. Allerdings handelt es sich bei den Anleihen um Fremdkapital der begebenden Banken und nicht um das dieser DAX-Konzerne. Daher müssen Sie vor einem eventuellen Kauf auf das *Rating der Emissionsbank* achten, nach dem Kauf auf eine Verschlechterung dieses Ratings. Da der Kurs der Aktienanleihe indirekt auch von der Entwicklung des Ratings der Konzerne, auf die sich die Strukturierung im Kleingedruckten bezieht, abhängt, müssen diese gleichfalls systematisch beobachtet werden.

Aktienanleihen funktionieren allesamt nach dem folgenden Konzept:

Anleger konnten eine Aktienanleihe mit einem em 9,5 %igen-Coupon auf *EON* erwerben und das bei einer Laufzeit von nur 18 Monaten. Diese fantastische Verzinsung lockte nicht nur Zocker, sondern leider auch viele konservative Renditejäger zum Bankschalter. Leider, weil wohl viele Leute die Nebenbedingung für den hohen Coupon nicht wahrgenommen, nicht verstanden oder einfach verdrängt haben. Dort stand: Wenn *EON* bis zum Stichtag unter einem Kurs von 8 Euro notiert, hat die Emissionsbank, die auch die hohen Zinsen zahlt, das Recht, die Rückzahlung des Anlagebetrages statt in harten Euro in weichen *EON*-Aktien vorzunehmen. Nach diesem Konzept funktionieren alle Aktienanleihen.

Diese Spekulation, und um nichts anderes handelt es sich hier, dürfte in den allermeisten Fällen der in den letzten zwei Jahren emittierten Aktienanleihen nicht aufgegangen sein. Die Ursache dafür, dass Anleger dadurch insgesamt Verluste in Milliardenhöhe hinnehmen mussten oder noch werden, ist vornehmlich in dem aggressiven Bankmarketing für ein spekulatives Produkt zu sehen. Geworben wurde vornehmlich mit den hohen Coupons, während die Nebenbedingungen im Kleingedruckten standen. Der Wortbestandteil „Anleihe" hat wahrscheinlich bei vielen Investoren Assoziationen von Sicherheit hervorgerufen. Möglicherweise ist die Funktionsweise der Equity-linked-Bonds oft nicht vollständig verstanden worden. Die Aktienanleihen sehen den Options- oder Wandelanleihen in der Konstruktion sehr ähnlich, aber das Wahlrecht, ob die Aktie geliefert wird, liegt im Gegensatz zu den empfehlenswerten O+W-Anleihen bei den Aktienanleihen *ausschließlich beim Emittenten*. Alle Vorteile liegen damit bei der Bank. Viele Anleger hätten auch auf die Zeichnung verzichtet, wenn Sie von ihrem Berater, sofern dieser das überhaupt gewusst hat, über die Konstruktion von Aktienanleihen aufgeklärt worden wären. Sie sind nämlich *keine festverzinslichen Wertpapiere*, sondern Bankschuldverschreibungen mit einem variablen Coupon und *abhängig von der Kreditwürdigkeit des Institutes*. Dieser immer weit über dem Marktzinsniveau liegende Coupon ist jedoch ein *Termingeschäft* und setzt sich aus zwei Bestandteilen zusammen. Zur aktuellen kapitalmarktüblichen Verzinsung wird eine Prämie hinzugefügt. Diese Prämie ist eine für den Anleger unsichtbare Optionsprämie, weil er, ohne es zu wissen, eigentlich eine Verkaufsoption, einen so genannten Put, an die emittierende Bank verkauft hat, die damit das Recht hat, dem Investor Aktien oder Cash zu liefern. Dem Anleger als Stillhalter bleibt nur die traurige Pflicht, die Entscheidung der Bank zu akzeptieren.

Vielleicht erinnern Sie sich noch an die „no-free-lunch-Bedingung" von *Friedman*. Auf den Kapitalmärkten gibt es nichts umsonst und je höher die Rendite ist, desto höher ist auch das Risiko. Zumindest einige der Emissionsbanken haben das nicht vergessen und natürlich gewusst, dass hinter der harmlos klingenden Aktienanleihe ein Termingeschäft steckt. Daher haben einige Institute den Anleger vernünftig aufgeklärt und sich die Termingeschäftsfähigkeit von ihm unterschreiben lassen. So dürften die Emissionsbanken in Bezug auf die Beratungshaftung abgesichert sein.

Steuerlich unterliegen die hohen Coupons natürlich der Abgeltungssteuer. Mögliche Kursgewinne sind ebenfalls mit 25% zu versteuern.

Weil einige Aktienanleihen oft nur sehr kurze Laufzeiten von 18 Monaten besitzen, spielt die *Inflation* bei der *Nettorealrendite* natürlich nur eine untergeordnete Rolle. Damit die Spekulation mit Aktienanleihen aufgeht, müsste sich der zugrunde liegende Basiswert während der Laufzeit seitwärts bewegen oder nur leicht steigen. Nur dann bekommt der Investor zum Ausübungstag den hohen Coupon, und nur dann ist auch die Rendite nach Steuern attraktiv. Wer hingegen glaubt, dass das „Underlying", wie die Banker sagen, eine Aktie mit grandioser Zukunft ist, der kauft doch besser gleich dieselbe. Denn über die Anleihe würde er bei haussierenden Kursen nur den 12 %igen-Coupon bekommen. Und wir wissen spätestens nachdem wir das Opportunitätsprinzip kennen gelernt haben, dass entgangene Gewinne auch Verluste sind und zwar solche, an denen man das Finanzamt nicht beteiligen kann.

Was die *Liquidierbarkeit* angeht, so sorgen die Emissionsbanken durch Kurspflege dafür, dass der Investor seine Aktienanleihe auch tatsächlich verkaufen kann, wenn er es denn möchte. Die Volatilität der Aktienanleihen ist ähnlich hoch wie die der zugrunde liegenden Aktie und am Rating der Emissionsbank. Daher empfiehlt sich auch hier, sich am letzten Kurs zu orientieren und bei jeder Order ein enges Limit zu setzen.

Aktienanleihen besitzen zunächst ein ähnliches *Kursrisiko* wie das Underlying. Hinzu kommt das Stillhalterrisiko aus dem Termingeschäft. Der Anleger läuft bei schlechter Kursentwicklung der Referenzaktie Gefahr, dass seine Option ausgeübt wird und die Aktien in sein Depot gebucht zu bekommen.

Fazit:

- Aus Sicht eines risikovermeidenen Zielsparers oder einkommensorientierten Anlegers muss konstatiert werden, dass Aktienanleihen in einer strategisch angelegten Vermögensplanung nichts zu suchen haben.
- Sie sind nur ein kurzfristiges Instrument der Spekulation und zudem überflüssig. Denn der echte Spekulant, den die Börse gerade in schlechten Phasen dringend benötigt, ist ausgeschlafen genug, um eine ähnliche aber bessere Konstruktion durch Kombination einer

klassischen Anleihe und eines EUREX-Put zu erreichen. Einen solchen Cash-or-Share-Bond wird er dafür nicht benötigen.

- Auch allen mutigeren Bondinvestoren sei geraten, von Aktienanleihen die Finger zu lassen.

Kriterium	**niedrig**	**mittel**	**hoch**
Steuereffekt	*		
Inflationsschutz	*		
Nettorealrendite	*		
Liquidierbarkeit	*	*	
Schutz vor sonstigen Risiken			
Eignung für:			
Zielsparer			
Risikovermeider			
Einkommensorientierte			
Wachstumsorientierte	*		
Steuergeplagte			

Abb. 30: Bondkompass: Aktienanleihen

4.4.3 Indexzertifikat: Kostenkiller

Was haben Indexzertifikate in einem Buch über Anleihen zu suchen, werden Sie fragen. Nun, wenn man genauer hinsieht, zum Beispiel in die Emissionsbedingungen, erkennt man, dass diese Zertifikate im Grunde Schuldverschreibungen sind, deren variable Rückzahlung und Verzinsung an Sonderbedingungen geknüpft ist. Dieses für viele Kapitalmarktexperten spannendste Anlageinstrument steht in Deutschland immer noch im Schatten von Investmentfonds. Zu Unrecht, wie wir sehen werden.

In der Tat ähneln Indexzertifikate einem Fonds. Genau wie bei diesem wird das Risiko auf viele Titel, eben alle, die in einem Index enthalten sind, gestreut. Das sind beim DAX die 30 deutschen Blue Chips, die jeder kennt. Es gibt aber mittlerweile Papiere auf alle wichtigen und unwichtigen Börsenbarometer der Welt – Schwellenländer, Regionen und Branchen eingeschlossen. Ähnlich wie bei Investmentfonds kann sich auch der Kleinsparer bereits mit geringen Beträgen engagieren, da die meisten Indexpapiere nur ein Zehntel oder Hundertstel der Basisindizes darstellen.

Damit enden auch schon die Gemeinsamkeiten mit Investmentfonds. Indexzertifikate sind von der Konstruktion her Anleihen, deren variable Verzinsung/Ausschüttung von einem bestimmten Referenzindex abhängt. Aber anders als ein Fonds, für den ein solcher Index nur als Orientierungsmaßstab, als so genannte Benchmark dient, bildet das Indexzertifikat ein Börsenbarometer identisch nach. Wenn der DAX bei 8.000 Punkten steht, notiert das Zertifikat je nachdem bei 800 Euro oder 80 Euro. Steigt der DAX auf 8.190 Punkte, steigt auch das Zertifikat auf 819 Euro oder 81,90 Euro. Entsprechend einfach ist für jeden Anleger der Kurs nachzuvollziehen. Einfach abends die Tagesschau ansehen, DAX betrachten und sich freuen oder ärgern, ohne in irgendwelchen Internet-Charts oder Tageszeitungen lange zu suchen.

Im Gegensatz zu Fonds weiß der Investor auch jederzeit, in welchen Werten er engagiert ist. Denn die Zusammensetzung von Indizes ist kein Geheimnis, das Anlageuniversum von Fonds aber immer noch eine Black Box. Die zwei wichtigsten Unterschiede sind jedoch der Preis und die Performance.

Während Kreditinsitute bei Aktienfonds gern Ausgabeaufschläge von 5 Prozent und jährliche Managementgebühren von bis zu 1,5 Prozent kassieren, gibt es bei Indexzertifikaten weder das eine noch das andere. Bei Kauf und Verkauf von Zertifikaten muss eine Orderprovision in Höhe der normalen Aktienprovision gezahlt werden. Hinzu kommt noch der so genannte Spread, eine Spanne zwischen Kaufkurs und Verkaufkurs, welche die Emissionsbank verdient. Diese Spanne ist im Durchschnitt nicht größer als 0,2 Prozent des Briefkurses, so dass der Kostenvorteil von Indexzertifikaten gegenüber Standardaktienfonds enorm ist. Kein Wunder, dass Banken wenig Spaß haben, diese Provisionskiller zu empfehlen. So ist mehr als 15 Jahre nach Auflage des ersten deutschen Indexzertifikats auch die immer noch überraschend niedrige Marktdurchdringung im Vergleich zu Fonds zu erklären.

Die vergleichsweise hohen Gebühren bei den Fonds sind nach Aussagen von Fondsgesellschaften gerechtfertigt, weil man mit Zertifikaten nur ein durchschnittliches Ergebnis genau in Höhe der Indexperformance erzielt. Die aktiv gemanagten Fonds haben dagegen die Möglichkeit, besser als diese Benchmark zu sein. Meist bleibt es jedoch beim Versuch. Empirische Analysen belegen immer wieder, dass es im weitaus größten Teil der Fälle den Aktienfondsmanagern nicht gelingt, besser zu sein als der Index.

Was empirische Untersuchungen so beeindruckend für Aktienfonds gezeigt haben, gilt übrigens für Rentenfonds in gleichem, wenn nicht sogar stärkerem Maße. Weil Bondkurse weitaus weniger schwanken und sich mechanistisch statt erratisch bewegen, sind sie deutlich vorhersehbarer für die Fondsmanager. Das bedeutet aber auch, dass es deutlich weniger Chancen gibt, seine Fondsmanagementkonkurrenz und erst recht eine bestimmte Anleihenbenchmark zu schlagen. Insofern sind Rentenfondsmanager, die ihre Benchmark regelmäßig schlagen, die wahren Könige des Portfoliomanagements. Stattdessen aber stehen die Aktienfondsgurus im Lichte der Medien und der sonstigen Öffentlichkeit.

Als überzeugter Fondsanleger werden Sie sich jetzt damit trösten, dass Sie nur die sorgfältig ausgewählten Top-Performer in Ihrem Fondsdepot haben. Doch mit welcher Wahrscheinlichkeit ist der beste Aktienfonds der letzten zehn Jahre auch in den nächsten Jahren besser als der Index? Investmentprofis wissen, dass Wohl und Wehe der Wertentwicklung entscheidend von der Konstanz des Fondsmanagements abhängen. Da ist es schon außergewöhnlich – man mag sogar sagen unwahrscheinlich – dass ein zehn Jahre erfolgreicher Fondsmanager noch einmal zehn Jahre und damit fast sein ganzes Berufsleben bei seinem Arbeitgeber bleibt. Viele Fondsmanager argumentieren, dass der Vorteil von Investmentfonds vor allem in schlechten und unsicheren Börsenphasen zum Tragen kommt. Viele Fonds können dann flexibel in Renten oder Liquidität gehen und weisen so ein besseres Risikoprofil auf als Indexzertifikate, die in der Baisse unweigerlich mit dem Index nach unten gehen. Hierzu ist zu sagen, dass die fünf großen deutschen Investmentgesellschaften während der Finanzkrise schätzungsweise 100 Milliarden Euro Kundengelder vernichtet haben. Es gab Fonds, die 70 bis 80 Prozent ihres Wertes verloren haben und damit doppelt so schlecht waren wie ihr Referenzindex. Grund ist die Unflexibilität der Fonds, wenn die Kurse fallen. Die Manager können die schlechten Positionen gar nicht so schnell loswerden, wie deren Preise fallen. Daher müssen sie gute Aktien aus dem Bestand veräußern, um die Liquidität zu schaffen, die erforderlich ist, um den Anlegern jederzeit ihr Geld zur Verfügung stellen zu können. Diese guten Aktien werden dann vom negativen Strom mitgerissen und fallen ebenfalls im Kurs. Daher muss man zu dem Ergebnis kommen, dass der einzelne Anleger sein Depotrisiko viel genauer und flexibler für sich allein steuern kann und auch sollte. Ansonsten ist er dem Fondsmanagement hilflos ausgeliefert.

Wir haben nun gelernt, dass die Wahrscheinlichkeit, bei der Fondsauswahl einen Fonds zu treffen, der besser als der Index abschneidet, bestenfalls bei 20 Prozent liegt. Im Vergleich dazu steht die 80 %ige Wahrscheinlichkeit, dass man danebengreift. Bei dieser schlechten Quote erscheint die „Best-Select"-Fondsstrategie von Dachfonds, Vermögensverwaltern, aber auch von semiprofessionellen Anlegern fast als Arroganz!

Neben diesen Preis- und Performance-Vorteilen gibt es noch eine Reihe weiterer Vorzüge von Indexzertifikaten. Zunächst erlauben sie nicht nur eine langfristige Kapitalanlage oder auch geringe monatliche Beiträge, sondern eignen sich wegen der vorteilhaften Gebührenseite auch schon kurzfristig, weil Sie so bereits von kleinen Kursbewegungen profitieren können. Ein weiterer Vorteil ist, dass ein Index einfach nicht Pleite geht. Allerdings sind die Zertifikate Fremdkapital für die Emissionsbanken. Daher muss in allen Fällen regemäßig deren Rating verfolgt werden.

Bei der Auswahl von Indexzertifikaten sollten Sie darauf achten, dass Sie solche mit *unbegrenzter Laufzeit* kaufen. Diese Papiere, die *X-Pert, Open End* oder *Unlimited* heißen, sind denen mit Fälligkeit vorzuziehen, weil Sie sonst ein Wiederanlagerisiko haben und dabei auch noch mit zusätzlichen Gebühren belastet werden.

Neben der unbegrenzten Laufzeit empfehle ich Ihnen, dass Sie Indexzertifikate auf Performanceindizes kaufen. Diese sind Indexzertifikaten auf Kursindizes vorzuziehen, weil bei Ersteren die Dividenden in das Börsenbarometer mit eingerechnet werden. Bei der zweiten Variante gehen dem Investor die Ausschüttungen verloren, die dann die Emissionsbank kassiert. Während DAX und MDAX reine Performanceindizes sind, wird der EURO-STOXX 50 in beiden Varianten berechnet. In diesen Fälllen sollten Sie unbedingt ein *Performancezertifikat* erwerben. Eine Auswahl geeigneter Papiere finden Sie unter anderem bei www.onvista.de.

Die realisierten Kursgewinne und Erträge von Indexzertifikaten sind nach der Abgeltungssteuerreform allesamt zu 25% KEST-pflichtig.

Der *Geldentwertungseffekt* dürfte bei Indexzertifkaten, die ja nur bestimmte Aktien abbilden, nicht besser oder schlechter als bei den zugrunde liegenden Aktien selbst sein. Daher wird auch die *Nettorealrendite* auf keinen Fall darunter liegen.

Die *Liquidität* der Indexzertifikate ist mittlerweile auch über die Börse gut. Denn viele institutionelle Anleger wie Versicherungen oder Treasury-Abteilungen von Industriekonzernen haben die zahlreichen Vorzüge von Zertifikaten bereits erkannt. Darüber hinaus stellen die Handelsabteilungen der Emittentenbanken mittlerweile faire Geld- und Briefkurse.

Das *Kursrisiko* von Indexzertifikaten hängt ab vom zugrunde liegenden Index und ist absolut vergleichbar mit dem von Aktienfonds. Insofern erlauben sie denselben Diversifikationseffekt im Vergleich zu Einzelwerten. Weil Zertifikate de jure Schuldverschreibungen sind, gibt es daneben ein Bonitätsrisiko der Emittentenbank, welche die Rückzahlung bei Einlösung des Zertifikates verspricht. Bei open-end-Zertifikaten sollten Sie sich eine Bank mit Top-Rating einer Agentur auswählen und auch regelmäßig verfolgen.

Im Produktvergleich mit Investmentfonds ist zu konstatieren, dass mit Indexzertifikaten langfristige Anlageziele mindestens genauso gut abgebildet werden können wie mit Fonds. Was das Auswahlrisiko, die Flexibilität und die Kosten angeht, erweisen sich Zertifikate jedoch den Investmentfonds deutlich überlegen.

Mittlerweile gibt es jede Menge Auswahl auch in Bezug auf Indexzertifikaten auf den REX, Bund Future, PEX und internationale Rentenindizes!

Fazit:

- Insgesamt sind Indexzertifikate aufgrund der günstigen Gebührenstruktur, wegen der breiten Einsatzmöglichkeiten in der Vermögensbildung und -strukturierung und nicht zuletzt dank ihrer steuerlichen Vorteile *für die Kapitalanlage unabdingbar.*
- Sie eignen sich vornehmlich als Depotbeimischung auch für wachstumsorientierte Bondanleger.
- Weil sie zumeist keinen Zins tragen, sind sie einkommensorientierten Bondanlegern nicht zu empfehlen.
- Indexzertifikate schwanken genauso wie die zugrundeliegende Benchmark. Wenn diese ein Aktienindex ist, kommt das Indexzertifikat für risikovermeidende Zielsparer gar nicht oder höchstens langfristig in Betracht. Auch Rentenindizes schwanken analog zu anderen börsennotierten Anleihen.
- Aus der Sicht des *Timings* eignen sich Zertifikate hervorragend, um Timinggewinne zu erzielen. Wer strategisch vorgeht, kann während der Bodenbildung an Aktienmärkten immer wieder mit kleinen Beträgen nachfassen und sich damit einen guten Durchschnitt erkaufen.
- Das Gleiche gilt für den Ausstieg. Wenn die Kurse über längere Zeit gestiegen sind, empfiehlt es sich, immer mal wieder mit kleinen Beträgen Kasse zu machen. Bei Fonds funktioniert diese Strategie nicht, weil die Gebührenstruktur zu hoch ist.
- Indexzertifikate eignen sich sehr gut für den kleinen Geldbeutel zum Vermögensaufbau in Sparplanform und auch zur Altersvorsorge.
- Aber auch bei mittleren Depots kommt man nicht an Indexzertifikaten vorbei. Besonders interessant ist die bequeme Möglichkeit, sich durch Zertifikate ein strukturiertes Depot aufzubauen. Schon mit wenigen Indexzertifikaten lassen sich die wichtigsten Renten- und Aktienmärkte der Welt abdecken. Darüber hinaus können besondere Branchen wie Pharma oder Biotechnologie betont werden.
- Neben dem Marktpreisrisiko der zugrundeliegenden Aktie gibt es bei Indexzertifikaten ein nicht zu vernachlässigendes Bonitätsrisiko des Emittenten, welches während der Investions überwacht werden sollte.

Kriterium	niedrig	mittel	hoch
Steuereffekt	*		
Inflationsschutz	*	*	
Nettorealrendite	*	*	*
Liquidierbarkeit	*	*	
Schutz vor sonstigen Risiken	*		
Eignung für:			
Zielsparer	*	*	*
Risikovermeider	*		
Einkommensorientierte	*		
Wachstumsorientierte	*	*	*
Steuergeplagte	*	*	

Abb. 31: Bondkompass: Indexzertifikate

4.4.4 Inflationsindexierte Anleihen: *TIPS* und Geheimtipps

Anfang 1997 brachten die USA erstmals staatliche inflationsgekoppelte Indexanleihen auf den Markt. Die „treasury inflation protected securities" oder kurz *TIPS* genannten Titel sind an den amerikanischen Consumer Price Index gebunden, der mit dem deutschen „Preisindex für die Lebenshaltung aller deutschen Haushalte" vergleichbar ist.

Der Nominalzinsatz der TIPS ist über die komplette Laufzeit fest. Die tatsächliche Zinszahlung wird jedoch jedes halbe Jahr immer wieder neu berechnet. Denn der Coupon wird nicht wie bei klassischen Anleihen auf den Nennwert gezahlt, sondern auf den inflationsbereinigten Nennwert.[15] Dieser wird alle sechs Monate nach folgender Formel ermittelt:

$$Inflations\,bereinigte\,rNennwert = Nennwert * \frac{\text{aktueller Lebenshaltungsindex}}{\text{Lebenshaltungsindex bei Emission}}$$

In Zeiten anziehender Preise steigt der aktuelle Lebenshaltungsindex und damit auch der inflationsbereinigte Nennwert. Folglich steigen bei zunehmender Geldentwertung die halbjährlichen Zinszahlungen und zwar genau in Höhe der Inflation. In Zeiten sinkender Preise (Deflation) ist es dagegen umgekehrt. Fallen die Preise, fällt auch der inflationsbereinigte Wert und die Zinszahlungen nehmen ab. Die US-Regierung garantiert jedoch, dass den

15 Vgl. ausführlich Beike, Schlütz (2001), S. 346ff.

Zinsberechnungen auch bei starker Deflation immer der Nennwert zugrunde gelegt wird, so dass dem Anleger eine Mindestverzinsung sicher ist. Die Tilgung der TIPS erfolgt ebenfalls immer zum nominalen Nennwert, so dass sich auch kein Rückzahlungsrisiko ergibt.

Seit kurzer Zeit hat auch die Bundesbank inflationsindexierte Bundesanleihen aufgelegt. In Zeiten der EZB-Liquiditätsschwemme mit entsprechenden Inflationsgefahren sind diese ein interessantes Investment.

Die Kapitalerträge und realisierten Kursgewinne sind bei allen Inflationsanleihen abgeltungssteuerpflichtig.

Der große Vorteil dieser speziellen Indexanleihen ist sicher der *Inflationsschutz.*

Die *Liquidierbarkei*t von Inflationsanleihen ist durchschnittlich bis gut. Allerdings ist man bei internationalen Anleihen zumeist auf die Kurspflege der Handelsabteilungen der Emissionsbank angewiesen.
Insofern ist das größte *Risiko* auch das Kursrisiko, welches von der Volatilität her wegen des festen Coupons und der Rückzahlungsgarantie natürlich begrenzt ist.

Fazit: Indexanleihen

- *Indexanleihen* eignen sich nur langfristig für risikoaffine einkommensorienterte Bondanleger.
- Als inflationsunabhängige Depotbeimischung werden sie auch für Zielsparer interessant.

Kriterium	niedrig	mittel	hoch
Steuereffekt	*	*	
Inflationsschutz	*	*	*
Nettorealrendite	*	*	
Liquidierbarkeit	*	*	
Schutz vor sonstigen Risiken	*		
Eignung für:			
Zielsparer	*	*	*
Risikovermeider	*	*	*
Einkommensorientierte	*	*	*
Wachstumsorientierte	*		
Steuergeplagte	*	*	

Abb. 32: Bondkompass: Inflationsanleihen

4.4.5 Exchange Traded Funds: Konservative Depotbeimischung für Kostenknechte

Indexaktien, die auch Exchange Traded Funds oder „ETFs" genannt werden, gibt es in Deutschland erst seit einigen Jahren. Genau wie Indexzertifikate bilden ETFs einen Index ab. Insofern bieten sie hinsichtlich unserer Bewertungskriterien Besteuerung, Inflation, Nettorealrendite, Liquidierbarkeit und Risiko ähnliche Vor- und Nachteile wie die Indexzertifikate. Ursprünglich stammen ETFs aus den USA, wo sie sich bei Privatanlegern großer Beliebtheit erfreuen und Umsätze erzielen, die regelmäßig weit über denen normaler Fonds liegen.

Der größte Vorteil gegenüber den Indexanleihen liegt in der Fondseigenschaft selbst. Bei ETFs handelt sich um ein Sondervermögen, das auch noch vorhanden ist, wenn der Portfoliomanager und die Vertriebsbank pleite sind. Es gibt daher anders als bei Indexanleihen kein Bonitätsrisio der Emissionsbank!

ETFs werden an der Börse mit laufender Kursfeststellung über XETRA gehandelt. Bei Erwerb und Verkauf fallen analog zu Zertifikaten Aktientransaktionsprovisionen an. Anders als bei den meisten Zertifikaten ist bei Indexaktien jedoch eine Managementgebühr von 0,1 bis 0,3 Prozent jährlich zu entrichten. Insofern ist die Gebührenseite teurer als bei Zertifikaten, aber immer noch deutlich günstiger als bei Standardaktienfonds.

Bei beiden ETF-Konstruktionen werden die Dividenden ausgeschüttet. Das ist bei Indexzertifikaten, die keine Performanceindizes abbilden, nicht der Fall. Dort behält oft der Emittent die Ausschüttungen zu Lasten des Anlegers.

Der größte Vorteil von ETFs ist jedoch die *Liquidität*. Durch die Börsennotierung wird alle paar Sekunden ein Kurs festgestellt. Mittlerweile gibt es Tage, an denen DAX-ETFs zusammen mit *Siemens* oder *Allianz* zu den meistgehandelten Werten zählen.
Insbesondere Renten-ETFs gehörten bereits kurz nach ihrer Auflage zu den meistgehandelten Papieren an der Börse. Dieser Kickstart ist vor allem auf die günstige Gebührenseite zurückzuführen. Durch den Verzicht auf Ausgabeaufschläge und die geringe Verwaltungsgebühr haben vor allem institutionelle Anleger wie Versicherungen und Dachfonds zugeschlagen. Gerade auf der Rentenseite muss man mit dem spitzen Bleistift die Rendite nach Steuern, Inflation und bei dem aktuellen Niedrigzinsniveau vor allem nach Transaktionskosten ermitteln. Was professionellen Anlegern recht ist, sollte jedem privaten Bondanleger billig sein. Daher empfehle ich Ihnen, teure Rentenfonds aus dem Depot zu werfen und zu den günstigen Alternativen zu greifen. Ich prognostiziere den ETFs schon heute eine grandiose Zukunft.

Weil ETFs von der Rechtsform her Investmentfonds sind, werden beide Formen *steuerlich* genauso wie Standardinvestmentfonds behandelt. Für Investoren hat das den Vorteil, dass die jährlichen Erträge sowie realisierte Kursgewinne lediglich mit der Abgeltungssteuer belastet werden.

Fazit:

- Für die private Asset Allocation eignen sich vor allem ETFs aber auch passive Indexfonds immer noch besser als Standardinvestmentfonds. Vor allem deshalb, weil die wenigsten aktiven Fondsmanager ihre Benchmark schlagen. Aber auch, weil ETFs von der Gebührenseite deutlich günstiger abschneiden.

Kriterium	**niedrig**	**mittel**	**hoch**
Steuereffekt	*	*	
Inflationsschutz	*	*	
Nettorealrendite	*	*	
Liquidierbarkeit	*	*	*
Schutz vor sonstigen Risiken	*	*	
Eignung für:			
Zielsparer	*	*	*
Risikovermeider	*	*	
Einkommensorientierte	*	*	
Wachstumsorientierte	*	*	*
Steuergeplagte	*	*	

Abb. 33: Bondkompass: Renten-ETFs

5. Modernes strategisches Bondmanagement: Nutzen Sie die Portfolio-Strategien professioneller Investoren

Mitte 2017 haben wir bereits 10 Jahre Niedrigzinsphase in Europa und eine immer noch nicht beendete Staatsschuldenkrise hinter uns. Die EZB hat das Euroland mit Liquidität in historischem Ausmass geflutet. Die Folge sind steigende Inflation und Zinssteigerungsängste, die Anleiheninvestoren wegen einer negativen Nettorealrendite und möglichen Kursverlusten bei Leitzinserhöhungen den Schlaf rauben.

Sie sollten wissen, dass es zwischen 1950 und 1980 in den USA bereits eine jahrzehntelange *finanzielle Repression* gab. Das bedeutet, dass die Anleger enteignet wurden, weil die Zinsen auf Staatsanleihen unter der Inflationsrate lagen. Es ist durchaus möglich, dass die europäische Niedrigzinsphase ebenso wie die Staatsschuldenkrise noch jahrzehnte hinzieht. Es gibt also keinen Zwang, langsam oder schnell die Leitzinsen im Euroraum zu erhöhen. Erst Recht nicht, wenn es nach den Südeuropäischen Finanzministern geht.

Die Handlungsmöglichkeiten für Anleiheinvestoren sind begrenzt aber vorhanden. Sie sollten unbedingt anfangen, internationale Standardaktien zu kaufen. Selbst auf dem aktuellen Kursniveau ist die Dividendenrendite einiger Daxtitel über 4 Prozent! Es gibt darüber hinaus viele internationale Konzerne dessen Ratings besser sind als so mancher Staat. Eventuelle Kursrückschläge, die es immer wieder geben wird, muss man aushalten. Selbst nach der Finanzkrise 2009 waren die Kurse sehr schnell wieder auf dem alten Niveau:

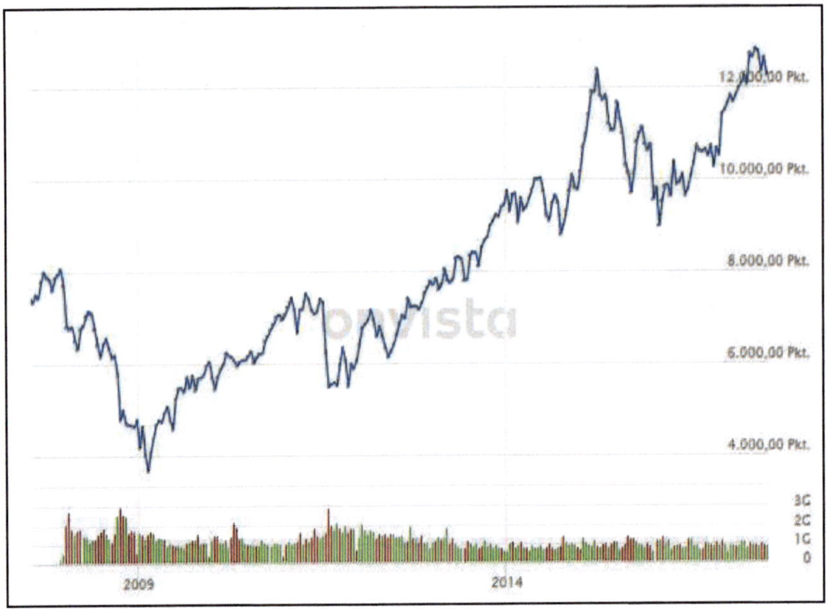

Abb. 34: DAX vor und nach der Finanzkrise 2009

Fakt ist leider auch, dass viele Privatanleger viel Geld in der Finanzkrise mit börsennotierten Zertifikaten, Anleihen, Aktien oder Fonds verloren haben – und damit gleichzeitig das Vertrauen in den Kapitalmarkt und seine Institutionen.

Mein persönliches Ziel ist es, Ihnen in den nachfolgenden Abschnitten dieses Vertrauen zurückzugeben. Denn nicht die Portfoliotheorie hat versagt, sondern die Menschen, welche deren Erkenntnisse und Methoden vernachlässigt oder falsch angewandt haben.

Die moderne Portfoliotheorie ist eine fantastische Sache. Ist sie doch eine der wenigen wissenschaftlichen Theorien, für die Nobelpreise verteilt wurden und die in der Praxis direkt – im Prinzip auch durch jeden Privatanleger – angewandt werden können. Das meiste davon basiert auf den Grundlagen der Kapitalmarkttheorie, die Sie aus dem Grundlagen-Kapitel bereits kennen. Jetzt wissen Sie auch, warum ich Sie damit gequält habe. Noch dazu ist die Portfoliotheorie für Rentenanleger mit Sicherheit relevanter als für Aktieninvestoren, weil die Anleihenmärkte mechanistischere und effizientere Kapitalmärkte sind. Anders als bei Aktien, deren Kurse teilweise erratisch schwankende Zufallsbewegungen sind, werden Sie am Anleihenmarkt sofort durch schlechtere Kauf- oder Verkaufkurse abgestraft, wenn Sie nicht die Grundlagen der Anleihenkursbildung kennen. Hinzu kommt, dass sich auch für Rentenanleger die Welt in den letzten Jahren so stark verändert hat, dass man nicht wie früher nur auf den Coupon oder die Rendite als primäre Kaufentscheidungshilfe schauen kann. Die Volatilität der Bondskurse hat seit dem Ausbruch der Finanzkrise stark zugenommen. Denn die Finanzmärkte reagieren heute schneller und stärker auf Ereignisse als noch vor Jahren.[16] Starke Anleihenkursschwankungen haben vor allem folgende Ursachen:

a) gestiegene Inflationserwartungen vor allem in Euroland
b) Internationalisierung der Finanzmärkte
c) Zunehmende Haushaltsdefizite der führenden Industrienationen
d) Abbau von staatlichen Reglementierungen (in den USA und demnächst Großbritannien)
e) Interdependenz der Geld- und Kapitalmärkte
f) Zunehmende elektronische Vernetzung der wichtigsten Finanzzentren
g) Zunehmender Einsatz derivativer Instrumente wie Futures und Optionen
h) Nicht gelöste Problematik der Staatsschuldenkrisen in Europa.

Mit diesen veränderten Rahmenbedingungen der Anleihemärkte sind auch neue Anforderungen an deren Analyse erwachsen. Daher möchte ich nachfolgend das „Geheimwissen der Fondsmanager" entmystifizieren und für den privaten Anleger nutzbar machen. Dabei werde ich Sie mit den zugrunde liegenden mathematischen Formeln weitgehend verschonen. Wichtig ist allerdings zunächst, dass Sie mit den Fachbegriffen umgehen können. So sind Sie bald in der Lage, bei der täglichen Lektüre der Tageszeitung Ihre persönliche Anlagestrategie zu überprüfen oder im Bankerdeutsch gehaltene Empfehlungen als Unsinn zu entlarven. Daneben ist immer zu fragen, was das jeweilige portfoliotheoretische Konzept für den privaten Anleger bedeutet und ob es praktisch umsetzbar ist. Wenn Sie sich jedoch für die Formeln und weitere Details interessieren, so empfehle ich Ihnen die Standardwerke modernen Wertpapiermanagements,[17] die zur Pflichtlektüre eines jeden Portfoliomanagers oder institutionellen Anlegers gehören.

Das *moderne Portfoliomanagement* unterscheidet vier wesentliche Aufgaben,[18] an denen sich auch dieses Kapitel orientiert:

1) Die Bestimmung einer Anlagestrategie
2) Die Bewertung einzelner Anleihen vor dem Hintergrund der aktuellen Situation und der Erwartungen des Marktes (*Bondresearch*)
3) Die Auswahl und Kombination der Anlageinstrumente in einem Wertpapierportfolio (*Asset Allocation*)
4) Die Absicherung des Depots gegen Verluste (*Hedging*)

[16] Vgl. Eller (1995), S. 99.
[17] Insbesondere Elton, Gruber (1987) und Steiner, Bruns (2002)
[18] In Anlehnung an Siebers, Siebers (1991), S. 77.

Das primäre Ziel des Portfoliomanagements kennen Sie bereits. Es besteht darin, Kapitalanlagealternativen zu entdecken, die eine möglichst hohe Rendite nach Steuern und Inflation erwirtschaften. Maximieren Sie mit Ihren Anlageentscheidungen also die *Nettorealrendite*. Alle anderen Anlageziele, wie etwa hohe Liquidierbarkeit, nutzen nichts, wenn Sie dabei unter dem Strich Geld mitbringen statt mitnehmen.

5.1 Anleihemanagement: Bestimmen Sie Ihre Strategie

Im Mittelpunkt des Anleihenmanagements steht die Bestimmung Ihrer persönlichen Bondstrategie. Denn nur wenn Sie wissen, wo Sie hinwollen, macht eine tiefere Wertpapieranalyse erst Sinn. Möglicherweise kommen viele Anleihen gar nicht erst in Frage, weil Sie mit Ihren Anlagezielen kollidieren. Wenn Sie sich diese trivial anmutende Tatsache bewusst gemacht haben, können Sie sich viel Zeit sparen. Sie müssen nicht mehr jede Neuemission schleunigst zeichnen, nicht mehr mit Ihrem Banker über bestimmte Anleihen reden, die er Ihnen verkaufen will und erst recht keinen unnötigen Arbeitsaufwand bei Ihrer eigenen Bondanalyse betreiben. Im Wesentlichen gibt es drei Anleihestrategien: *aktive Strategien*, *semiaktive Strategien* und *passive Bondstrategien.*[19]

1) Aktive Bondstrategien

Sie streben nach einer über dem Marktdurchschnitt liegenden Rendite.[20] Wenn Sie zu den *wachstumsorientierten Anlegertypen* gehören, kommt Ihnen diese Klassifizierung sicher bekannt vor. Zur Erreichung dieses Zieles können Sie zwei unterschiedliche Wege beschreiten. Einmal können Sie Ihr Depot prognoseorientiert zusammenstellen. Dabei nehmen Sie nur solche Anleihen in Ihr Depot auf, die besonders von Zinssenkungen auf dem betrachteten Markt profitieren. Zweifelsohne sollten Sie daher zu den Investoren gehören, die aufgrund von Sachverstand und Informationsstand mehrheitlich zuverlässige Prognosen über Richtung, Zeitpunkt und Umfang von Zinsentwicklungen abgeben können. Somit werden prognoseorientierte Bondstrategen entweder Anleihenselektion oder Timing als renditemaximierende Instrumente isoliert oder kombiniert einsetzen. Bei der Selektion steht die prognosebasierte Auswahl von Anleihelaufzeiten und Emittenten im Vordergrund. Beim Timing geht es vornehmlich um die zeitlich korrekte Einschätzung maßgeblicher Veränderungen der Zinslandschaft, respektive der Zinsstrukturkurve. Diese Berücksichtigung der Zinskurve durch prognoseorientierte Strategien wird insbesondere im Rahmen des sogenannten

[19] Vgl. Holzer (1994), S. 245 ff.
[20] Vgl. hierzu sowie im folgenden Bruns (2002), S. 201 ff.

Total Return Managements beschrieben. Dieses ist gerade in Mode gekommen, weil einige neue Investmentfonds sich als „Total-Return-Fonds“ bezeichnen. Doch was steckt dahinter?

Wir haben bereits im ersten Kapitel die Probleme bei der Berechnung von Effektivzinsen oder Renditen beschrieben, die Ihr Bankberater Ihnen verkaufen will. Besonders schwer wiegt dabei, dass die Wiederanlageprämisse in den Effektivzinsformeln häufig verletzt wird. Es ist auf den Kapitalmärkten kaum möglich, dass bei einer fünf Jahre laufenden Anleihe die Ausschüttungen im ersten Jahr zum ähnlich hohen internen Zinsfuß wie bei der letzten Zahlung angelegt werden. Total Return Management berücksichtigt, dass die jährliche Wiederanlage der Erträge zu prognostizierten aber unterschiedlichen Zinssätzen erfolgen muss (zum Beispiel durch sogenannte Forward Rates). In diesem Fall hängt die Gesamtrendite einer Anleihe oder eines Anleihendepots vom Erfolg der Wiederanlage der Ausschüttungen bis zum Laufzeitende des Papiers oder dem Anlagehorizont des Anlegers ab. Daher nennt man die Total-Return-Rendite auch *Horizon Return*. Dieser besteht sowohl aus den jährlichen Ausschüttungen einer Anleihe als auch aus den Erträgen der wiederangelegten Ausschüttungen sowie den Rückzahlungen und den Kurs- oder Tilgungsgewinnen bis zum Anlagehorizont. Der Total Return wird von Ihnen als Bondinvestor vor der Anlageentscheidung im Zusammenhang mit einem festen Anlagehorizont festgelegt.

Nehmen wir einmal an, Sie wollten in acht Jahren einen Gesamtertrag von 4 Prozent pro Jahr erreichen. Dann macht es in der augenblicklichen Lage wenig Sinn, nach Anleihen mit einer Rendite von 4 Prozent zu suchen, denn das Marktzinsniveau gibt so etwas einfach nicht her. Zudem berücksichtigen die Renditeformeln ja die Ausschüttungen nur mit einem einzigen Zins. Vielmehr müssen Sie nach solchen Papieren Ausschau halten, die Ihnen beispielsweise zu Kursgewinnen verhelfen oder in späteren Jahren höhere Wiederanlagerenditen erwirtschaften, wenn Sie eine steigende Zinsstruktur erwarten. Total Return Management bedeutet also *keinesfalls*, dass Sie ausschließlich auf den Coupon einer Anleihe schauen. Das wäre die völlig falsche Strategie. Vielmehr kann es sein, dass gerade Anleihen mit kleinen Zinsanhängen einen höheren Gesamtertrag erwirtschaften.

Der zweite Weg für eine *aktive Anleihestrategie* sind swaporientierte Vorgehensweisen. Bei einer Swaptransaktion werden im Depot befindliche Anleihen durch andere ersetzt. Daher spricht man auch von Asset Swaps.[21] Sie sollten immer dann swappen, wenn Sie mit einer Tauschtransaktion in Ihrem Depot die Rendite oder den Total Return verbessern können. Sinnvoll

[21] Vgl. Perridon, Steiner (2002), S. 315 ff.

ist das vor allem bei Anleihen, die eine unterschiedliche Beurteilung innerhalb des gleichen Marktsegmentes erfahren (*Substitutionsswaps*).[22] Denn selbst bei den effizienten Bondmärkten kann es schon einmal vorkommen, dass zwei Anleihen unterschiedlicher Emittenten zu unterschiedlichen Kursen gehandelt werden, obwohl das Rating der Schuldner und die Emissionsbedingungen der Anleihen identisch sind. Sie sollten dann diejenige Anleihe kaufen bzw. im Depot behalten, die mit einem Kursabschlag gehandelt wird und so einen späteren Tilgungsgewinn einstreichen. Eine weitere Swap-Transaktion steht in Ihrem Depot an, wenn ein Emittent aus Ihrem Bondportfolio vor einem Downgrading steht, also einer Rating-Herabstufung in seiner Bonität. Diesen Austausch nennt man *Bonitätsswap*.

Darüber hinaus sollte auch jeder wachstumsorientierte private Anleiheninvestor *Sektoren-Swaps* durchführen. Denn ähnlich wie am Aktienmarkt schwankt die Anlegergunst oft zwischen Marktsegmenten. Mal sind Unternehmensanleihen in, dann eine Zeit lang Genussscheine, dann wiederum Staatsanleihen. Wenn Sie einen weniger beachteten Sektor ausgemacht haben, verkaufen Sie Ihre schon ausgereizten Papiere des „In-Marktsegmentes" und decken Sie sich mit höher rentierenden Papieren aus dem neuen Segment ein. Wechselt dann die breite Masse nach Ihnen die Pferde, können Sie bereits die ersten Kursgewinne abkassieren.

2) Semiaktive Bondstrategien

Sie stützen sich weniger stark auf Prognosen bezüglich der zukünftigen Zinsentwicklung als aktive Bondstrategien. Vielmehr versuchen sie, ein regelmäßiges Einkommen und einen festen Wert am Ende des Planungshorizontes zu erzielen. Dazu wird in der Regel ein gut diversifiziertes Anleihenportfolio gehalten. Insofern sind semiaktive Bondstrategien für *Zielsparer* oder risikovermeidende Anleger gut geeignet. Im Wesentlichen unterscheidet das Bondmanagement bei den semiaktiven Strategien zwischen Laufzeit- und Immunisierungsstrategien. Bei der Laufzeitstrategie werden Anleihen mit unterschiedlichen Fälligkeitsterminen gemäß einem prozentualen Verteilungssatz kombiniert. Auf diese Weise können Sie von restlaufzeitinduzierten unterschiedlichen Zinssensitivitäten der im Depot kombinierten Anleihen profitieren.[23] Konkrete Laufzeitstrategien sind die Leiter- oder Hantelstrategie.[24] Bei der Ersteren werden die Anlagemittel gleichmäßig auf alle verfügbaren Laufzeitbereiche aufgeteilt. Durch Tilgungs- und Zinszahlungen entstehende Rückflüsse werden jeweils gemäß dem ursprünglichen Verteilungsschlüssel wieder angelegt. Dagegen kommt es bei der Hantelstrategie zur Splittung des Anlagebetrages auf Bonds mit kurzer und langer

[22] Vgl. Siebers, Siebers (1991), S. 126 f.
[23] Vgl. Holzner (1990), S. 64.
[24] Vgl. Steiner, Bruns (2002), S. 202 f.

Restlaufzeit. Mittlere Laufzeiten werden ignoriert. Erfolgt eine Aufteilung zu gleichen Teilen, spricht man von einer Hantel.

Der zweite Weg für semiaktive Bondanleger besteht in der *Immunisierungsstrategie*, weil eine bewusste Auswahl von Anleihen im Sinne einer sogenannten durationsoptimierten Portfoliogestaltung durchgeführt wird. Mithilfe der Duration, einer Kennzahl für die durchschnittliche Kapitalbindung bis zum Laufzeitende einer Anleihe oder eines Portfolios, wird das Ziel verfolgt, einen im Anlagezeitpunkt bereits feststehenden Portfolioendwert zu erreichen. Daher müssen Ihr Planungshorizont und die Duration vom Wert her gleich sein. Folglich sind in Ihrem Portfolio die Bonds so zu kombinieren, dass die mit den Depotanteilen gewichtete Summe der einzelnen Anleihedurationen die gewünschte Portfolioduration und damit Ihren gewünschten Portfolioendwert ergibt.

3) Passive Anlagestrategien

Sie zielen im Gegensatz zu den vorher beschriebenen Vorgehensweisen auf die Vereinnahmung einer Rendite, die nur dem Marktdurchschnitt entspricht. Dabei wird beispielsweise nur eine Mischung aus Anleihen im Sinne eines Buy-and-Hold-Ansatzes gekauft und bis zum Fälligkeitstag gehalten. Alternativ lassen sich Indexierungsstrategien durchführen. Im Fokus des Bondmanagements steht dann die Absicht, die Rendite- und Risikoabweichung des Anleiheportfolios von seiner Benchmark, einem bestimmten Index, zu minimieren. Mit zunehmender Internationalisierung ist eine Indexierung vor allem wegen des Währungsrisikos schwieriger durchzuführen. Die Abweichung des Bondportfolios von der gewählten Benchmark misst man regelmäßig anhand des sogenannten Tracking Errors. Der wesentliche Vorteil passiver Anleihestrategien besteht in den vergleichsweise geringen Kosten, die bei der Implementierung der Strategie auftreten. Sie benötigen kein aufwendiges Research, und Portfolioumschichtungen fallen nur äußerst selten an. Passive Anlagestrategien, bei denen die Restlaufzeit der im Portfolio befindlichen Anleihen dem Planungshorizont entspricht, nennt man Maturity-Strategien. Sie werden vornehmlich von Bondinvestoren eingesetzt, die einen festen Anlagehorizont, wie etwa den Ausstieg aus dem eigenen Unternehmen oder den Rentenbeginn vor Augen haben. Indexorientierte Strategien dienen primär dem Kapitalerhalt und der Erzielung eines angemessenen zusätzlichen Einkommens. Die Anleihendepots von risikovermeidenden, einkommensorientierten Bondanlegern sind meist sehr groß und werden oft sogar als Familienvermögen in Stiftungen angelegt. Gerade hier ist es nicht erwünscht, dass wegen ein paar Basispunkten Rendite über dem Marktdurchschnitt ein höheres Risiko eingegangen wird. Es geht allein um das Ziel des Vermögenserhaltes.

5.2 Bondresearch: Anleihenbewertung für Profis

Wenn Sie vor der Entscheidung stehen, ob Sie eine Anleihe kaufen, ist zunächst relevant, ob der Bond durch den aktuellen Kurs fair bewertet ist. Außerdem werden Sie gemäß dem Opportunitätsprinzip immer zwei Alternativen vergleichen. Haben Sie sich für eines der Papiere entschieden, müssen Sie Ihrer Bank eine Order mit der Höhe des von Ihnen als angemessen empfundenen Kaufpreises erteilen. Diese drei Fragestellungen lassen sich für Anleihen mit Hilfe von wenigen *Kurs- und Ertragskennziffern* zuverlässig beantworten.

Daneben ist vor einer Bondorder regelmäßig zu hinterfragen, welche Risiken sich aus einem Kauf ergeben. Die wesentlichen Risiken sind neben dem Marktrisiko das Schuldnerrisiko und das Währungsrisiko. In diesem Abschnitt erfahren Sie, wie Sie in einer *Risikoanalyse* ermitteln können, ob Sie bei einer gegebenen Rendite das entsprechende Risiko eingehen wollen oder nicht. Im letzten Fall lassen Sie entweder die Finger von dem Papier oder aber Sie wissen zumindest, wie hoch Sie das Risiko absichern müssen. Dazu mehr im letzten Kapitel.

5.2.1 Ertragsanalyse: Kurs- und Renditekennzahlen

1) Rendite vergleichen – aber richtig!

Eine Anleihe ist nichts anderes als ein verbrieftes Recht, in Zukunft eine oder mehrere Zahlungen zu erhalten. Bei der Bewertung einer Anleihe macht man sich diese Tatsache zunutze, indem man den Zahlungsstrom dafür heranzieht. Dieser besteht aus sämtlichen Zins- und Tilgungsleistungen während der gesamten Laufzeit. Indem man alle Zahlungen auf den Barwert, Fachleute sagen auch Present Value (PV), abzinst, beantwortet ein Bondinvestor die Frage, ob der aktuelle Kurs dem Barwert ihrer zukünftigen Rückflüsse entspricht. Am einfachsten kann man das in Microsoft Excel mit Hilfe der folgenden Formel machen:[25]

$$BW = \frac{c}{(1+z)} + \frac{c}{(1+z)^2} + \cdots + \frac{c}{(1+z)^T} + \frac{N}{(1+z)^T}.$$

BW = Barwert
C= cashflow = Zahlungsüberschüsse im Zeitpunkt t
i = Kalkulationszinsfuß

[25] Vgl. Steiner, Bruns (2002), S. 140.

Für Ihre Anlageentscheidung zwischen zwei Alternativen müssen Sie lediglich die jeweiligen Present Values vom aktuellen Anleihenkurs an der Börse subtrahieren. Auf diese Weise erhält man Net Present Values (NPV).

Entscheidungskriterium:
Immer dann, wenn der NPV positiv ist, ist ein Kauf der Anleihe günstiger, als wenn das Geld zum Kalkulationszinsfuß i angelegt würde. Beim Vergleich zweier NPVs entscheiden Sie sich für diejenige Anleihe, die bei gleichem Kurs einen höheren NPV aufweist.

Sie kennen diese Formel bereits? Richtig, sie sieht der Formel für die „wahre Rendite" aus dem Grundlagenkapitel ziemlich ähnlich. Allerdings berücksichtigte diese Nettorealrendite (NRR) zusätzlich die Inflation und Ihren persönlichen Steuersatz. Insofern sollten Sie für einen echten Vorteilhaftigkeitsvergleich in der Tat die NRR heranziehen und diejenige Anleihe mit der höchsten NRR wählen. Allerdings finden Sie diese Formel nicht in Excel, sondern müssen Sie selbst einprogrammieren, was jedoch mit den Details aus dem früheren Kapitel nicht sonderlich schwierig ist.

Achtung: Wenn Banker und Analysten Ihnen anhand dieser Kennzahlen den Kauf einer bestimmten Anleihe schmackhaft machen wollen, haben Sie mit dem PV, NPV oder NRR zwar ein objektives kapitalmarttheoretisches Kriterium. Sie sollten jedoch den „neuralgischen Punkt" des Barwertkonzeptes kennen.[26] Je nachdem wie der Kalkulationszinsfuß gewählt wird, kann der Berater eine Anlage gut oder schlecht aussehen lassen. Hinzu kommt, dass man bereits mit geringfügigen Veränderungen des Kalkulationszinsfußes um einige Basispunkte den NPV überproportional beeinflussen kann. Fragen Sie Ihren Banker, welchen Kalkulationszinsfuß er gewählt hat. Egal, was er Ihnen antwortet, die Annahme eines einzigen Zinssatzes, mit dem alle Zahlungen einheitlich abgezinst werden, ist realitätsfremd. Eigentlich müsste er für jeden einzelnen zukünftigen Ausschüttungszeitpunkt einer Anleihe auch einen unterschiedlichen Kalkulationszinsfuß wählen. Am besten behilft man sich mit sogenannten Spot-Rates oder Forward-Rates, welche die Effektivverzinsung von Anleihen über verschiedene Restlaufzeiten abbilden. Auf diese werden wir im Rahmen der Zinsstrukturkurve noch näher eingehen.

Ein weiterer Punkt, den Sie im Rahmen des Barwertkonzeptes beachten sollten, ist die Frage, wie unterschiedlich riskante Anleihen bewertet werden.[27] Dazu müssten Sie die zukünftigen Zins- und Tilgungsleistungen als unsichere Zahlungsströme ansehen und jede einzelne Zahlung mit einer

[26] Vgl. Steiner, Bruns (2002), S. 142.
[27] Vgl. Steiner Bruns (2002), S. 143.

Wahrscheinlichkeit bewerten. Auf diese Weise kommen Sie zum Erwartungswert. Dann werden die Erwartungswerte mit risikoadäquaten Kalkulationszinsfüßen abdiskondiert, die endweder mithilfe identisch riskanter Anleihen am Markt oder noch komplizierter mit Kapitalmarktmodellen ermittelt werden.

Fazit:
Die Nettorealrendite ist auch für private Anleger eine vernünftige und praktikable Methode zur Bewertung von Bonds. Sie funktioniert aber nur dann zuverlässig, wenn Sie zwei Anleihen mit gleichem Risiko vergleichen. Anderenfalls wird die Analyse über Modelle so komplex, dass sie den Analysten vorbehalten bleibt.

Das NPV-Kriterium liefert unter der für Anleihen plausiblen Annahme funktionsfähiger Kapitalmärkte eindeutige Aussagen über die Vorteilhaftigkeit eines Bonds im Vergleich zu einer anderen Geldanlage oder Anleihe.[28] In der Praxis werden besonders bei der Betrachtung mehrerer Anleihen Effektivzinsverfahren herangezogen. Insbesondere in Zeitungen, Börsenbriefen- und Zeitschriften finden sich Angaben zur Effektivverzinsung als Renditemaß für Anleihen.
Der Zusammenhang zwischen dem Barwertkonzept und dem Effektivzins ist relativ einfach.[29] Genau an der Stelle, an der der NPV Null beträgt, liegt der Effektivzins der betrachteten Zahlungsreihe. Insofern stellt der Effektivzins die Verzinsung auf das jeweils noch gebundene Kapital dar. Die Formel für diese Rendite, die Sie auch schon als internen Zinsfuß aus dem Grundnlagenkapitel kennen, lautet:

$$KW = -I + \sum_{t=1}^{T} \frac{C_t}{(1+i)^t} = 0$$

i = Effektivzins,
KW = Anleihekurs,
C = Zahlungen,
t = Laufvariable in Jahre

Mathematisch ist der Effektivzins kaum zu ermitteln, so dass man zu grafischen und iterativen Näherungsverfahren greifen muss. In diesem Fall ist auch der Privatanleger also auf professionelle Bewertungssoftware angewiesen.

Bei der Effektivzinsberechnung stößt man spätestens hier auf ein weiteres Problem der Renditeberechnung. Denn die Formel für den internen Zinssatz berücksichtigt keine gebrochenen Restlaufzeiten, also etwa 2 Jahre und 128

[28] Vgl. hierzu und im folgenden Steiner, Bruns (2002), S. 143 ff.
[29] Vgl. Perridon, Steiner (2002), S. 65 ff.

Tage. Jeder Bondanleger weiß aber, dass ihm die daraus resultierenden Stückzinsen bei jeder Kuponanleihe über den Kauf- bzw. Verkaufkurs bereits bei der Bankorder über die Wertpapierabrechnung belastet werden. Nur auf diese Weise wird der Verkäufer für das Halten der Anleihe entschädigt, obwohl er mit der Veräußerung nicht bis zum Ausschüttungstermin gewartet hat. Mithilfe der im Kaufkurs enthaltenen Stückzinsen kompensiert der Käufer den Verkäufer für die entgangene Ausschüttung und zwar taggenau für die Zeit seiner Haltedauer. Dabei wird internationalen Börsenusancen mit 365 Tagen gerechnet.

Diese Berechnungsformel entspricht der Vorgehensweise der International Securities Market Association (ISMA). Die Rendite nach ISMA wird mit Ausnahme des japanischen Bondmarktes auf allen wichtigen Anleihemärkten verwendet und darf als gebräuchlichste aller Renditeformeln angesehen werden.[30] Übrigens ist sie auch sehr beliebt bei Initiatoren von geschlossenen Fonds, Beteiligungs- und Erwerbermodellen. Darüber hinaus gibt es noch einige weitere Renditeformeln, die von der ISMA-Formel nur dadurch abweichen, dass sie die Abzinsung der Teilperioden anders behandeln. Beispielsweise finden Sie im Handelsblatt die Rendite nach Braess/Fangmeyer, in Versicherungen und (Finanz-) Behörden die Rendite nach Mossmüller oder in vielen Banken die Rendite nach der Preisangabenverordnung.[31] Alle drei weichen von der ISMA-Formel meist nur in der letzten Stelle hinter dem Komma ab, so dass wir uns Details hier schenken können.

Fazit:
Sie sehen, dass man Renditen unterschiedlich ermitteln kann. Fragen Sie also Ihren Banker immer, nach welcher Methode und unter welchen Annahmen er bzw. seine Analysten gerechnet haben. Die hier dargestellten Varianten der Renditeberechnung auf Basis des internen Zinsfußes haben alle die gleichen Nachteile:

- Die Aussagen gelten nur für Kuponanleihen bei Existenz eines konstanten Kalkulationszinsfußes. Die Annahme einer flachen Zinsstrukturkurve ist jedoch in der Kapitalmarktpraxis kaum zu beobachten.
- Die Aussagen gelten nur für den Vergleich von bis auf den Preis identischen Anleihen. Insbesondere die Risiken aller betrachteten Bonds müssen identisch sein. Dann aber ist eine Berechnung überflüssig, weil der Preis (Kurs) als Entscheidungskriterium genügt.[32]
- Der interne Zinsfuß berücksichtigt Inflation und Steuern nicht.
- Der interne Zinsfuß ist meist höher als analoge Barwertbetrachtungen wie zum Beispiel der NPV. Insofern sind Finanzdienstleister mit seiner Hilfe in der Lage, die versprochene Rendite rosarot zu schönen.

[30] Vgl. Eller (1995), S. 117.
[31] Vgl. zu Details Eller (1995), S. 118 ff.
[32] Vgl. Steiner, Bruns (2002), S. 147.

Auch wenn Effektivzinsberechnungen in der Finanzwelt weite Verbreitung gefunden haben, kann ich Ihnen nur raten, mit Vorsicht an den Alternativenvergleich zu gehen. Verlassen Sie sich daher niemals ausschließlich auf den internen Zinssatz. Ziehen Sie als zusätzlichen Maßstab immer die Nettorealrendite oder zumindest die einfacheren NPV-Betrachtungen heran.

2) Zinsstrukturkurven und ihre Bedeutung

Die oben geschilderten Probleme der internen Zinssatzmethode bei der Effektivzinsberechnung sind in der Investitionsrechnung seit langem bekannt.[33] Dass man sie (zumindest den Bankkunden gegenüber) immer noch verwendet, hat wohl damit zu tun, dass die ermittelten Renditen „besser aussehen" als Nettorealrenditen oder der Net Present Value (NPV), die hingegen aus theoretischer Sicht deutlich bessere Ergebnisse liefern. Daher verwenden Bondanalysten und Fondsmanager für interne Studien und ihre Entscheidungen seit langem vorwiegend diese Barwertkonzepte. Allerdings hatten wir auch dort bislang einen über die Projektlaufzeit konstanten Kalkulationszinsfuß unterstellt, was wohl eher realitätsfremd ist. Besser ist es, die Zahlungsströme mit laufzeitabhängigen, unterschiedlichen Zinssätzen zu diskontieren.

Sobald auf einem Kapitalmarkt diese zeitabhängigen Zinssätze existieren, also die Renditestrukturkurve nicht flach ist, führt nur das NPV-Kriterium mit Abzinsungsfaktoren auf der Basis von Effektivverzinsungen von Zerobonds (sogenannten Spot Rates) oder daraus abgeleiteten Forward Rates zu rationalen Entscheidungen.[34]

[33] Vgl. Kilger (1964), S. 765 ff.

[34] Vgl. Steiner, Bruns (2002), S. 148.

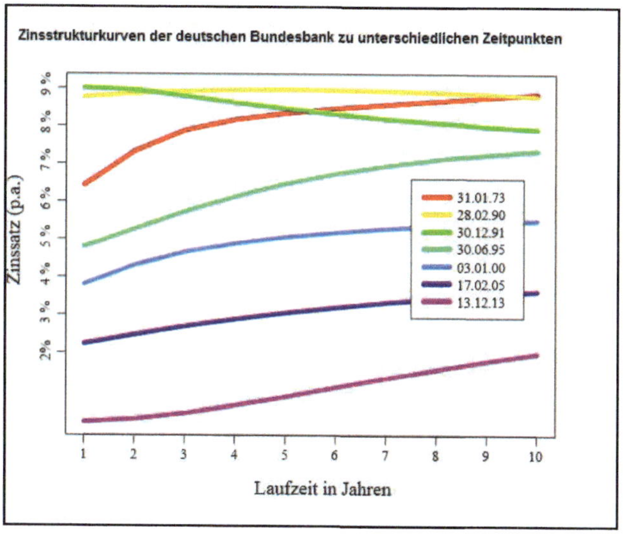

Abb. 35: Zinsstrukturkurven

Der Hintergrund dieser Grafik ist ganz einfach. Die Kurven resultieren aus der Tatsache, dass Geldbeträge, die für unterschiedlich lange Zeiträume angelegt werden, unterschiedlich hohe Renditen erzielen. Das Ihnen aus dem zweiten Kapitel bekannte Zeitwertprinzip („Gummibärchentheorem“) führt dazu, dass ein Anleger, der sein Geld für 5 Jahre herauslegt, einen höheren Coupon als Kompensation bekommt, als ein Bondinvestor, der es nur für zwei Jahre verleiht. Die Darstellung der Renditen in Abhängigkeit der Restlaufzeit heißt *Zinsstrukturkurve.* Im Wesentlichen unterscheidet der Bondanalyst drei Kurvenformen, die Sie kennen sollten:

- Bei normaler Zinsstruktur nimmt die Rendite mit steigender Restlaufzeit der Anleihe zu.
- Bei flacher Zinsstruktur ist die Rendite bei Anleihen mit unterschiedlicher Restlaufzeit (nahezu) gleich.
- Bei inverser Zinsstruktur sinkt die Rendite mit steigender Restlaufzeit.

Die Zinsstrukturkurven sind keineswegs zeitstabil, wie manche Anleger annehmen. Vielmehr werden die Punkte der Kurven börsentäglich neu ermittelt und verschieben sich signifikant. Warum das so ist, versteht man, wenn man sich fragt, was hinter dieser Kurve steckt.

In Kapitel vier hatte ich Ihnen zunächst die Zerobonds, also Nullcouponanleihen, vorgestellt. Vielleicht erinnern Sie sich an den „Bond-Stripping“-Abschnitt, wo gezeigt wurde, dass im Grunde jede Couponanleihe aus einer Kombination mehrerer Zerobonds dargestellt werden kann. Nullcouponanleihen haben die angenehme Eigenschaft aus Sicht des Anlegers, nur zu einem Zeitpunkt eine Einzahlung zu liefern und weisen daher eine eindeutig laufzeitabhängige Verzinsung auf, die nicht von anderen jährlichen Fälligkeiten verzerrt wird. Aus theoretischer Sicht sind die Effektivverzinsungen von Zerobonds unterschiedlicher Laufzeit eine eindeutige Messlatte für laufzeitunabhängige Zinsstrukturen.[35] Daher hat sich eingebürgert, unter *Kassazinssätzen* oder *Spot Rates* immer die Effektivverzinsung von Zerobonds zu verstehen.

Als Zinsstruktur bezeichnet man Spot Rates als Zerobondrenditen in Abhängigkeit der Laufzeit. Diese Spot Rates sind also laufzeitabhängige Abzinsungsfaktoren.

Die Kenntnis der Spot Rates ermöglicht nun eine Herleitung der *Terminzinssätze* oder *Forward Rates.* Forward Rates geben die Verzinsung an, die heute durch einen Terminkontrakt oder dessen Nachbildung über Kassageschäfte für ein in der Zukunft zu erfüllendes Geschäft zu erzielen ist.[36]

Das Konzept der Forward Rates ist einfach zu erklären. Es beruht auf dem Konzept des Opportunitätsprinzips, das Sie bereits kennen. Man vergleicht auf dem Kapitalmarkt immer mindestens zwei Alternativen. Der Anleger A legt heute (t0) 100 Euro für zwei Jahre zu 7 Prozent an. Anleger B legt den gleichen Betrag zunächst nur für ein Jahr zu 6 Prozent an, vereinbart aber mit seiner Bank heute eine einjährige Prolongation in t1. Offensichtlich legen beide Anleger sich für zwei Perioden fest, wobei B seine Anlageperiode in zwei Abschnitte t0 bis t1 und t1 bis t2 aufspaltet. Die zentrale Frage für B ist nun, welchen Zins muss B mit seiner Bank für die Periode t1 bis t2 vereinbaren, um das gleiche Anlageresultat wie A zu erzielen. *Dieser Zins ist die Forward Rate von t1 bis t2.* Man kann berechnen, dass in diesem Fall der Zinssatz für ein einjähriges in t1 abgeschlossenes Geschäft 8,08 Prozent sein muss, damit beide Alternativen gleichwertig sind. Auf diese Weise kann man Forward Rates für alle zukünftigen Zeiträume ermitteln.

Als *Entscheidungskriterium* ist der NPV unter Verwendung von Spot Rates und Forward Rates auf jeden Fall jeder Effektivzinsberechnung, die übrigens Banken gemeinhin anstellen, überlegen. Man kann sogar zeigen, dass dadurch tatsächlich falsche Kaufentscheidungen getroffen werden.[37] Denn während der NPV unter Verwendung von Forward Rates/Spot Rates bereits zeigt, dass eine bestimmte Anleihe überbewertet ist, kann das Effektivzinskriterium noch immer eine Unterbewertung anzeigen!

[35] Vgl. Steiner, Bruns (2002), S. 149.
[36] Vgl. hierzu und im Folgenden Doerks (1991), S. 276.
[37] Vgl. Steiner, Bruns (2002), S. 156.

Fazit:
Professionelle Anleger greifen regelmäßig zum kapitalmarkttheoretisch aussagekräftigeren NPV als Bewertungsinstrument und nutzen als Abzinsungsfaktoren für die unterschiedlichen (Rest-)laufzeiten die Forward Rates. Das Wiederanlageproblem ausgeschütteter Zinsen lässt sich umgehen, indem Sie die unterschiedlichen Spot Rates heranziehen, die wir bereits als Effektivverzinsung von Zerobonds kennengelernt haben. Weil Forward Rates und Spot Rates für die Berechnung der Vorteilhaftigkeit von Anleihen zentral sind, müssen sie auch nicht andauernd neu ermittelt werden. Informationsdienste wie *Bloomberg* oder *Reuters* veröffentlichen aktuelle Zinsstrukturkurven auf Basis dieser Zinssätze.

5.2.2 Risikoanalyse: Instrumente zur Messung und Begrenzung von Verlusten

1) Duration: Machen Sie Ihr Depot immun gegen Zinsrisiken

Während der NPV oder die Effektivverzinsung den aktuellen Ertragswert einer Anleihe zeigen, stellt die Duration eine Kennzahl zur Beurteilung des Risikos einer Anleihe dar.[38] Genauer gesagt ist die Duration ein Maß für das Zinsänderungsrisiko bei festverzinslichen Wertpapieren.[39] Für professionelle Bondinvestoren gehört die Duration seit langem zu den am meisten genutzten Instrumenten der Risikoanalyse. Sie gibt die durchschnittliche Bindungsdauer des in eine Anleihe investierten Geldbetrages an. Insofern wird sie in Zeiteinheiten, meist Jahren, gemessen. Nur wenn Ihr persönlicher Anlagehorizont mit dieser Duration übereinstimmt, kann ein von Ihnen vorab angestrebter Endwert unabhängig von eventuellen Marktzinsänderungen realisiert werden. Ansonsten begeben Sie sich mit dem Kauf einer Anleihe in ein Zinsänderungsrisiko als Folge von Markt- bzw. Kurswertänderungen.

Entscheidungskriterium:
Bei Anleihen mit einer kleinen Duration wartet ein Anleger weniger lange bis der investierte Geldbetrag zurückgeflossen ist als bei Anleihen mit grösserer Duration. Je größer die Duration, also die durchschnittliche Kapitalbindungsdauer ist, desto länger wartet ein Bondinvestor auf Zahlungsrückflüsse aus Zins- und Tilgungsleistungen und desto größer ist das Risiko, dass während der Anleihenlaufzeit externe Einflussfaktoren die zukünftigen Zahlungsströme beeinflussen.

[38] Vgl. Macaulay (1938), S. 44 ff.
[39] Vgl. Hicks (1939), S. 12 ff.

Je höher die Duration, desto größer sind Kursverluste bei steigenden Marktzinsen und desto größer sind Kursgewinne bei fallenden Renditen.

$$Duration = \frac{\sum Weighted\ NPVs}{\sum NPVs}$$

Diese komplizierte Formel sollte Sie nicht abschrecken, denn die Duration wird im Grunde in drei Schritten relativ einfach berechnet wie das folgende Beispiel zeigt:[40]

Ein Anleger kauft eine fünfjährige Bundesanleihe. Der Coupon beträgt 10 Prozent und wird aktuell mit 100 Prozent an der Börse notiert. Die ISMA-Rendite des Bonds ist 10% Prozent.

Schritt 1: Ermittlung der Zahlungszeitpunkte
Zunächst müssen Sie ermitteln, wann genau Zinsen und Tilgung fällig sind. Für das obige Beispiel eines Straight Bonds bedeutet das, dass der Anleger jeweils vom ersten bis zum fünften Jahr eine Zinszahlung erhält. Zusätzlich wird im fünften Jahr das investierte Geld zurückzahlt. Der Zahlungsstrom ist demnach 10 Euro, 10 Euro, 10 Euro, 10 Euro, 110 Euro.

Schritt 2: Berechnung der Barwerte
Für jede der Zins- bzw. Tilgungszahlungen wird nun der Barwert ermittelt, indem die nominalen Zahlungen mit der Rendite abgezinst werden. Für unseren Anleger bedeutet das, dass die ersten 10 Euro Zinsen im ersten Jahr einen Barwert von 9,09 ergeben. Dazu müssen Sie einfach 10 Euro durch (1+Rendite/100) rechnen, also 10 durch 1,10 dividieren. Diesen Vorgang führen Sie nun für alle anderen Zahlungen auch durch. Zur Kontrolle: Wenn Sie jetzt die Barwerte aller Zahlungen addieren, müssen Sie den rechnerischen Kurs, in diesem Falle 100 erhalten.

Schritt 3: Gewichtung der Zahlungszeitpunkte
Nun werden die Zahlungszeitpunkte aus dem ersten Schritt mit den Barwerten gewichtet. Dazu multiplizieren Sie den Zahlungszeitpunkt mit dem dazugehörigen Barwert. Danach bilden Sie die Summe aller Gewichte und dividieren sie durch den rechnerischen Kurs von oben. Das ergibt die Duration! In diesem Fall ist sie mit 4,17 Jahren erkennbar geringer als die Laufzeit. Das muss grundsätzlich so sein, weil auch die laufenden Zinszahlungen bis zur Endfälligkeit berücksichtigt werden. Am besten fertigen Sie sich in Excel eine kleine Tabelle an, mit der Sie die Schritte übersichtlich durchführen können:

---

[40] Vgl. hierzu und im folgenden Eller (1995), S. 128 f.

Zeitraum bis zur Zahlung in Jahren	Schritt 1 Zinsen/Tilgung	Schritt 2 Barwert Zinsen/Tilgung	Schritt 3 Gewichtung der Spalte 1 mit Spalte 3
1	10	9,09	9,09
2	10	8,27	16,54
3	10	7,51	22,53
4	10	6,83	27,32
5	110	68,30	341,50
		100	416,98
		(Rechnerischer Kurs)	(Duration)

Abb. 36: Berechnung der Duration

Nachdem Sie nun wissen, wie die Duration berechnet wird, lassen sich hinsichtlich der Interpretation dieser Kennzahl verschiedene Aussagen ableiten, die Ihnen bei einer Wertpapierauswahl helfen können:[41]

- Je niedriger die Duration ist, desto geringer ist auch das Zinsänderungsrisiko der betrachteten Anleihe.
- Die Duration ist umso kleiner, je geringer die Restlaufzeit ist.
- Die Duration ist umso kleiner, je höher der Marktzins liegt.
- Die Duration eines Zerobonds entspricht seiner Restlaufzeit. (Weil keine periodischen Zinszahlungen in die Berechnung einfließen können.)
- Die Duration ist umso kleiner, je höher der Nominalzins ist. (Weil das eingesetzte Kapital durch die höheren Zinszahlungen früher zurückgezahlt wird.)
- Je höher die Rendite einer Anleihe ist, desto niedriger ist die Duration. (Ausnahme Zerobonds, bei denen die Rendite keinen Einfluss auf die Duration hat.)

Welchen praktischen Wert hat denn nun diese für professionelle Investoren oder Fondsmanager so wichtige Kennzahl? Sie erinnern sich sicher noch daran, dass auch Anleihen Kursverluste bei sinkenden Kapitalmarktrenditen erleiden. Mithilfe der Duration können Sie sich und Ihr Depot dagegen schützen:

Entscheidungskriterium:
Wenn Sie ein Papier erwerben, dessen Duration genau dem Zeitpunkt entspricht, zu dem Sie wieder über Ihr Geld verfügen möchten, dann haben Sie sich gegen das Zinsänderungsrisiko *abgesichert*. Egal wie das Zinsniveau

[41] Vgl. Perridon, Steiner (2002), S. 202, Steiner, Bruns (2002), S. 159ff., Eller (1995), S. 133.

zum Zeitpunkt der Duration ist, Sie können immer Ihre beim Kauf ermittelte Rendite auch wirklich erwirtschaften. Fachleute sprechen dann von dem *Immunisierungseffekt der Duration*.[42]
Bondanleger, die in ihrem Depot eine solche Immunisierungsstrategie fahren, investieren Ihr Geld häufig in verschiedene Anleihen und achten darauf, dass Verluste bei der Wiederanlage von Couupon- oder Tilgungszahlungen durch Kursgewinne ausgeglichen werden. Auf der anderen Seite müssen Kursverluste durch Gewinne bei der Wiederanlage von Coupon- oder Tilgungszahlungen kompensiert werden.

2) Modified Duration: Positionieren Sie Ihr Depot im Zinszyklus

Die Modified Duration unterscheidet sich von der Berechnung nur geringfügig von der obigen Standard Duration. Während letztere mit der Immunisierung für Bondinvestoren einer passiven Anlagestrategie relevant ist, unterstützt die Modified Duration Bondfreaks mit einer aktiven Anlagestrategie. Die Modified Duration ist anders als die Standard Duration ein Anlagemaßstab für prozentuale Kursveränderungen und dient der Optimierung von Kursgewinnen.[43]

> Die Modified Duration zeigt die prozentuale Kursveränderung von Anleihen in Abhängigkeit der Veränderung des Marktzinsniveaus an.

Mathematisch errechnet man die Modified Duration (MD) aus der Duration geteilt durch den Term (1+i/100), wobei i die Rendite nach ISMA ist.

Formel: MD=D/(1+i/100)

So ergibt sich für das obige Beispiel unter der Annahme, das Marktzinsniveau sei 6 Prozent eine MD von 3,93 Prozent.

MD= 4,17/(1+0,06)=4,17/1,06=3,93 %

Aus dieser Kennziffer können Sie ablesen, dass bei einer Kapitalmarktsenkung (-Steigerung) der Anleihenkurs um 3,93 Prozent steigen (sinken) wird. In dieser Veränderung sind aufgelaufene Stückzinsen enthalten („Dirty price"). Der neue Kurs Ihrer Anleihe wird statt 100 Euro nun 103,93 Euro betragen.

---

[42] Vgl. Eller (1995), S. 133.
[43] Vgl. hierzu Eller (1995), S. 134 ff.

Für die Bewertung einer Anleihe oder eines Portfolios ist es hilfreich zu wissen, wie groß die absolute Kursveränderung ist, wenn sich das Marktzinsniveau verändert. Als Maßstab für das Makrzinsniveau nimmt der Kapitalmarktexperte gemeinhin einen sogenannten *Basispunkt*, also 0,01 Prozent.

Dabei wird folgende Formel angewendet:

Kursveränderung = MD*Dirty Price/10000

Für das Beispiel ist die Kursveränderung = 3,93*100€/10000 = 0,0393 €

Die Kursveränderung der betrachteten Anleihe (oder eines Bondportfolios) beträgt bei einer Marktzinsveränderung um einen Basispunkt 3,92 Cent.

Fazit:
Für die private Anlagepraxis ist die Modified Duration aus verschiedenen Aspekten interessant. Mit ihr lassen sich ohne großen Rechenaufwand Wertveränderungen von Anleihen oder ganzen Bondportfolios abschätzen. Sie ist verhältnismässig leicht zu interpretieren als Ausdruck des prozentualen Kursrisikos bei einer Veränderung der Rendite um 100 Basispunkte. Die Kursschätzung mit Hilfe der MD ist im Übrigen sehr genau. Sie ist ein deutlich besserer Maßstab für das Zinsänderungsrisiko festverzinslicher Wertpapiere als die Restlaufzeit, derer sich Banker und private Anleger im Tagesgeschäft oft bedienen. Letztere vernachlässigt aber im Gegensatz zur (Modified) Duration den Nominalzins und die Rendite eines Bonds.

Besonders interessant ist die Möglichkeit, die MD als Indikator für Kurschancen zu interpretieren. Wir haben ja gelernt, dass Risiko ein neutraler Begriff ist und nicht immer nur einseitig negativ gesehen werden muss. Wenn Sie als wachstumsorientierter Bondanleger systematisch auf Kursgewinne aus sind, so sollten Sie sich beim Vergleich zweier Anleihen für diejenige mit der höchsten MD entscheiden, denn diese reagiert stärker auf Marktzinsveränderungen und bietet somit größere Kurschancen. Mithilfe der MD haben Sie somit die Möglichkeit, Ihr gesamtes Depot im Hinblick auf Ihre persönlichen Zinserwartungen zu positionieren.
Dennoch müssen sich die Standard Duration und die Modified Duration einiger Kritik erwehren. In der Fachliteratur wird immer wieder darauf hingewiesen, dass bei der Berechnung implizit eine flache, konstante und damit realitätsfremde Zinsstrukturkurve unterstellt wird.[44] Außerdem ist das Durationskonzept statisch. Das bedeutet, bei sich auf dem Anleihemarkt ständig ändernden Marktzinsen müssten Sie auch die Bonds in Ihrem Wertpapierdepot ständig neu zusammenstellen, um die Duration konstant zu hal-

[44] Vgl. hierzu Perridon, Steiner (2002), S. 204 und Steiner, Bruns (2002), S. 163.

ten. Dennoch ermöglicht die Duration bei Zinsausschlägen bis 100 Basispunkten mit hinreichender Genauigkeit die Erzielung eines geplanten Endwertes.

Rentenfondsmanager nutzen zur Berücksichtigung nicht flacher Zinsstrukturkurven eine weitere Modifikation der Durationsformel.[45] Ähnlich wie bei der Berechnung des NPV werden die einzelnen Zinszahlungen in der Durationsformel nicht mehr mit einem einheitlichen Zinssatz, sondern mit den zugehörigen Kassazinssätzen, die auch Spot Rates genannt werden, diskontiert.[46] Daraus ergibt sich die sogenannte *Effektive Duration.*

Insbesondere für die Absicherung von Kursverlusten durch Zinsänderungen in Wertpapierdepots, das sogenannte Hedging, ist aber eine noch genauere Betrachtung der Zinsstrukturkurve notwendig. In der Praxis verwenden institutionelle Bondmanager daher die sogenannte *Key Rate Duration,* bei der statt einer Verschiebung der gesamten Zinsstrukturkurve wie bei der Effektive Duration, vielmehr einzelne Kassazinssätze (Key Rates) in Abhängigkeit vom Anlagehorizont und vergangenen Erfahrungen simuliert werden.[47]

3) Rating: Indikator für die Schuldnerqualität

Bislang haben Sie in diesem Kapitel mit den Durationskonzepten die wichtigsten Instrumente zur Analyse von Zinsänderungsrisiken kennengelernt. Wenn es lediglich dieses systematische Marktrisiko gäbe, könnte man den Kurs von Anleihen aufgrund der mathematischen Abbildbarkeit relativ gut vorhersagen. Doch es gibt auch sogenannte unsystematische Risiken. Das wichtigste Risiko dieser Art stellt das *Bonitätsrisiko* dar. Mit diesem Begriff wird die Gefahr eines Ausfalls von Zins- und Tilgungszahlungen beschrieben.

Als potenzieller Bondinvestor stehen Sie vor der Schwierigkeit, dass Sie vor dem Kauf die Zahlungsfähigkeit des Emittenten in der Zukunft insbesondere zu den Zins- und Tilgungsterminen abschätzen müssen. Privatanleger verfügen für gewöhnlich nicht über die notwendige Sachkenntnis, Zeit und finanziellen Mittel, um die Bonität des Schuldners zu evaluieren.

Zum Glück gibt es daher sogenannte Rating-Agenturen, welche diese Aufgabe für Sie übernehmen, und das auch noch kostenlos und objektiv. Dabei

---

[45] Vgl. Bühler, Hies (1995), S. 112 ff.

[46] Vgl. Steiner, Bruns (2002), S. 166.

[47] Auf die Darstellung der komplizierten Berechnung verzichte ich an dieser Stelle. Sie findet sich in der ausführlichen Fachliteratur zu diesem Thema, insbesondere in Elton, Gruber (1995) und Steiner, Bruns (2002).

bewerten diese die Bonität des Emittenten, egal ob Unternehmen oder Staat, anhand vieler Kriterien, die am Ende zu einem Gesamturteil in Form einer Buchstaben- und Zahlenkombination verdichtet werden.

Untersucht werden dabei die politische und wirtschaftliche Situation des Staates, in dem das Unternehmen seinen Hauptsitz hat.[48] Daneben werden die relative Wettbewerbsposition und die Zukunftsperspektiven des Emittenten betrachtet. Selbstverständlich findet auch eine fundamentale Analyse der Bilanzen statt. Auch weiche Faktoren wie die Qualität des Top Managements werden bewertet. Schließlich gilt es die Spezifika der Anleihe zu berücksichtigen, wie etwa die Art der Schuldverschreibung, die Emissionsbedingungen und die rechtliche Stellung des Bondkäufers im Konkursfall.

Wenn der Anleihe-Emittent selbst ein Staat ist, so nimmt die Rating-Agentur eine ausführliche volkswirtschaftliche Gesamtrechnung vor, prüft das Steueraufkommen, die Verschuldung, das Bruttoinlandsprodukt, die Inflationsrate oder die Arbeitslosenquote.

Neben vielen kleinen und regionalen Rating-Agenturen haben sich einige weltweit agierende Institute etabliert, die den internationalen Markt so stark dominieren, dass eine Emission ohne deren Votum nahezu unplazierbar ist: *Moody´s Investor Service* und *Standard & Poor´s.*

[48] Vgl. Beike, Schlütz (1999), S. 399 f.

	Moody´s	Standard & Poor´s	Bewertung
Höchste bis hohe Bonität Geringstes Ausfallrisiko hinsichtlich Tilgung und Zinszahlung.	AAA AA+ AA AA-	Aaa Aa1 Aa2 Aa3	Bei Triple-A-Anleihen geht die Ausfallswahrscheinlichkeit gegen Null. AA-Schuldner erzielen gute Erträge zur Zahlung von Zinsen und Tilgung. Das Risiko ist klein.
Gute bis durchschnittliche Bonität Zins- und Tilgungsleistung können sich jedoch bei veränderter Wirtschaftsentwicklung verschlechtern.	A+ A A- BBB+ BBB BBB-	A1 A2 A3 Baa1 Baa2 Baa3	Mit A ist die Mehrzahl der Firmen bewertet. Die Risiken nehmen bereits zu, doch die Zahlungsverzugswahrscheinlichkeit ist gering. Emittenten aus der BBB-Kategorie sind anfälliger gegenüber Konjunkturrisiken. Bricht die Wirtschaft nicht signifkant ein, sind Zins und Tilgung sicher.
Unterdurchschnittliche Bonität Für Zins- und Tilgungsleistungen liegen nur mäßige bis geringe Deckung vor.	BB+ BB BB- B+ B B-	Ba1 Ba2 Ba3 B1 B2 B3	Bei BB High Yield Bonds sind regelmäßige Zins- und Tilgungsleistungen nur noch zu einem Teil durch die Erträge des Unternehmens gedeckt. Die Einstufung als B-Bond signalisiert ein erhebliches Risiko für fristgerechte Zahlungen.
Geringste Bonität Schuldner ist hinsichtlich Zins- und Tilgungsleistungen in Gefahr des Verzugs oder befindet sich bereits in Zahlungsverzug.	CCC CC C D	Caa Ca C D	Schuldner in dieser Kategorie haben große Probleme. Die Rückzahlungschance ist hier über den Zeitraum von 15 Jahren nur noch 50:50.

Abb. 37: Rating von Anleihen

Anhand eines solchen Rasters müssen Banken und Sparkassen nach Basel II und III Konzerne und mittelständische Unternehmen, die bei Banken Kredite nachfragen, standardisiert beurteilen. Doch was nutzt ein Rating dem privaten Bondanleger?

Von AAA bis BBB ist alles o.k.!
Wenn Sie sich für Anleihen von Schuldnern interessieren, die sich in den Bereichen AAA bis BBB befinden, müssen Sie sich keine Sorgen um Zins und Rückzahlung machen. In der Regel handelt es sich dabei um große Banken oder Industriekonzerne, denen Sie Ihr Geld anvertrauen können. In diesem Bereich spricht man von „Investmentgrade"-Qualität. Schlechtere Noten bezeichnen „Speculative-Grade"-Bonds. Solche Anleihen liegen mit ihren Emissionsrenditen teilweise 50 Prozent und mehr über der Rendite erstklassiger Schuldner. Das lockt gemeinhin den deutschen Rendite- und Couponjäger an. Denn immer noch sind bei spekulativen Anleihen (unterdurchschnittliche Bonität) oder noch schlechteren *Junkbonds* (geringste Bonität) mehr als zweistellige Renditen drin. Dass es auch in diesem Fall an den Kapitalmärkten „no free lunch" gibt, zeigt das Beispiel *Fokker*. Als *Daimler* ohne Vorwarnung aus dem Konsortium des holländischen Flugzeugbauers ausstieg und die Düse machte, wurde die Firma unversehens insolvent und die Inhaber von *Fokker*-Anleihen schauen noch heute in die Röhre. Betroffene Anleger führen nach vielen Jahren immer noch Prozesse gegen die Banken, die ihnen diese Anleihen gerade *wegen* des Großkonzerns im Rücken empfohlen haben.

Auch politische oder weltwirtschaftliche Faktoren spielen bei der Beurteilung der Schuldnerbonität eine Rolle. So bieten immer wieder südafrikanische auf Euro lautende Unternehmensanleihen Spitzenzinsen, weil sie ansonsten auf den Kapitalmärkten nicht untergebracht werden könnten. Zu unsicher ist immer noch die politische Stabilität dieser Länder. Ähnlich, nur in erster Linie aus wirtschaftlichen Gründen, verhält es sich mit Festverzinslichen aus anderen Schwellenländern. Wenn Sie sich für Anleihen entscheiden, die nicht auf Euro lauten, kommt zum Bonitätsrisiko noch das Fremdwährungsrisiko hinzu. Hier sollten Sie eine ausführliche langfristige Analyse der volkswirtschaftlichen Stabilität des jeweiligen Landes vor einer solchen Investition heranziehen.

Entscheidungskriterium:
Ratings sind wertvolle Instrumente der Bondanalyse. Empirische Untersuchungen belegen immer wieder die Prognosegüte der Agenturen. Mittlerweile gilt es als gesichert, dass die Ausfälle innerhalb einer Ratingklasse sowohl mit ansteigender Restlaufzeit als auch mit sinkender Bonität zunehmen. Ein schlechtes Rating unter BBB sollte Sie daher immer stutzig machen.

Achtung:
Lassen Sie die Finger von Bonds, die kein Rating vorweisen können und meiden Sie Unternehmensanleihen aus Schwellenländern. Greifen Sie niemals nur aufgrund eines Ratings zu einer bestimmten Anleihe, denn diese Bewer-

tungen stellen keine Kaufempfehlung, sondern allein eine Bonitätsbeurteilung dar. Auch kommt es vor, dass sich das Rating eines Unternehmens oder Staates sehr schnell ändert. Das bekannteste Beispiel für solche Bonitätsverschlechterungen ist die amerikanische Firma *Enron (oder auch die Lehman Bank)*. Insofern ist es ratsam, dass Sie ähnlich wie Fondsmangager die Bonität des Emittenten während der Haltedauer einer Anleihe ständig und aufmerksam verfolgen.

5.3 Asset Allocation: Auswahl und Kombination der Anlageinstrumente in einem Portfolio

Bislang haben wir uns mit der Bewertung und Auswahl einzelner Anleihen beschäftigt. Nun gehen wir dazu über, die Asset Allocation zu diskutieren. Im Mittelpunkt steht dabei die strukturierte Anordnung bzw. Kombination (Allocation) von Kapitalanlagealternativen (Assets). Ziel der Asset Allocation ist die Erzielung einer angemessenen Portfolioperformance mit Hilfe der in der Kapitalmarkttheorie gewonnen Erkenntnisse.[49]

In diesem Abschnitt lüften wir die Geheimnisse der Fondsmanager und Vermögensverwalter. Zunächst diskutieren wir die Zielgröße der Asset Allocation: den Performance-Begriff. Performance meint nämlich nicht nur die Bewertung eines Depots anhand einer bestimmten Rendite. Vielmehr geht es seit dem *Modell von Markowitz* um die zweidimensionale Erfolgsbeurteilung von Kapitalanlagen in einem Depot. Als Komponenten der Performance sind daher zum einen die Rendite und zum anderen das Risiko dieser Alternativen gleichermaßen zu messen. Denn wir wissen ja aus dem ersten Kapitel, dass es einen negativen Zusammenhang (Trade-off) zwischen Rendite und Risiko gibt. Daher ist das eine ohne das andere im Grunde nicht aussagekräftig. Die Performance lässt sich also genauer als *risikoadjustierte Rendite* bezeichnen.[50]

Ähnlich wie bei der Analyse von Anleihen gibt es auch für die Bewertung ganzer Bondportfolios besondere *Risko- und Renditekennzahlen*, die Sie kennen sollten und auch in gemischten Wertpapierdepots aus Aktien, Genussscheinen, Optionen und vor allem auf Fonds anwenden können. Wichtig ist für Sie als privaten Bondinvestor nicht die komplizierte Herleitung, auf die wir verzichten werden, sondern vielmehr die Durchdringung des Konzeptes und dessen Interpretation und Anwendung in der täglichen Anlagepraxis.

[49] Vgl. Steiner, Bruns (2002), S. 51.
[50] Vgl. Zimmermann (1991), S. 164.

Danach widmen wir uns einer genauen Beschreibung der einzelnen Schritte einer *Performanceanalyse* von Wertpapierdepots. Spätestens seit der aktuellen Aktienhausse seit dem Beginn der Finanzkrise trägt jeder Strukturvertriebler oder Bankberater das Wort „Performance" auf den Lippen. Dabei werden die wenigsten dieser Verkäufer in der Lage sein, dieses Renditekonzept im oben definierten Sinne einer risikoadjustierten Erfolgsbewertung zu erklären. Machen Sie den Test! Sehr beliebt ist bei allen Finanzdienstleistern der „Performancevergleich" unterschiedlicher Fonds oder Musterdepots. Lesen Sie diesen Abschnitt aufmerksam, wenn Sie wissen möchten, wie Sie sich vor diesen oft unlauteren Verkaufstricks schützen können.

Nach dieser möglicherweise etwas anstrengenden, weil theoretischen Diskussion von Erfolgsmaßstäben kommen wir zu einer Hilfestellung, die für die meisten Bondanleger unmittelbare Praxisrelevanz besitzt. Ich stelle Ihnen verschiedene *Musterdepots* als Beispiele unterschiedlicher Ziele vor, die bestimmte Anlegertypen mit der Asset Allocation verfolgen. Hier treffen wir die risikoscheuen, einkommens- oder wachstumsorientierten, aber auch die steuergeplagten Bondinvestoren wieder.

Insbesondere Anleger mit großen Anleihendepots wird interessieren, wie sie sich gegen Marktzinsanstiege und damit einhergehende Kursverluste absichern können. Möglicherweise haben Sie bereits von *Hedging* oder Portfolioversicherung gehört. Ob das überhaupt funktioniert, und vor allem unter welchen Voraussetzungen und zu welchen Kosten, werde ich Ihnen im letzten Abschnitt dieses Kapitels erläutern.

5.3.1 Risikoanalyse für Portfolios

Die Voraussetzung für die Anwendung der nachfolgenden Instrumente zur Risikomessung und -steuerung ist ein grundlegendes Verständnis des Wortes Risiko. In Grundlagenkapitel hatten wir Risiko definiert als Abweichung von geplanten Größen, die eben nicht nur negativ sondern auch positiv sein kann. Die Kapitalmarkttheorie unterscheidet dabei genauer in sogenannte *unsystematische* und *systematische Risiken.*

Systematische Risiken resultieren aus marktinhärenten Veränderungen, die nicht nur auf einzelne Titel, sondern auf die gesamte Anlagekategorie eines Marktes mehr oder weniger stark wirken.[51] Solche Anlagekategorien sind insbesondere der Anleihenmarkt, der Aktien- und der Immobilienmarkt sowie der Geldmarkt. Systematische Risiken wirken auf alle Papiere einer bestimmten Anlagekategorie, also eines Marktes, ähnlich. Deshalb können Sie das systematische Risiko nicht durch Diversifikation senken oder eliminieren.

[51] Vgl. Steiner, Bruns (2002), S. 57.

Bei Anleihen besteht das systematische Risiko beispielsweise im Zinsänderungsrisiko durch Erhöhung des Kapitalmarktzinsniveaus, das zu Kursverlusten bei alten Anleihen führt. Weitere systematische Anleiherisiken sind das Wiederanlagerisiko und das Währungsrisiko.

Unsystematische Risiken sind titelspezifische, einzelwirtschaftliche Risiken, die diversifizierbar sind. Dazu gehören bei Bonds typischerweise die Länderrisiken, sonstige Bonitätsrisiken des Schuldners sowie Risiken, die aus den Emissionsbedingungen der Anleihe hervorgehen, wie etwa eine vorzeitige Kündigungsmöglichkeit des Titels durch den Schuldner oder ein Wandlungsrecht.

Weil man marktdeterminierte, systematische Risiken nicht diversifizieren kann, ist natürlich wichtig, die jeweiligen Anteile des systematischen und unsystematischen Risikos zu messen.

1) Volatilität: Oft zitiert, endlich kapiert

Die Volatilität ist das in Fachpresse, Fernsehen, Interviews und Zeitungsberichten und -tabellen am häufigsten herangezogene Instrument zur Beschreibung des Risikos einer Anlage oder eines Marktes. Dem interessierten Anleger begegnet sie täglich mehrfach. Doch was steckt wirklich dahinter?

Zunächst ist die Volatilität ein Maß für das Gesamtrisiko aus systematischem und unsystematischem Risiko. Dabei wird Risiko als positive oder negative Abweichung von einer erwarteten Rendite aufgefasst. Als statistisches Streuungsmaß für die Stärke dieser Renditeschwankungen um einen Mittelwert hat sich das Konzept der Standardabweichung bewährt. Statistisch wird dabei eine Standard-Normalverteilung der Renditen unterstellt. Die Volatilität ergibt sich, indem die Standardabweichung mit der Quadratwurzel aus der Anzahl der Berechnungszeiträume multipliziert wird.[52] Auf diese Weise können Analysten Tagesrendite, Wochen- , Monats - oder Jahresrenditen für einen Volatilitätsvergleich heranziehen.

Grundsätzlich gilt: Je größer der Wert der Volatilität, desto mehr schwanken die Renditen des betrachteten Wertpapiers, und desto riskanter ist es, dieses ins Depot zu legen. Volatilitäten lassen sich für die Renditen aller Assetklassen (Anleihen, Aktien, Optionen, Immobilien etc.) berechnen.

[52] Vgl. Steiner, Bruns (2002), S. 60.

Am Beispiel unten ist erkennbar, dass bei einer durchschnittlichen DAX-Rendite von 10 Prozent und einer Schwankung der Renditen von +/- 5 Prozent die erwartete Rendite in einem Intervall zwischen 5 und 15 Prozent liegt. Der Bereich links der durchschnittlichen 10%igen Rendite beschreibt die negative Abweichung vom Mittelwert und wird *downside risk* genannt. Der rechte Bereich, *upside risk*, kennzeichnet eine positive Abweichung vom Erwartungswert. Würde man die Kurve links der 5-Prozent-Marke und rechts der 15-Prozent-Marke abschneiden, ergäbe sich, dass etwa 2/3 der Fläche unter der Kurve eingeschlossen sind. Diese lässt sich interpretieren als 66,66-prozentige Wahrscheinlichkeit, dass die erwartete Rendite zukünftig zwischen 5 und 15 Prozent liegt.

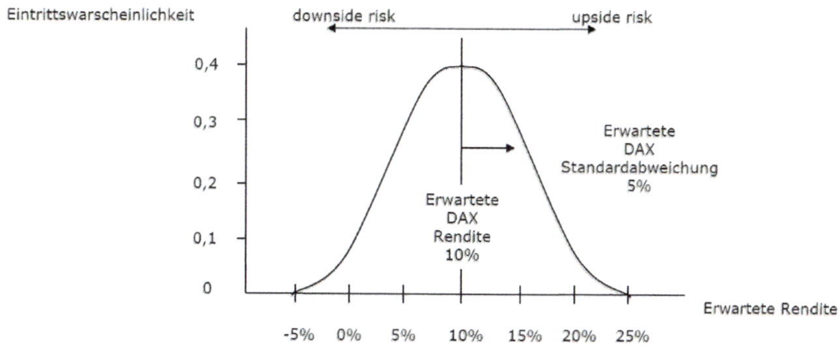

Abb. 38: Volatilität (Standardabweichung)

Offenbar ist die Volatilität bzw. die Standardabweichung einfach zu interpretieren. Diese Tatsache hat für ihre enorme Verbreitung gesorgt. In der modernen Portfoliotheorie geht man aufgrund der in der Praxis zweifelhaften mathematischen Prämissen, wie etwa einer Standardnormalverteilung der Renditen, mittlerweile etwas vorsichtiger mit dieser Kennzahl um. Bei einer Kauf- oder Verkaufentscheidung empfiehlt es sich daher, neben der Volatilität immer auch weitere Kennzahlen heranzuziehen.

> **Tipp**: Besonders Bondfans mit einer Total-Return-Strategie sollten die Gesamtabweichung von einer erwarteten langfristigen durchschnittlichen Rendite mithilfe der Volatilität ermitteln.

Vorsicht ist im Umgang mit der Volatilität geboten, wenn das Gesamtrisiko eines Depots berechnet werden soll. Zwar können Sie die gesamte Rendite Ihres Portfolios ermitteln, indem Sie die jeweilige Rendite der einzelnen Werte mit Ihrem jeweiligen Anteil am Depot gewichten und dann addieren. Durch die Addition der einzelnen Volatilitäten können Sie jedoch nicht das Depot-Gesamtrisiko berechnen, weil Risiken grundsätzlich multiplikativ verknüpft sind. Wer sich also am Wochenende die Volatilitäten aus der Zeitung holt und sich freut, weil die gewichtete Addition der Volatilitäten zu einem erfreulich geringen Wert und damit vermeintlich geringen Schwankungen der erwarteten Rendite führt, hat sich möglicherweise zu früh gefreut. Es gibt jedoch finanzierbare Vermögensverwaltungsprogramme, die Ihnen die komplexe Berechnung des Gesamtdepot-Risikos erlauben.

2) Ausfallwahrscheinlichkeit: Die zentrale Kennzahl für Bondfans

Die Ausfallwahrscheinlichkeit, englisch *probility of default,* beziffert das Risiko, eine unterhalb der individuellen Mindestrendite liegende Verzinsung zu erzielen.[53] Die Berechnung ist von drei Größen abhängig:

Zunächst müssen Sie Ihre *Mindestrendite* festlegen. Je niedriger sie liegt, desto geringer ist die Wahrscheinlichkeit, sie zu unterbieten. Nehmen wir einmal an, diese sei 3,7 Prozent. Zweitens gilt es möglichst objektiv den *Erwartungswert* für die Rendite der im Blickpunkt stehenden Mindestrendite zu ermitteln. Angenommen die langjährige durchschnittliche Verzinsung für 5-jährige Anleihen sei 4,22 Prozent. Schließlich muss noch die *Schwankung* der Renditen um diesen Erwartungswert geschätzt werden. Dazu bedienen Sie sich der Volatilität. In diesem Beispiel finden wir in der Börsen-Zeitung 6,4488 Prozent. Aus diesen Größen lässt sich die Ausfallwahrscheinlichkeit ermitteln. Die Wahrscheinlichkeit, mit der Sie nach Ablauf eines Jahres ein Anlageergebnis von weniger als 3,7 Prozent erzielen, liegt bei etwa 47 Prozent. Grafisch lässt sich das folgendermassen veranschaulichen:

[53] Vgl. Steiner, Bruns (2002), S. 64 sowie Zimmermann(1991), S. 171.

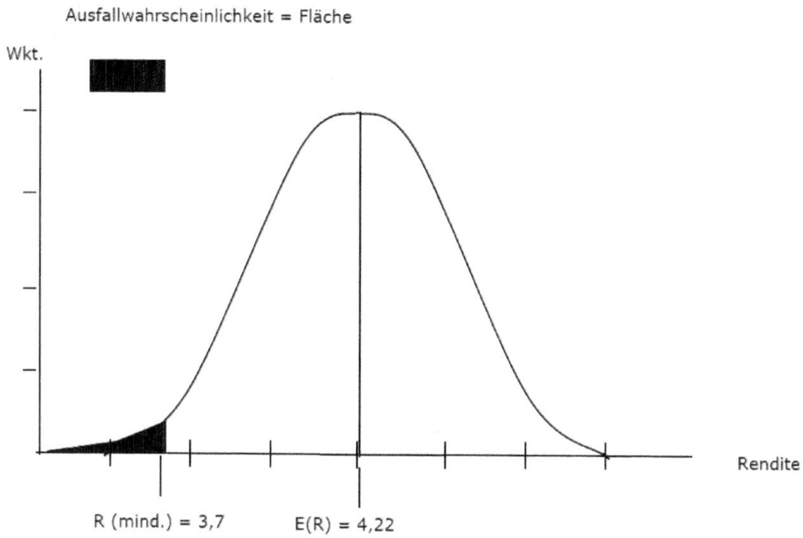

Abb. 39: Ausfallwahrscheinlichkeit (PD)

Natürlich interessiert es Sie, auf welchen Anteil oder welchen Betrag der Mindestrendite Sie verzichten müssen. Diese Information liefert uns die Ausfallwahrscheinlichkeit jedoch nicht. Dazu müssten Sie sich mit dem Konzept des value-at-risk im folgenden Kapitel vertraut machen.

3) Value-at-risk: Bestimmen Sie den maximal möglichen Verlust

Der Value-at-risk beantwortet die Frage nach dem maximal zu erwartenden Verlust eines Wertpapieres oder eines Depots, der unter normalen Marktbedingungen auftreten kann.

Damit ist der Value-at-risk genauso wie das Ausfallrisiko ein „downside risk"-Instrument. Denn es wird allein der Verlust und nicht die Chance betrachtet. Diese relativ neue Risikokennzahl ist aus der heutigen Wertpapierwelt nicht mehr wegzudenken.[54] Banken müssen beispielsweise mithilfe dieser Kennzahl das Risiko aller ihrer Assets bestimmen und gegenüber der Bundesbank und dem EZB melden.

Der Value-at-Risk-Ansatz eignet sich auch für das private Wertpapierdepot und ist nicht so schwer zu berechnen, wie es zunächst den Anschein hat. Gesucht ist die Wahrscheinlichkeit, mit der ein bestimmter Geldbetrag „flöten

[54] Das Konzept des Value-at-Risk wurde von J.P. Morgan erstmals angewendet und beschrieben.

geht". Insofern hat die X-Achse anders als beim Konzept der Ausfallwahrscheinlichkeit die Dimension „Geldeinheiten". Der Erwartungswert ist hier der erwartete mittlere Verlustbetrag.

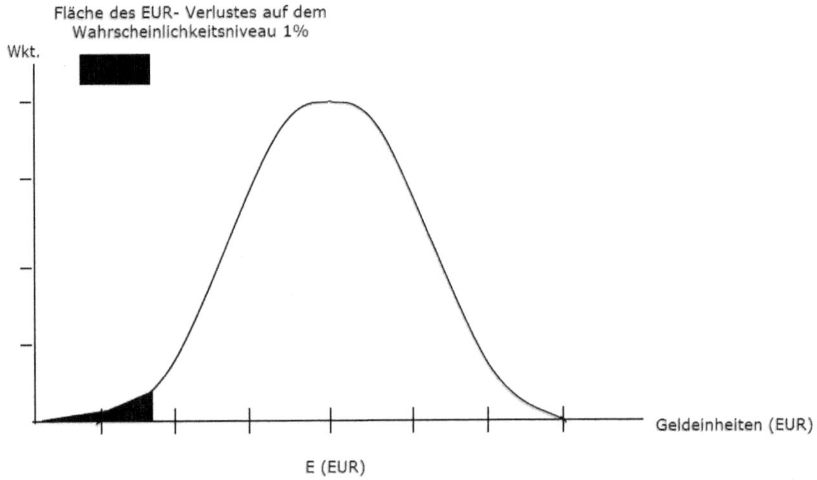

Abb. 40: Value at Risk

5.3.2 Ertragsanalyse für Portfolios: Prüfen Sie die risikoadjustierte Performance der Profis

Der Begriff „Performance" ist in den letzten Jahren zu einem arg strapazierten Zauberwort in Medien, Verkaufsbroschüren und Stammkneipen geworden. Jeder Anleger hat mit der Performance seiner Fonds, Renten, Aktien oder Optionsscheine geprahlt. Die meisten ohne zu wissen, wovon sie eigentlich reden. Erinnern Sie sich noch? Wir hatten Performance portfoliotheoretisch definiert als „risikoadjustierte Rendite". Es gibt jedoch keine gesetzliche Definition dieses Begriffes. Daher ist in Zeitschriften und Fernsehsendungen, leider aber auch in Rechenschaftsberichten, Verkaufsprospekten und Beratungsgesprächen eine uneinheitliche Verwendung festzustellen. Dazu gehört u.a. das Herausstellen der besten Fonds ohne Analyse der Unterschiede in der Anlagepolitik.
Es gibt überdies kaum Untersuchungen über die Konstanz der Anlagepolitik oder die statistische Signifikanz der Ergebnis-UnterschiedebeimPerformancevergleich. Damit ist leider auch die Gefahr des Missbrauchs durch die Finanzdienstleistungsindustrie gewachsen. Die beliebte Marketingmethode, einen Fonds auf Basis einer relativ kurzen Anlageperiode, in der er eine vergleichsweise gute Performance hatte, besonders herauszustellen, ist noch einer der harmloseren Tricks. Weitere werden Sie nachfolgend kennenlernen.

Empirische Untersuchungen zeigen eindrucksvoll, dass die Performance der Vergangenheit von privaten Anlegern zu 79 Prozent als wichtig oder sehr wichtig eingeschätzt wird.[55] Sie wird somit als Indikator für die zukünftige Wertentwicklung eines Fonds, eines Musterdepots oder eines Vermögensverwalters herangezogen – allzu leichtfertig, wie ich meine. Denn die Performance-Hitlisten allein sind kaum aussagekräftig, weil sie lediglich die kurz-, mittel- oder langfristige Rendite beurteilen, ohne danach zu fragen, welches Risiko der Portfoliomanager eingegangen ist, um diese zu erreichen. Insofern ist das Wort „risikoadjustiert" als Rendite unter der Berücksichtigung des dabei eingegangenen Risikos zu verstehen. Die Entscheidung für oder gegen einen Investmentfonds oder ein Modelldepot eines Vermögensverwalters ist daher auch eine extrem komplexe Angelegenheit, der wir ein späteres Kapitel gewidmet haben. Generell gilt: Bei der Anlageentscheidung sollten Sie solche Portfolios präferieren, die bei gleicher Rendite ein geringeres Risiko eingegangen sind oder solche, die bei gleichem von Ihnen akzeptierten Risiko zu einer höheren Rendite führen.

Die *Performanceanalyse* ist eines der wichtigsten Instrumente des modernen Bondmanagements. Sie besteht aus zwei Komponenten. Bei der *Performancemessung* wird die Rendite unter Berücksichtigung des eingegangenen Risikos bewertet. Die zweite wichtige Analysephase besteht in der *Performanceattribution*. Hier wird untersucht, ob der Portfoliomanager einfach nur Glück gehabt oder wirklich einen guten Job gemacht hat. Dazu wird etwa geprüft, welchen außerordentlichen Renditebeitrag Währungsentwicklungen geliefert haben und wie hoch der asset-allocation-determinierte Renditeanteil wirklich war.

1) Performancemessung: Königliche Wertentwicklung mit dem REX

Der Deutsche Rentenindex REX wird von der Deutschen Börse AG berechnet und ist ein Kursindex, der die durchschnittliche Kursentwicklung deutscher Bundesanleihen widerspiegelt. Er besteht aus 30 fiktiven, idealtypisch zusammengestellten Anleihen mit verschiedenen konstant gehaltenen Laufzeiten und Nominalzinssätzen.[56] Konstruiert wird der REX aus synthetischen Papieren mit ganzzahligen Laufzeiten von einem bis zu zehn Jahren und drei unterschiedlichen Nominalzinssätzen. Das Index-Gewicht jeder synthetischen Anleihe bestimmt sich anhand des Marktanteils korrespondierender realer Anleihen der zurückliegenden 25 Jahre. Die REX-Punktzahl entsteht, indem die gewichteten Kurse der einzelnen Anleihen addiert werden. Der Rex wird auch als Performanceindex REXP berechnet, wobei neben

[55] Vgl. Broschinski (1995), S. 651.
[56] Vgl. Beike, Schlütz (1999), S. 467 f.

den Kurs- auch Stückzinsveränderungen berücksichtigt werden. Somit umfasst der REXP auch Zinserlöse. Der REXP ist zu interpretieren als Wertentwicklung unter der Maßgabe, dass die Erträge des Portfolios stets reinvestiert worden wären und kein Geld abgeflossen wäre. Der REX leistet eine wertvolle Hilfe bei folgenden Aufgaben des Bondmanagements:[57]

a) Als Benchmark zur Begrenzung des zinsinduzierten Marktrisikos (Benchmarkfunktion)
b) Zum Aufzeigen der Markttendenz (Orientierungsfunktion)
c) Als Analyseinstrument bei der technischen Fixed Income Analyse (Prognosefunktion)
d) Als Basisobjekt für derivative Instrumente (daraus abgeleitet: Hedging)

Der REX dient fast jedem deutschen Rentenfonds als Benchmark. Um Zinserträge und die Wiederanlage von laufenden Zinszahlungen abzubilden, wird er jedoch meist als Performanceindex REXP zugrunde gelegt. In der Vergangenheit war dieser Maßstab für Rentenportfolios eine sehr große Hürde für die allermeisten Fondsmanager oder Vermögensverwalter. Sollten Sie wirklich einen Berater gefunden haben, der mit seinem Bonddepot den REXP über Jahre hinaus schlägt, halten Sie an diesem seltenen Exemplar unbedingt fest!

Die Markttendenz des deutschen Rentenmarktes wird neben dem REX auch anhand des Bund-Futures jeden Abend in der Tagesschau berichtet. Der Bund-Future ist ein Kontrakt an der Deutschen Terminbörse, der genau wie Schuldverschreibungen in Form eines Prozentwertes notiert. Dieser gibt den Kurs an, den der Käufer bei Fälligkeit des Kontraktes für eine öffentliche Anleihe zahlt, die einen Coupon von 6 Prozent aufweist und bei Fälligkeit des Futures eine Restlaufzeit zwischen 8,5 und 10 Jahren hat.

Darüber hinaus wird der REX im Rahmen professionellen Bondmanagements regelmäßig für die technische Analyse herangezogen, um zukünftige Kursentwicklungen zu prognostizieren. Vor allem Trendkanäle und gleitende Durchschnitte sollen helfen, das Zinsänderungsrisiko und damit fallende Kurse anhand von Charts zu antizipieren. Um diese zinsinduzierten Kursrisiken quantifizieren und kontrollieren zu können, greifen professionelle Portfoliomanager im Rahmen des Risikomanagement-Prozesses auf die bereits erläuterte Modified Duration zurück. Diese stellt die prozentuale Kursänderung eines Papieres dar, wenn sich die Rendite um 100 Basispunkte ändert. Wenn Sie das Kursrisiko Ihres eigenen Bondportfolios kontrollieren wollen, dann nutzen Sie diese Kennzahl und begrenzen das Kurs-

[57] Vgl. Eller (1995), S. 240.

risiko eines aktiven Managements dadurch, dass die Modified Duration Ihres Depots höchstens die MD eines repräsentativen Index wie des REXP erreichen darf.

Sie können darüber hinaus die sogenannte relative Volatilität Ihres Portfolios einfach berechnen, indem Sie die MD Ihres Depots durch die MD des REXP teilen:

RlV = MD P/MD REXP

Die relative Volatilität ist ähnlich zu interpretieren wie der Betafaktor bei Aktien. Er gibt an, welches Kursrisiko Ihr Depot im Vergleich zum Rentenmarkt, gemessen am REXP, hat. Eine relative Volatilität von 1 bedeutet, dass Sie das Risiko des Marktes genau nachgebildet haben. RVs größer (kleiner) als 1 weisen auf ein größeres (kleineres) Risiko hin.

2) Performance-Tricks: Lassen Sie sich nicht linken!

Dem interessierten Anleger begegnet jeden Tag aufs Neue Bankenwerbung, die ihm eine bestimmte Rendite eines Papieres, Zertifikates, Portfolios bzw. eines Fonds verspricht. Was wir mittlerweile gelernt haben, ist die Tatsache, dass die Begriffe Rendite, Performance und Wertentwicklung gesetzlich nicht ausreichend definiert sind. Banken dürfen Sie daher ohne Konsequenzen beliebig verwenden und selbst Fachmedien werfen sie oft achtlos durcheinander.

Damit Sie auf diese Tricks nicht hereinfallen, müssen Sie die Problembereiche kennen, die beim Vergleich verschiedener Performanceergebnisse von Portfolios auftreten können:

a) Nutzung unterschiedlicher Definitionen der Performance:Welche Rendite wird benutzt, wie wurde sie berechnet?Diskrete oder logarithmierte Renditen?
   - Handelt es sich um zeit- oder geldgewichtete Renditen?
   - Wurden Steuern, Inflation oder Transaktionskosten berücksichtigt?st die Rendite um das Risiko bereinigt?Liegen gleiche oder unterschiedliche Risikomaße vor?Wahl unterschiedlicher BenchmarksStandardisierte oder individuelle Benchmarks?Kurs- oder Performanceindex ?Werden gleiche Zeiträume verglichen?

c) Vergleich von Portfolios unterschiedlicher AnlagestrategienAktive oder passive Anlagestrategien?

d) Berechnung aufgrund unterschiedlicher DatenqualitätenMöglichst zeitgleiche Kursermittlung der zu vergleichenden Portfolios/BenchmarksMöglichst Verwendung der gleichen Datenquellen bei Portfolio und Benchmark

- Verwendung gleicher theoretischer Bewertungsmodelle bei nicht vorhandenen Marktwerten

Ein beliebtes „Schummelinstrument" von Fondsgesellschaften ist die geschickte Wahl eines günstigen Zeitraumes, um einen bestimmten Fonds besonders gut aussehen zu lassen. Fachleute nennen diesen Trick „Cherry Picking".

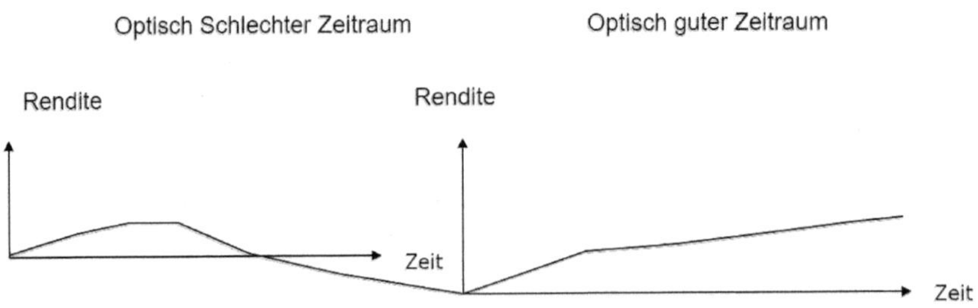

Abb. 41: Cherry-Picking bei Performancecharts

Wie man durch einfaches Austauschen der Benchmark einen Fonds in ein gutes Licht rücken kann, zeigt folgendes Beispiel:

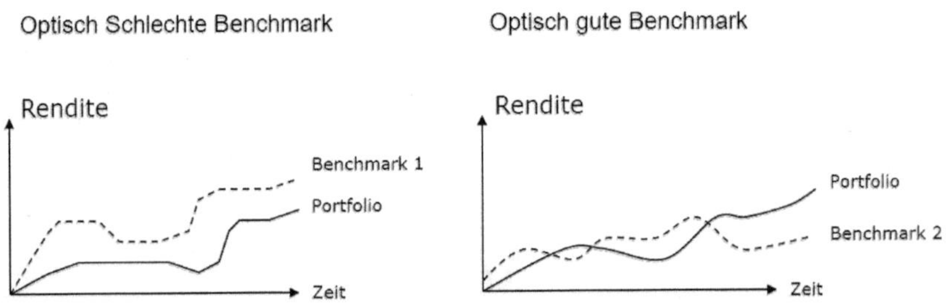

Abb. 42: Windowdressing durch optisch gute Benchmark

Auf einen in letzter Zeit häufig angewandten Performance-Präsentations-Trick möchte ich explizit hinweisen. Bei der Neuauflage von Investmentfonds hat dieses Portfolio natürlich noch gar keinen historischen Track Record, also keine Rendite-Erfolgsbilanz. Damit die Banken den Fonds verkaufen können, behilft man sich regelmäßig mit einem synthetischen Performanceverlauf, der mithilfe einer wie auch immer zusammengesetzten Benchmark (z.B. 20 % REXP + 80 % Smith-SalomonBarny US-T-BondIndex) die zukünftige Fondsanlage nachbilden soll. Dabei ist kritisch anzumerken, dass einmal natürlich Renditeergebnisse der Vergangenheit niemals in die Zukunft extrapolierbar sind. Zum Zweiten ist es überhaupt nicht gesagt, dass der Portfoliomanager diese Benchmark zukünftig überhaupt erreicht, geschweige denn in der Vergangenheit erreicht hätte, wenn es den Fonds bereits gegeben hätte. Mein Tipp: Finger weg von neuen Fonds.

Fazit:
Die Schwierigkeiten beim werblichen oder sachlichen Performancevergleich sind Analysten bereits seit vielen Jahren bekannt. In den USA haben sich daher die Analysten der AIMR (Association for Investment Management and Research) bereits 1987 auf Performance Presentation Standards geeinigt, die eine Vergleichbarkeit der Wertentwicklungsergebnisse gewährleisten und die obigen Tricks ausschalten sollen. Weite Teile dieser Regelungen wurden von der deutschen DVFA (Deutsche Vereinigung für Finanzanalyse und Assetmanagement) erst im Jahr 1999 übernommen. Dennoch gibt es keine Verpflichtung der Finanzintermediäre zur Einhaltung dieses Kodex und kaum Sanktionsmöglichkeiten bei einem Verstoß gegen dessen Regeln. Folglich exisieren auch weiterhin eine Reihe von Spielräumen, die Banken geschickt nutzen können. Daher gestaltet sich die Auswahl und Beurteilung eines Investmentfonds extrem schwierig und wird von den meisten Anlegern unterschätzt. Die Devise für den aufmerksamen Anleger lautet also: Augen auf beim Performancevergleich!

3) Tracking Error: Die Wunderwaffe beim Wertentwicklungsvergleich

Im Rahmen eines Portfoliomanagements wird regelmäßig das Ziel verfolgt, die Rendite eines vergleichbaren Portfolios bei etwa gleichem Risiko zu erreichen. Dieses nachzubildende Portfolio haben wir als Benchmark bereits kennengelernt. Die wichtigsten Benchmarks im deutschen Anleihenbereich sind neben dem REX und REXP der deutsche Pfandbriefindex PEX, bzw. PEXP. Der wohl wichtigste internationale Rentenindex ist der „Salomon Brothers World Government Bond Market Performance Index", welcher die Struktur des Marktes für Staatsanleihen in dem jeweiligen Land abbildet. Oft wird für internationale Staatsanleihen der ähnlich strukturierte „Merrill Lynch Global Government Bond Index" herangezogen.

Beim passiven Bondmanagement wird ein Portfolio nachgebildet, das den Eigenschaften der vorher definierten Benchmark entspricht (Indextracking[58]). Der Tracking Error ist nun das Risiko, die Rendite dieser vorgegebenen Benchmark zu verfehlen.[59] Er ist das zentrale Maß des passiven oder indexorientierten Bondmanagements und wird berechnet als Volatilität der Zeitreihe der Renditedifferenzen zwischen Portfolio und Benchmark:

$$TE_{PF}^{hist.} = \sigma(r_{PF} - r_{BM})$$

[58] Vgl. Loistl (1992), S. 528.
[59] Vgl. Collins, Fabozzi (1990), S. 175.

Wegen der Unteilbarkeit von einzelnen Anleihen und der gleichzeitigen synthetischen Indexberechnung mit einigen Nachkommastellen nimmt der Tracking Error mit zunehmender Anzahl von Positionen im Portfolio zu.[60] Wie immer wird das Risiko, in diesem Fall das Risiko, eine Benchmark zu verfehlen, sowohl negativ als auch positiv gemessen.

Sie sollten wissen, dass es praktisch unmöglich ist, den Tracking Error auf Null zu reduzieren. Dazu müsste man mit dem eigenen Portfolio eine exakte Nachbildung des Benchmark-Depots anstreben. Dieses Vorhaben scheitert jedoch bereits an der Ganzzahligkeit der Anleihen oder Aktien, sowie an den dafür notwendigen großen Anlagevolumina. Außerdem gibt es bei Investmentfonds in Deutschland Vorschriften aus dem KAGG, die eine exakte Indexnachbildung verhindern, weil das hohe Gewicht von einzelnen Anleihen oder Aktien im Index zu einer geringen Risikostreuung in einem Fonds führen würde. Daher ist es durchaus empfehlenswert, einen geringen Tracking Error zu akzeptieren oder ein Indexzertifikat zu erwerben, das die Benchmark auch in Bruchteilen immer 1:1 darstellen kann.

4) Performance-Attribution: Glück oder Können?

Selbst wenn Sie die Performancemessung nach den vorangegangenen Grundsätzen vornehmen, wissen Sie immer noch nicht, ob Ihr Portfolio-Manager wirklich eine gute Leistung gebracht hat oder ob die Wertentwicklung nicht einfach zufällig zustande gekommen ist. Im ersten Fall sollten Sie das vereinbarte Honrorar oder die Verwaltungsvergütung zahlen, weil er sein Geld wirklich verdient hat. Im anderen Fall sollten Sie ihn spätestestens nach dem zweiten „Glücksjahr" austauschen.

Bei der *Performance-Attribution* wird die Management-Qualität von Portfolio-Managern mithilfe verschiedener Instrumente untersucht.[61] Im Mittelpunkt steht dabei die Frage, welche Komponenten der Performance auf gute Prognosefähigkeiten (Können) zurückzuführen sind und welche Anteile einfach glücklich zustande gekommen sind.[62] Man kann mithilfe statistischer Verfahren sogar herausfinden, ob überdurchschnittliche Wertpapierselektionsfähigkeiten *(Selektivität)* oder eine gute zeitliche Einschätzung der Gesamtmarktentwicklung *(Timing)* für den Erfolg verantwortlich waren.[63]

Die Selektionsfähigkeit von Fondsmanagern führt zur systematisch erfolgreichen Auswahl einzelner unterbewerteter Titel. Dabei werden solche Portfolio-Manager einen inhaltlichen Informationsvorsprung besitzen, die

---

[60] Vgl. Steiner, Bruns (2002), S. 74.

[61] Vgl. zur Performance-Attribution Wittrock (1995) .

[62] Vgl. Fama (1972), S. 551 ff.

[63] Vgl. Steiner, Bruns (2002), S. 616 f.

aufgrund von Wertpapieranalyse die Marktdaten besser als ihre Mitbewerber ausgewertet haben. Ein zweiter Grund für eine ausgezeichnete Selektionsfähigkeit ist ein zeitlicher Informationsvorsprung, weil der Fondsmanager kursrelevante Informationen vor seinen Konkurrenten erhält oder schneller handelt.

Besitzt ein Portfoliomanager Timingqualitäten, ist er systematisch in der Lage, die Gesamtmarktentwicklung zuverlässig einzuschätzen und danach zu handeln. In einem abwärtsgerichteten Aktienmarkt wird er beispielsweise rechtzeitig den Portfolioanteil von Aktien nach unten fahren und den Anleihen- und Cashanteil erhöhen. Liegen Timing-Qualitäten vor, sollte es möglich sein, die Benchmark jeweils outzuperformen, denn diese ist zu jedem Zeitpunkt voll investiert.[64]

In einigen Fällen ist es bereits anhand grafischer Analyse der Wertentwicklungscharts möglich zu erkennen, ob ein Manager sein Glück oder sein Können eingesetzt hat. In der nachfolgenden Grafik sehen Sie, dass im ersten Beispiel die Rendite kontinuierlich oberhalb der Benchmark verläuft, ohne sie jemals zu schneiden. In diesen Fällen spricht man von zeitpunktunabhängiger Outperformance. Darüber hinaus verläuft die Performance-Kurve im ersten Beispiel deutlich stetiger als im zweiten Beispiel. Keine Frage, hier ist ein geschickter Fondsmanager am Werk.

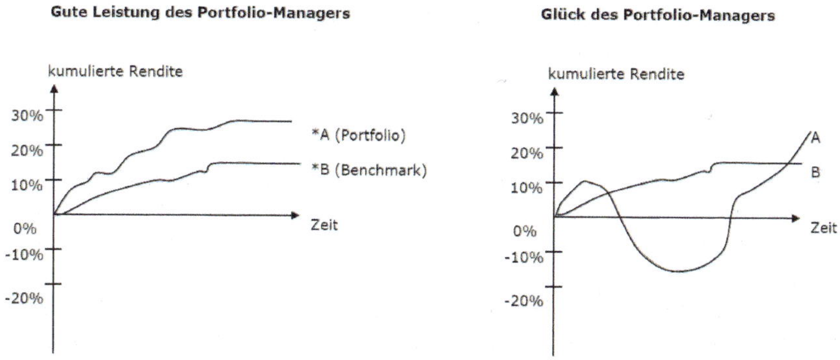

Abb. 43: Performance Attribution

Mithilfe umfangreicher statistischer Instrumente hat es bereits sehr viele empirische Untersuchungen gegeben, die überprüfen sollten, ob die Quelle einer Outperformance Zufall oder Können war.[65] Ohne auf die Analysen im Detail einzugehen, lassen sich daraus jedoch zwei grundsätzliche Aussagen ableiten, die Sie sich merken sollten:

[64] Vgl. Steiner, Bruns (2002), S. 617.
[65] Vgl. Lerbinger (1984), S. 60 ff.; Steiner, Wittrock (1994), S. 593 ff.

a) Eine Outperformance im Vergleich zu einer adäquaten Benchmark ist sehr schwer möglich.[66]
b) Outperformance eines Anleihenportfolios ist noch unwahrscheinlicher als Outperformance mit einem Aktienportfolio.

Beide Aussagen deuten darauf hin, dass die Wertpapiermärkte und insbesondere der Bondmarkt hoch effizient sind. Für die Praxis lernen wir daraus, dass dauerhafte Outperformance eines Investmentfonds nicht möglich ist und es entscheidend auf das Können des Portfolio-Managers ankommt. Bei der Auswahl eines Fonds gilt es daher, eher auf die Konstanz der Personen im Fondsmanagement als auf das Anlageuniversum des Fonds zu achten. Aber Vorsicht: In der jüngsten Vergangenheit wurden Manager mit eindrucksvollen aber sehr kurzen Erfolgshistorien von den Medien hochgejubelt und nach dem Platzen einer-Blase sehr schnell fallengelassen. Alle kapitalmarkttheoretischen Untersuchungen weisen aber darauf hin, dass man mindestens zehn, besser 15 Jahre Outperformance benötigt, um einem Fondsmanager mit hoher Zuverlässigkeit Selektivitäts- oder Timingfähigkeiten zu bescheinigen.[67] Wenn Sie diese Aussagen bei Ihrer Fondsauswahl beachten, wird sie plötzlich ziemlich einfach, denn die Anzahl von Fonds, die bereits über so lange Zeiträume existieren und eine stetige Outperformance liefern, dürfte an einer Hand abzuzählen sein. Welche das im Rentenbereich sind, sehen wir im späteren Fondskapitel.

5) Performance-Messung unter Berücksichtigung des Risikos: Der Königsweg

Wir hatten Performance als „Wertentwicklung unter Berücksichtigung des Risikos" definiert. Aber was bedeutet das genau? Stellen wir uns einen konservativen Anleger F vor, der sich überlegt, einen Investmentfonds zu zeichnen. Er nimmt sich eine „Rennliste", also einen Performancevergleich in einer Börsenzeitschrift oder im Internet, und entdeckt, dass der in Betracht gezogene Fonds A mit 30 Prozent Wertentwicklung in den letzten drei Jahren eine deutlich bessere Performance hatte als der Fonds B aus derselben Anlagekategorie, der es gerade mal auf 20 Prozent brachte. Wenn unser Anleger F nun einseitig auf der Basis dieses Ergebnisvergleiches zum Telefon greift und den Fonds A ordert, begeht er einen Fehler. Warum? Er hat vergessen zu prüfen, unter welchen *Schwankungen* die Wertentwicklung zustande gekommen ist:

[66] Vgl. Steiner, Bruns (2002), S. 619.
[67] Vgl. Brealy (1990), S. 9; Zimmermann (1991), S. 179f.; Ferguson (1986), S. 8.

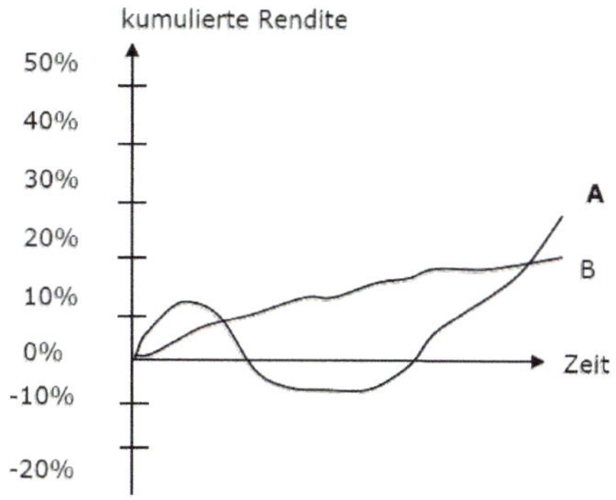

Abb 44: Performance bei unterschiedlicher Schwankungsstärke

Wenn wir uns den Chart ansehen, fällt auf, dass die Rendite des Portfolios A unter erheblichen Schwankungen, also höherer Volatilität, erzielt wurde. Wir wissen, je niedriger die Volatilität, desto geringer ist auch das Risiko eines Portfolios. Unser konservativer Anleger F möchte aber lieber ruhig schlafen, ordert den Fonds B und verzichtet bewusst auf zehn Prozentpunkte Rendite zugunsten eines geringeren Risikos.

Die Entscheidung des Anlegers F mag nun für Sie nachvollziehbar sein. Die Kapitalmarktprofis unter Ihnen fragen jedoch zu Recht, ob diese Wahl wirklich so gut war. Denn verzichtet F nicht eigentlich auf „zuviel" Rendite im Vergleich zu dem geringeren Risiko? Oder anders ausgedrückt: Ist der Fonds B dem Fonds A wirklich überlegen, was das Verhältnis von erzielbarer Rendite zu eingegangenem Risiko angeht? Diese Frage lässt sich rein grafisch nicht mehr beantworten, erst recht nicht, wenn Sie eine Rangfolge von mehr als zwei Portfolios bestimmen wollen.

Eine Lösungsmöglichkeit ist die *Sharpe Ratio*,[68] ein Performancemaß, das die erzielte Überschussrendite r (PF) (im Vergleich zu einer risikolosen Verzinsung r(f)) ins Verhältnis zum übernommenen Risiko setzt:

$$SR_{PF} = \frac{r_{PF} - r_f}{\sigma_{PF}}$$

Der Nobelpreisträger Sharpe hat mit dieser Kennzahl die Größen „Rendite" und „Risiko" ins Verhältnis gesetzt. Sie misst die Risikoprämie, die pro Einheit des übernommenen Gesamtrisikos erzielt wird. Ziel ist natürlich, eine möglichst hohe Überschussrendite zu erhalten. Insofern sind Portfolios mit hoher Sharpe Ratio solchen mit geringerer vorzuziehen. Je größer SR also

[68] Vgl. Sharpe (1966), S. 119 ff.

ist, desto besser. Mithilfe der Sharpe Ratio können Sie nun eine Rangfolge der betrachteten Fonds bilden.

Die Sharpe Ratio ist für (Dach-)Fondsmanager und Vermögensverwalter mittlerweile zu einer zentralen Kennzahl geworden. Beschaffen kann man sie über spezialisierte Rating Agenturen wie Morning Star, Standard and Poors und Feri Trust. Natürlich nur gegen harte Währung...

Noch schwieriger wird die Auswahlentscheidung, wenn Sie neben einem Portfolio noch weitere Vermögensanlagen halten. Dann ist nicht das Gesamtrisiko des Portfolios entscheidungsrelevant, sondern das systematische Risiko des zu beurteilenden Portfolios.[69] Denn gemäß der Kapitalmarkttheorie sollte jedes gehaltene Portfolio ohnehin so gut diversifiziert sein, dass das unsystematische Risiko bereits eliminiert ist. Diesen Ansatz verfolgt das *Treynor-Maß*, welches als relative Volatilität in Bezug zu einem Vergleichsindex interpretiert werden kann.[70] Dieser Vergleichindex ist das allgemeine Marktportfolio, hergeleitet aus dem Capital Asset Pricing Modell (CAPM).[71] Damit ist es wie die SR ebenfalls eine relative Kennzahl der Performancemessung. Die Unterscheidung im Vergleich zur Sharpe Ratio liegt darin, dass Treynor ein anderes Risikomaß, nämlich das Beta aus dem CAPM-Modell, wählt. Als Marktportfolio nimmt man in der Praxis die Indizes wie DAX und REX.

$$TR_{PF} = \frac{r_{PF} - r_f}{\beta_{PF}}$$

mit:
TR_{PF} = Treynor-Ratio des Portfolios
r_{PF} = Portfoliorendite
r_F = Zinssatz fór risikolose Anlagen
β_{PF} = Beta-Faktor des Portfolios

Das Treynor-Maß gibt an, wie hoch die Überschussrendite pro Einheit des übernommenen systematischen Risikos ist. Analog zu Sharpe ist die jeweils erzielte Performance von Portfolios höher zu bewerten, je größer der TR-Wert ist. Daraus kann ebenfalls ein risikoadjustiertes Rendite-Ranking von Fonds entwickelt werden. Bei der Auswahlentscheidung ist derjenige Fonds mit der höchsten Treynor-Ratio vorzuziehen. Es empfiehlt sich die Treynor-Ratio insbesondere dann heranzuziehen, wenn ein Sharpe-Ratio-Vergleich keine signifikanten Ergebnisse gebracht hat.

[69] Vgl. Steiner, Bruns (2002), S. 607.
[70] Vgl. Trynor (1965), S. 63 ff.
[71] Zum CAPM-Modell vgl. Brealy, Myers (????????)

Ein alternativer Weg der risikoadjustierten Performance-Messung wird mit *Jensens-Alpha* beschritten.[72] Anders als bei Sharpe und Treynor erlaubt Jensen jedoch kein Ranking von Portfolios, weil diese nach seinem Ansatz mit einem unterschiedlichen systematischen Risiko ausgestattet sein können.

Jensens-Alpha ist vielmehr ein absolutes Performance-Maß, das eine Aussage darüber macht, ob ein im Fokus stehendes Portfolio besser performt als die betrachtete Benchmark.[73]

Ohne auf die mathematisch zugrunde liegenden Konzepte einzugehen, weise ich an dieser Stelle darauf hin, dass unser Alpha ein ausgesprochen unangenehmes Instrument für Portfoliomanager ist. Es kann nämlich als Maßstab für dessen Selektionsfähigkeit (Selektivität) angesehen werden. Ein signifikant positives Alpha deutet etwa auf ausgesprochen überdurchschnittliche Auswahlfähigkeiten des Fondsmanagers hin.[74]

[72] Vgl. Jensen (1968), S. 389 ff.
[73] Vgl. Steiner, Bruns (2002), S. 612.
[74] Vgl. Steiner, Bruns (2002), S. 616.

5.4 Hedging: So schützen Sie Ihr Anleihendepot vor Verlusten

Der häufig zitierte Begriff der „Finanzinnovationen" wurde von mir ja bereits ausführlich kritisiert. Wenn schon Indexzertifikate, die es seit mehr als zehn Jahren in Deutschland gibt, als solche bezeichnet werden, wie soll man dann Optionsscheine auf Aktien des neuen Marktes oder EUREX-Futures nennen?

Einem Buch über Bondmanagement steht es nicht zu, sich über alle Finanzinnovationen en detail auszulassen. Es gilt, sich vielmehr auf die besonders relevanten zu beschränken, mit denen sich Ihr Wertpapierdepot gegen Verluste absichern lässt. Optionen, Optionsscheine und Futures gehören zweifelsohne dazu.

Alle drei Alternativen gehören zu der Kategorie der Termingeschäfte. Diese sind dadurch gekennzeichnet, dass im Gegensatz zu Kassageschäften der Zeitpunkt des Vertragsabschlusses und der Zeitpunkt der Vertragserfüllung auseinanderfallen. Nachfolgend werden wir zunächst die unterschiedliche Funktionsweise dieser drei Formen der Termingeschäfte erklären, um dann anschließend das Hedging von Anleihendepots verstehen zu können. In der Regel werden wir die Termingeschäfte zunächst am Beispiel von Aktien beschreiben, weil das gegenläufige Verhalten von Anleihekursen und Zinsen zu einer hohen Komplexität führt.

Zur Motivation für eine Beschäftigung mit dieser anspruchsvollen Materie möchte ich vorweg betonen, dass die Absicherung eines Wertpapierdepots keine Hexerei ist und auch nicht nur institutionellen Anlegern wie Fonds, Pensionskassen, Versicherungen oder dem Eigenhandel von Banken offen steht. Wenn man die grundlegenden Mechanismen verstanden hat, bieten sich gerade auch für die begrenzten Mittel eines Privatanlegers praktikable Möglichkeiten, sich mit Termingeschäften vor Verlusten zu schützen.

5.4.1 Optionen: nichts für Spekulanten

Im Gegensatz zu Kassageschäften, bei denen die Erfüllung unmittelbar nach Abschluss erfolgt, werden Termingeschäfte zu einem späteren Zeitpunkt erfüllt. Grundsätzlich unterscheidet man bedingte Termingeschäfte (Optionen) und unbedingte Termingeschäfte (individuelle Forwards und standardisierte Futures).

Optionsgeschäfte gelten gemeinhin als spekulativ. Dieses weitverbreitete Vorurteil beruht einfach auf mangelhaften Kenntnissen. Denn sämtliche am

Finanzdienstleistungsprozess Beteiligten von den Bankern über die Steuerberater bis hin zu den Finanzbeamten tun sich bereits schwer, *Optionen* und *Optionsscheine* zu unterscheiden. Deshalb sehen wir uns diese zunächst einmal näher an, bevor wir zu den konservativen Optionsstrategien kommen.

Bereits vor zwölf Jahren wurde mit der Deutschen Terminbörse der Vorläufer der heutigen Terminbörse EUREX[75] gegründet. An dieser Terminbörse werden nicht Optionsscheine, sondern Optionen gehandelt. Also keine Wertpapiere, sondern standardisierte, nicht verbriefte Termin-Kontrakte. Das sind bestimmte verbindliche Vereinbarungen zwischen Käufern und Verkäufern. Ein solcher EUREX-Kontrakt besteht in der Regel aus mindestens 50 Aktien eines Unternehmens. Die kann der Käufer nach Entrichtung einer Prämie innerhalb der vereinbarten Frist zu einem vorab festgesetzten Preis erwerben. Der Verkäufer der Option verpflichtet sich, die Aktien zu diesen Bedingungen zu liefern. Dafür darf er die Optionsprämie einstreichen.

Das primäre Ziel des Optionsgeschäftes ist es allerdings *nicht*, die Aktien auch tatsächlich zu liefern oder zu beziehen. Vielmehr wird je nach Marktentwicklung angestrebt, entweder die eigenen Erträge zu optimieren oder Verluste zu minimieren. Wenn das kein konservatives Ziel ist!

Als Aktionär haben Sie nur zwei Möglichkeiten. Entweder in Erwartung steigender Kurse Aktien zu kaufen oder bei voraussichtlich sinkenden Kursen zu verkaufen. Am Optionsmarkt können Sie aber sowohl bei steigenden als auch bei fallenden Aktienkursen profitieren, und das bei wesentlich geringerem Kapitaleinsatz. Daraus ergibt sich ein interessanter Hebeleffekt, weil sich der Preis der Option relativ stärker verändert als der Preis der zugrunde liegenden Aktie.

Grundsätzlich gibt es zwei Arten von Optionen: Calls (Kaufoptionen) und Puts (Verkaufoptionen). Jede Option kann man sowohl kaufen als auch verkaufen. Daraus ergeben sich die *vier Grundstrategien*:

- Der Käufer eines Calls *(Long Call)* erwirbt das Recht, aber nicht die Pflicht, eine bestimmte Menge des zugrunde liegenden Basiswertes innerhalb einer bestimmten Zeitspanne (amerikanische Option) oder zu einem bestimmten Termin (europäische Option) zu einem bestimmten Preis (Basispreis) abzurufen. Dafür bezahlt der Käufer eine Prämie (Optionspreis).

- Der Verkäufer eines Calls *(Short Call)* hat die Pflicht, eine bestimmte Menge des Basiswertes innerhalb einer bestimmten Zeitspanne oder

[75] www.eurexchange.com

zu einem bestimmten Termin abzugeben, wenn dieses der Käufer des Calls fordert. Dafür erhält der Verkäufer eine Prämie.

- Der Käufer eines Puts *(Long Put)* erwirbt das Recht, aber nicht die Pflicht, eine bestimmte Menge des zugrunde liegenden Basiswertes innerhalb eines bestimmten Zeitraumes oder zu einem bestimmten Termin zu einem bestimmten Preis abzugeben. Dafür bezahlt er eine Prämie.

- Der Verkäufer eines Puts *(Short Put)* hat die Pflicht, eine bestimmte Menge eines bestimmten Basiswertes innerhalb einer bestimmten Zeitspanne oder zu einem bestimmten Termin zu einem bestimmten Preis abzunehmen. Dafür erhält der Verkäufer eine Prämie.

Der Preis von Optionen wird im Wesentlichen von fünf Faktoren beeinflusst: Basiswertkurs, Basispreis, Laufzeit, Volatilität, Zinsniveau.

Mit diesen Instrumenten kann ein Anleger am Optionsmarkt mit geringerem Kapitaleinsatz als direkt am Aktienmarkt den gleichen Anlageerfolg wie am Kassamarkt erzielen oder mit demselben Einsatz einen höheren Gewinn erreichen.

Alternativ kann der Optionsinhaber bei begrenztem Risiko von Kursbewegungen profitieren. In diesem Fall ist sein Verlust auf die gezahlte Optionsprämie plus Bank- und Terminbörsenspesen begrenzt.

Verläuft der Kurs des zugrunde liegenden Basiswertes wie der Optionsinhaber es erwartet hat, wird er die Option vor dem Verfalltag ausüben. Das geschieht, indem sie durch ein entsprechendes Gegengeschäft aufgelöst wird.

Grundsätzlich gilt also:

- Der Optionskäufer hat ein begrenztes Verlustpotenzial und ein unbegrenztes Gewinnpotenzial.
- Der Optionsverkäufer hat ein unbegrenztes Verlustpotenzial und ein begrenztes Gewinnpotenzial.
- Der Käufer eines Calls rechnet mit einem steigenden Kurs seines Basiswertes innerhalb der Laufzeit seiner Option (Long Call).
- Der Verkäufer eines Calls rechnet mit einem fallenden, stagnierenden oder nur leicht steigenden Kurs des Basiswertes (Short Call).
- Der Käufer eines Puts rechnet mit einem fallenden Kurs seines Basiswertes (Long Put).
- Der Verkäufer eines Puts rechnet mit einem steigenden, stagnierenden oder nur leicht absinkenden Kurs des Basiswertes (Short Put).

Bei Aktienpositionen, die Sie unbedingt halten möchten, bei denen Sie aber mit kurzfristig fallenden Kursen rechnen, können Sie Ihre bestehende Position durch den Kauf von Puts *absichern*. Diese einfache Transaktion nennt man *Hedging*. Dabei fallen sogar geringere Bankspesen an als bei einem Verkauf und späteren Rückkauf der Aktien.

Bei Aktienbeständen mit geringen Kursgewinnerwartungen können Sie durch einen Verkauf von Calls mit einem Basispreis über dem aktuellen Marktpreis eine Renditeverbesserung erzielen, man spricht dann von *Covered Call Writing*. Dabei wird der Basispreis so weit entfernt vom aktuellen Kurs gewählt, dass er mit sehr geringer Wahrscheinlichkeit ausgeübt wird. Die Optionsprämie kann dann auch bei langweiligen Standardaktien für eine attraktive Zusatzrendite sorgen. Im schlimmsten Fall muss der Optionsinhaber seine Aktien aus dem Depot liefern. Dadurch, dass man den Preis, den man mit der Aktienlieferung verdiente, vorher kannte und es sich hier oft um Werte mit wenig Phantasie handelt, kann man mit einer Ausübung durchaus leben.

Achtung: Als Bankkunde müssen Sie nicht nur den Bogen zum Wertpapierhandelsgesetz ausgefüllen, sondern auch termingeschäftsfähig sein. Dazu müssen Sie über ein bestimmtes liquides Vermögen verfügen, das teilweise als Sicherheit *(Margin)* hinterlegt werden muss, um jederzeit eine eventuelle Nachschusspflicht gewährleisten zu können. Insofern eignen sich EUREX-Optionen nur für bonitätsmäßig etablierte Anleger.

Die *Besteuerung* von Termingeschäften hat sich mit der Einführung der Abgeltungssteuer tiefgreifend geändert. Während sie früher als Differenzgeschäfte eingestuft und damit steuerfrei waren, fallen sie nun explizit unter die Besteuerung als privater Kapitalerträge mit 25% Abgeltungssteuer auf die erzielten Erträge.

Aus meiner Sicht gehören Optionen nicht in die Finger von Spekulanten. Zwar benötigt man Letztere unbedingt, um einen funktionierenden und liquiden Terminmarkt zu gewährleisten. Der Sinn von Optionsgeschäften besteht aber vielmehr in den zuvor beschriebenen konservativen Anlagestrategien. So halte ich den Einsatz von Optionen zur Absicherung bei großen Depots für die Pflicht eines jeden Vermögensverwalters. Prüfen Sie, ob dieser die Qualifikation der EUREX-Prüfung besitzt. Sie ist nicht nur ein Zugangs-, sondern auch ein Gütekriterium für den Verwalter oder Bankberater. Aufgrund bestimmter Mindestlosgrößen pro EUREX-Kontrakt sollte Ihr Depotvolumen sinnvollerweise jenseits der 500.000 Euro liegen.

5.4.2 Optionsscheine: Va banque mit Warrants

Optionsscheine sind im Gegensatz zu den EUREX-Optionen *verbriefte* Termingeschäfte, bei denen der Käufer berechtigt, aber nicht verpflichtet ist, gegen Zahlung einer Prämie einen Basiswert (Aktien, Anleihen, Indizes etc.) zu einem vorher festgelegten Basispreis innerhalb eines bestimmten Zeitraumes oder zu einem Zeitpunkt zu kaufen (Call Option) oder zu verkaufen (Put Option).

Bei den Optionsscheinen, man spricht auch fachchinesisch von *Covered Warrants*, ist es also nicht möglich, einen Call oder einen Put zu verkaufen. Short zu gehen, ist also anders als bei Optionskontrakten nicht möglich. Optionsscheine werden auch nicht an der EUREX, sondern an der Börse und außerbörslich gehandelt. Die Emissionsbanken pflegen die Kurse. Sie verdienen ähnlich wie bei Indexzertifikaten am Spread zwischen Geld- und Briefkurs – und der ist oftmals höher als 1 Prozent. Anders als viele Anleger glauben, wetten sie nicht gegen die Bank, denn diese ist gegen die Kursbewegungen des zugrunde liegenden Basiswertes vollkommen abgesichert. Sie interessiert sich wirklich nur für die Spanne, welche sie verdient. Damit gewinnt sie in jedem Falle! Daher ist diese Marge für Emissionsbanken ein prima Geschäft.

In der Tat sind überproportionale Kurssteigerungen in kurzer Zeit möglich, allerdings auch entsprechende Talfahrten. Mit Optionsscheinen haben sich bereits viele Zocker ruiniert. Wenn man schon unbedingt spekulieren muss, dann sollte man zu EUREX-Optionen greifen, weil dort die *Marktliquidität* deutlich höher ist. Das bedeutet: Im Falle eines dringenden Ausstieges, sei es aus Gründen der Verlustminimierung oder aus Gewinnrealisierung, finden Sie an der EUREX in Sekundenschnelle einen Abnehmer. Der Markt für Optionsscheine ist deutlich ineffizienter. Klar, dass bei x-tausend Scheinen nicht von jedem einzelnen Schein ausreichend Stücke an der Börse umgehen. Daher sind Sie in den meisten Fällen den kursstellenden Handelsabteilungen der Emissionshäuser hilflos ausgeliefert. Plötzlich werden die Spreads größer oder keine fairen Kurse mehr gestellt. Oft genau dann, wenn man drauf angewiesen ist. Hier hat es zu Lasten der Anleger bereits sehr viel Ärger gegeben. Auch vor Gericht.

Mit Warrants gehen Sie eigentlich nur eine Wette mit kleinem Einsatz ein. Wenn Ihre Erwartungen hinsichtlich der Wertentwicklung eines bestimmten Basiswertes, einer Aktie etwa, innerhalb einer bestimmten Laufzeit eintreffen, dann kassieren Sie ab. Meistens jedenfalls. Denn selbst, wenn Sie in Ihren Prophezeiungen Recht hatten und sich die Aktie genauso positiv bewegt, wie Sie es mit dem Kauf eines Calls vorweggenommen haben, kann es sein, dass sich Ihr Optionspreis eben *nicht* in die gewünschte positive Richtung bewegt. Woran liegt das?

Genau wie bei den EUREX-Optionen bestimmen neben den Determinanten des Basiswertes selbst auch nicht sichtbare Faktoren, namentlich die *implizite Volatilität und der Zeitwertverlust*, den Optionskurs. Wenn aber die implizite Volatilität deutlich sinkt, kann der Optionspreis auch fallen, wenn Sie mit Ihren Erwartungen hinsichtlich des Basiswertes vollkommen richtig gelegen haben. Viele Anleger und auch einige Heavy-Trader verstehen dann die Welt nicht mehr, rufen bei Discount-Brokern und Emissionshäusern an. Während sie lamentieren und hoffen, statt zu reagieren, kommt der für Optionen typische und immer negative Zeitverlust hinzu. Der Optionskurs fällt noch stärker.

Die Volatilität, also die erwartete Schwankungsbreite des Basiswertes, kann als zukünftiger Wert von allen Marktteilnehmern nur geschätzt werden. Deshalb haben auch die Emittentenbanken einen guten Grund den Spread in bestimmten Situationen zu vergrößern. Ob die Volatilität dabei nur eine willkommene Ausrede ist oder nicht, dürfte schwer zu beweisen sein.

Folglich trägt der Optionsscheinkäufer neben dem erheblichen durch Hebelwirkung potenzierten *Marktrisiko* auch das Risiko *mangelnder Transparenz und geringer Liquidität* des Optionsscheinhandels selbst.

Aus *steuerlicher Sicht* sind bei diesen Warrants realisierte Kursgewinne mit 25% Abgeltungssteuer zu versteuern.

5.4.3 Futures, Zinsfutures und Bund-Futures

Anders als Optionen, die zu den bedingten Termingeschäften zählen, sind Futures *unbedingte Termingeschäfte*, bei denen sich der Verkäufer eines Kontraktes *verpflichtet*,[76]

- eine bestimmte Menge (Kontraktgröße) eines Objektes (Underlying)
- zu einem bestimmten Zeitpunkt in der Zukunft (Fälligkeitszeitpunkt)
- zu einem bei Vertragsabschluss festgelegten Preis (Terminpreis)

zu liefern.

Der Käufer ist verpflichtet,

- zum Fälligkeitszeitpunkt
- den Terminpreis zu zahlen und
- das gesamte Underlying abzunehmen.

---

[76] Vgl. hierzu und im folgenden Beike, Schlütz (1999), S. 516 f.

Als Bondfan interessieren Sie sich im Grunde nur für wenige Underlyings, die unter dem Begriff *Zinsfutures* im allgemeinen Sprachgebrauch zusammengefasst werden. Hierbei handelt es sich um Futures, denen *fiktive Anleihen*, Rentenindizes, Geldmarktpapiere oder Termingeld zugrunde liegen.

Warum *fiktiv*, werden Sie fragen. Nun, wenn Sie einen Future auf eine reale Anleihe kaufen oder verkaufen würden, nimmt ja die Restlaufzeit von Jahr zu Jahr ab. Beispielsweise ist eine zehnjährige Bundanleihe in fünf Jahren eben nur noch ein fünfjähriges Papier. Zum Fälligkeitszeitpunkt könnten Sie dem Käufer des Futures also gar nicht die zehnjährige Anleihe des Ursprungskontraktes liefern, sondern lediglich eine Anleihe mit entsprechend abgeschmolzener Restlaufzeit. Daher müsste eine Terminbörse, die einen Future auf die oben genannte zehnjährige Bundesanleihe einführt, das Papier immer wieder durch eine neue zehnjährige Anleihe ersetzen. Nur so ist gewährleistet, dass dem Future in jeder zukünftigen Periode auch weiterhin eine zehnjährige Restlaufzeit zugrunde liegt.

Die Alternative, die auch die EUREX gewählt hat, liegt in der Konstruktion einer fiktiven Anleihe. Die Marktteilnehmer haben dann die Möglichkeit, eine Anleihe auf Termin zu handeln, die bei Fälligkeit des Futures exakt eine Restlaufzeit von zehn Jahren aufweist. Der Käufer verpflichtet sich, bei Fälligkeit des Kontraktes auf die fiktive Anleihe den Future-Kurs zu zahlen, während der Verkäufer des Futures bei Fälligkeit die fiktive, idealtypische Anleihe liefern muss. Weil es aber unwahrscheinlich ist, dass der Verkäufer diese Anleihe mit idealtypischer Ausstattung am Markt findet, grenzt die Terminbörse die Restlaufzeit der fiktiven Anleihen nicht scharf ein. Sie gibt stattdessen ein Intervall vor, das sich zum Beispiel innerhalb einer Restlaufzeit von 8,5 bis 10 Jahren bewegt. Allerdings verlangt die Terminbörse vom Verkäufer die Lieferung spezieller Titel wie etwa Bundesanleihen. Deren Coupon darf aber von dem der fiktiven Anleihe abweichen. Verkäufer haben also in der Praxis das Recht, aus einer Menge von Anleihen (den so genannten lieferbaren Papieren) eine bestimmte auszuwählen (man spricht auch von *Sellers Option*). Mithilfe der von der EUREX gelieferten Konversionsfaktoren ist es möglich, die unterschiedlichen Restlaufzeiten und Nominalzinssätze der lieferbaren Papiere auf einen gemeinsamen Nenner, das heißt ein spezielles Renditeniveau, zu bringen.

Für Bondanleger ist natürlich der *Bund-Future* der spannenste Terminkontrakt. Er basiert auf fiktiven langfristigen Bundesanleihen und wird u.a. an der LIFFE und an der EUREX gehandelt. Der Bund-Future notiert genau wie Schuldverschreibungen in der Form eines Prozentwertes. Dieser gibt den Kurs an, den der Käufer bei Fälligkeit des Kontraktes für eine öffentliche Anleihe zahlt, die einen Nominalzinssatz von sechs Prozent aufweist und bei Fälligkeit des Futures eine Restlaufzeit zwischen 8,5 und 10 Jahren hat. Beispielsweise zeigt ein Kurs von 99,70 Prozent, dass der Käufer zum Zeitpunkt der Fälligkeit des Konktraktes bereit ist, für eine öffentliche Anleihe mit obiger Ausstattung den Nominalbetrag des Kontraktes (z. B. 100.000 Euro) multipliziert mit dem Kurs (99,70 Prozent) also 99.700 Euro zu zahlen.

Ähnlich wie bei Optionen müssen Marktteilnehmer bei Eröffnung eines Kontraktes eine Margin als Sicherheit hinterlegen. Außerdem stellt die EUREX börsentäglich Gewinne und Verluste fest und gleicht diese aus. Als Kontrahent können Sie immer nur drei Fälligkeiten handeln und zwar die Bund-Futures mit den unmittelbar folgenden drei Fälligkeitszeitpunkten. Ein Kontrakt kann immer bis zum letzten Handelstag, dem zweitletzten Börsentag vor dem Liefertermin, gekauft und verkauft werden. Anders als beim DAX-Future ist der Abrechnungstag für den Bund-Future der letzte Handelstag. Am Liefertermin sind alle Bund-Positionen, die am letzten Handelstag nicht geschlossen wurden, zu erfüllen. Die Terminbörse verlangt dann von den Verkäufern, für jeden Kontrakt die oben definierten lieferbaren Anleihen anzudienen.

Als Verkäufer dürfen Sie sich aus der Menge der lieferbaren Schuldverschreibungen nach der Sellers Option diejenige aussuchen, die zum geringsten Verlust bzw. zum größten Gewinn führt (cheapest to deliver, CTD). In der Praxis umgehen Verkäufer jedoch in den meisten Fällen die effektive Lieferung, indem sie Bund-Futures nicht bis zur Fälligkeit halten, sondern die Position vorher *glattstellen*, also das Gegengeschäft tätigen.

Der Kurs des Bund-Futures reagiert auf Renditeänderungen ähnlich wie Anleihe-Kurse. Bei einem Rückgang der Rendite zehnjähriger Schuldverschreibungen steigt der Kurs des Bund-Futures, während er bei einem Anstieg des Marktzinsniveaus sinkt. Der Bund-Future ist nicht nur eine Möglichkeit zur Spekulation oder Arbitrage, sondern besitzt darüber hinaus für den konservativen Marktteilnehmer zwei äußerst *wichtige Funktionen*:

- Schutz gegen steigende Anleihenkurse, wenn Sie in der Zukunft planen, Bonds zu kaufen.
- Absicherung eines bestehenden Renten-Depots gegen fallende Kurse.

5.4.4 Hedging eines Anleihendepots

Während das unsystematische Risiko bei Kapitalanlagen durch Diversifikation beseitigt werden kann, bieten Portfolio-Insurance-Strategien die Möglichkeit zum Handling (nicht zur kompletten Reduzierung) des systematischen Risikos.[77] Zwar können sich Privatanleger genauso wenig wie institutionelle Depotmanager den negativen Entwicklungen am Markt entziehen. Denn wenn die Kapitalmarktzinsen steigen, wird ein Anleihendepot immer im Wert fallen. Der Trick besteht nun aber darin, dem Portfolio eine gewisse Menge der oben vorgestellten Terminprodukte beizumischen, die sich genau gegenläufig zum Anleihendepot verhalten. Auf diese Weise kann man Verluste auf der Anleihenseite durch Gewinne auf der Terminmarktseite ausgleichen, und zwar wegen der Hebelwirkung der Terminprodukte mit deutlich weniger Kapitaleinsatz. Tritt der befürchtete Kursverfall nicht ein, verfallen die Terminprodukte, die man zur Absicherung gekauft hat. So bleibt man zwar auf den (überschaubaren Kosten) dieser Versicherung sitzen, hat aber in unsicheren Märkten ruhiger geschlafen als Anleger, deren Depots nicht gehedged waren.

Im Wesentlichen gibt es drei Möglichkeiten, derer sich Privatanleger zur Absicherung ihres Anleihendepots bedienen können. Sie orientieren sich an den oben vorgestellten drei zentralen Produkten des Termingeschäftsmarktes.

1) Zinsoptionsscheine kaufen

Obwohl diese *Covered Warrants* wie beschrieben eine Reihe von Nachteilen, insbesondere die der schlechten Liquidität und intransparenten Kursstellung besitzen, kann es gerade bei kleineren Depots sinnvoll sein, auf solche Zinsoptionsscheine zu setzen. Denn die geringen Mindestlosgrößen ermöglichen es, bereits mit kleinen Beträgen in das Absicherungsgeschäft einzusteigen. Um sich gegen steigende Zinsen und damit fallende Anleihenkurse abzusichern, benötigen Sie einen *Zins-Put-Optionsschein*. Dieser gewinnt im Wert, wenn die Kapitalmarktzinsen steigen. Achten Sie darauf, dass das Underlying, also der Basiswert und dessen Basispreis, vernünftig gewählt werden:

1. Suchen Sie sich einen Basiswert, dessen Verzinsung der Durchschnittsverzinsung Ihres (Anleihe-) Depots entspricht, zum Beispiel ein 5,5 Prozent Bund Put.
2. Überlegen Sie sich, in welchem Ausmaß Sie Ihr Depot absichern möchten. Denken Sie daran, dass eine komplette Absicherung die Rendite

[77] Vgl. Steiner, Bruns (2002), S. 418.

stärker schmälert als eine Absicherung eines bestimmten „Mindestdepotwertes", der zum Beispiel fünf Prozent unter Ihren aktuellen Kurswerten liegen kann.

3. Aus dem Mindestdepotwert kann der sogenannte Break-even-Kurs abgeleitet werden. Dazu müssen Sie lediglich den Mindestdepotwert durch den Gesamt-Nominalbetrag Ihres Portfolios teilen. Ab diesem Kursniveau sind Sie gegen einen Anstieg der Kapitalmarktzinsen geschützt. Denn die Gewinne aus dem Optionsschein kompensieren die Kursverluste aus den Anleihen.
4. Wenn Sie zu diesem Break-Even-Kurs den Optionsscheinkurs addieren, erhalten Sie den Basispreis des zu erwerbenden Zinsputs.
5. Die Laufzeit des Scheines sollte wegen Zeitwertverlustes kurzlaufender Optionsscheine prinzipiell möglichst lang gewählt werden.

Wenn die Anleihekurse unter den *Break-Even-Kurs* fallen, beginnt die Gewinnzone des Optionsscheines, die Verluste aus dem Anleihendepot wettmacht. Oberhalb dieses Kurses fängt die Verlustzone an. Während der Gewinn also nach oben offen ist, bleibt der Verlust für den Anleger zum Glück auf die Optionsprämie begrenzt. Diese kann als Versicherungsprämie interpretiert werden. Wenn also die Anleihenkurse über den Break-Even-Kurs steigen, profitieren Sie weiterhin von den Bondkursgewinnen und müssen lediglich die Versicherungsprämie von der Rendite abziehen, egal wie weit die Anleihenkurse dann noch steigen. Grundsätzlich empfiehlt es sich, bei stark steigenden Kursen den ursprünglichen „Protective-Put" nachzuziehen, das heißt einen Zinsput auf einen höheren Basispreis bzw. Break-Even-Preis zu kaufen, um Ihren neuen, höheren Depotwert abzusichern.

Mithilfe von Optionsscheinen können Sie Ihr Bonddepot übrigens nicht nur gegen Zinssteigerungen, sondern auch gegen Devisenkursverluste absichern. Wenn Sie in einer bestimmten ausländischen Währung übergewichtet sind, ist ein Currency Hedging auf jeden Fall angezeigt.[78]

Die gehandelten Zinsoptionsscheine erweisen sich neben den oben genannten strukturellen Schwächen insofern als problematisch, als die spezifischen Ausstattungsmerkmale von Covered Warrants häufig nicht vollständig zu einem Anleiheportfolio passen. Insbesondere stellen die in den meisten Fällen zu kurzen Laufzeiten ein Haupthindernis dar.

2) Optionkontrakte der EUREX zeichnen

Auch so können Sie Ihr Anleihendepot gegen Kursverluste absichern. Wir haben oben beschrieben, dass diese Art der Optionen zwar nicht verbrieft,

[78] Vgl. Jund (1997), S. 110 f.

aber anders als die Optionsscheine (Covered Warrants) in einem hochliquiden effizienten Marktumfeld jederzeit fair bepreist werden. Insofern ist bei einer Absicherungsstrategie auf jeden Fall die EUREX-Option zu bevorzugen. Anders als bei Optionsscheinen können Sie hier sowohl als Käufer als auch als Verkäufer eines Kontraktes auftreten. Daraus ergeben sich weitere strategische Möglichkeiten. Allerdings verlangen Banken von Anlegern die Termingeschäftsfähigkeit in Form eines Formulars zur Risikoaufklärung und, was schwerer wiegt, überdies eine Top-Bonität. Denn bei einigen dieser Optionskontrakte ist eine ständig liquidierbare Margin bei der Bank zu hinterlegen. Für den Privatanleger, der sein Bondportfolio absichern möchte, sind vor allem folgende Strategien relevant:

Die wichtigste besteht analog zum Zins-Put-Optionsschein im *Kauf einer Put-Option auf den Bund-Future*. Wenn Sie steigende Zinsen erwarten und sich gegen Kursverluste Ihres Anleihendepots schützen wollen, kaufen Sie über Ihre Bank an der EUREX eine Verkaufsoption auf einen Bund-Future-Kontrakt Ihrer Wahl. Wenn Sie den Put ausüben, erhalten Sie eine Short-Position, also eine Verkaufs-Position, eines Bund-Futures. Als Inhaber eines Bund-Future-Puts haben Sie die Möglichkeit, entweder an einem weiter sinkenden Bund-Future-Kurs zu partizipieren oder den Kontrakt zum jeweiligen Marktwert der Option durch ein Gegengeschäft glattzustellen. Das maximale Risiko der Option ist in diesem Fall auf die Höhe der Optionsprämie begrenzt. Wenn Sie aber die Put-Option ausgeübt haben und im Besitz des Bund-Futures sind, ist Ihr Risiko unbegrenzt, weil sich dessen Kurs unbegrenzt bewegen kann. Zudem ist auch beim Bund-Future eine Margin als Sicherheit zu hinterlegen.

Eine weitere Optionsstrategie für Anleger, die steigende Zinsen erwarten, besteht im *Verkauf einer Call-Option auf den Bund-Future*. Der maximale Gewinn dabei ist auf die Höhe der Optionsprämie begrenzt. Auch hier soll der Gewinn aus dem Optionsgeschäft die Anleihenkursverluste ausgleichen. Wenn am Ende der Laufzeit der Option der Preis des zugrunde liegenden Futures tatsächlich unter den gewählten Basispreis der Option gesunken ist, darf der Verkäufer eines Calls die Optionsprämie behalten. Anders als im obigen Fall ist aber der Verlust theoretisch nicht begrenzt. Sobald der Kurs des Bund-Futures über Ihren gewählten Basispreis steigt, beginnt die Verlustzone für Sie. Den Verlust können Sie jedoch selbst bestimmen, indem Sie Ihren Kontrakt wie immer bei Optionen ständig durch ein Gegengeschäft schließen können. Allerdings müssen Sie für den Fall, dass Ihr Call ausgeübt wird, in der Lage sein, den Future-Kontrakt (Kauf-Position) auch zu liefern. Daher erwartet die Bank entweder eine Absicherung durch den Kauf des entsprechenden Futures oder eben eine entsprechend hohe liquide Margin. Aus diesem Grunde kommt diese Optionsstrategie nur für betuchte Bondanleger in Betracht. Deren Ziel ist jedoch zumeist nicht die Absicherung, sondern vielmehr das Kassieren der Optionsprämie als *Zusatzeinnahme aus ihrem Anleihendepot,* das sie nicht bewegen möchten. Insofern steht bei der Wahl des Basispreises immer im Vordergrund, dass Sie als Stillhalter nicht ausgeübt werden.

Eine dritte Strategie für Bondinvestoren ist der *Kauf eines Calls auf den Bund-Future.* Diese Strategie macht nur dann Sinn, wenn Sie ein größeres Depot haben und in absehbarer Zeit eine hohe Ausschüttung oder Rückzahlung einer Anleihe bekommen. Erwarten Sie in dieser Zeit sinkende Zinsen, bedeutet das natürlich ein erhebliches Wiederanlagerisiko, weil der Rückzahlungsbetrag nur zu deutlich geringeren Renditen als bisher angelegt werden kann. Der Wert des Calls steigt, wenn die Zinsen sinken, weil der Wert des dem Call zugrunde liegenden Bund-Futures entgegen dem Zinsniveau steigt. Auf diese Weise können Sie ein Gegengewicht zu dem Wiederanlageverlust des Portfolioertrages bilden. Der Call ist hier wiederum eine Art Versicherung. Diesmal gegen das Wiederanlagerisiko. Er bildet ein Gegengewicht zu eventuell gesunkenen Coupons zum Zeitpunkt der Wiederanlage. Zwar müssen Sie möglicherweise zu deutlich geringeren Zinserträgen reinvestieren. Aber diese werden kompensiert durch die gleichzeitig anfallenden (unbegrenzten) Kursgewinne bei Zinssenkungen. Der maximale Verlust ist auf die Höhe der Optionsprämie begrenzt.

3) Zeichnung eines Bund-Future Verkaufkontraktes

Dies ist die dritte grundsätzliche Möglichkeit, Ihr Anleihendepot gegen Kursverluste zu schützen. Gleichzeitig ist es die einfachste und billigste Methode. Der Bund-Future Verkaufkontrakt sollte der Höhe des Nominalwertes Ihres Depots entsprechen. Fachleute sprechen dabei von einem Nominal-Hedge. Wir haben bereits beschrieben, dass die nach der Cheapest-to-Deliver-Regel zu liefernde Anleihe oftmals eine andere Laufzeit oder einen anderen Coupon als die in Ihrem Depot befindlichen Anleihen hat. Daraus folgt, dass sich Futures- und Anleihen-Kassakurse nicht exakt spiegelbildlich bewegen. Diese Abweichungen können sowohl positiv als auch negativ zu Buche schlagen. Grundidee des Nominal-Hedges ist die Überlegung, dass der Gewinn aus dem Verkauf des Kontraktes den Kursverlust Ihres Anleihendepots kompensiert. Weil die Gebühren an der EUREX für Futures relativ gering sind, bleiben die Transaktionskosten in einem sehr übersichtlichen Rahmen. Lediglich die Mindestlosgrößen pro Kontrakt führen dazu, dass sich Futures eher als ein Instrument für größere Bondportfolios eignen.

Fazit:
Weil viele Vermögensverwalter und Fondsgesellschaften neuerdings mit der „Depotversicherung“ oder „Total-Return-Fonds“ werben, sollte der auf-

geklärte Bondanleger hier besonders aufmerksam sein. Was wird genau abgesichert? Mit welchen Instrumenten? Ergeben sich daraus zusätzliche Risiken? Wie umfangreich ist die Absicherung? Vielleicht erinnern Sie sich an die „no free lunch"- Bedingung von Milton Friedman. Auch beim Hedging zeigen wirtschaftswissenschaftliche empirische Studien, dass die vorgenommene Risikoreduktion nicht zum Nulltarif zu haben ist.[79] Zwar erzielen abgesicherte Anleihendepots in Zeiten fallender Märkte Anlageergebnisse, die oberhalb der Gesamtmarktentwicklung liegen. Bei steigenden Märkten liegt die Performance jedoch regelmäßig unterhalb der Benchmark. Ursächlich sind neben einer nicht aufgegangenen Marktsicht die Transaktionskosten der Order, die natürlich zu Lasten der Portfoliorendite gehen.

[79] Vgl. Clarke, Arnott (1987), S. 39; Garcia, Gould (1987), S. 50 oder Rendleman, McEnally (1987), S. 27 ff.

6. Operatives Bondmanagement: Praktische Vorgehensweise zum optimalen Depot

Nachdem Sie sich so tapfer durch viele theoretische Überlegungen und Kennzahlen gequält haben, stellt sich natürlich abschließend die Frage: Was lehrt uns eigentlich die moderne Portfolio-Theorie und wie können Sie davon profitieren?

Diese Frage ist berechtigt und wir gehen ihr in diesem Abschnitt nach. Doch vorab schon einmal zwei wesentliche Erkenntnisse: Eine optimale Asset Allocation kann zu mehr Gewinn und/oder weniger Risiko führen. Und: Die moderne Portfolio-Theorie hat durchaus ihre Grenzen. Zum Beispiel, dass nicht jeder ein sechsstelliges Depot zur Diversifikation zur Verfügung hat. Aus diesem Grunde macht es Sinn, für kleinere Anlagebeträge oder den Vermögensaufbau über die Diversifikation mittels Investmentfonds und ETFs nachzudenken.

In der Vergangenheit hat es in der Fachliteratur eine lebhafte Diskussion über die generelle Leistungsfähigkeit von Fonds gegeben. Die enttäuschenden Ergebnisse der Vergangenheit gaben den Zweiflern Recht. Außerdem sind Rentenfondsanleger seinerzeit als Warmduscher verspottet worden. Wenn die Investmentidee zur Risikostreuung überhaupt Sinn mache, dann doch nur bei stark schwankenden Aktienfonds. Asset Allocation für Festverzinsliche ist doch Kinderkram, oder? Ich hoffe, dieses Buch hat bis hierhin verdeutlicht, dass Bondmanagement auch ohne die Überwachung portfoliotheoretischer Kennzahlen sehr komplex ist. Der Otto Normalanleger ist in der Regel bereits durch das Laufzeitenmanagement seiner Festverzinslichen im Zinszyklus überfordert. Mit den obigen Methoden modernen Portfoliomanagements haben wir Ihnen gezeigt, wie man mithilfe der Tricks professioneller bzw. institutioneller Anleger mehr aus einem Bonddepot herausholen und seinen Banker oder Vermögensverwalter besser überwachen kann. Aber die wenigsten Anleger werden wirklich die für die Fixed-Income-Analyse notwendige Zeit haben. Insofern beschäftigt sich ein weiterer Abschnitt mit dem Sinn oder Unsinn von Investmentfonds und unterstützt Sie bei der Suche nach den besten Portfolios.

Für Anleger, die weiterhin die Einzeltitelauswahl präferieren, zeigen wir im dritten Abschnitt dieses Kapitels, wie ein Musterdepot in Abhängigkeit vom Anlegertyp aussehen kann. Möglicherweise erinnern Sie sich noch an den Bondkompass für risikovermeidende, einkommensorientierte, wachstumsorientierte Anleger. Diese Modellportfolios sind jedoch nur als Rahmen und Hilfestellung für Ihre persönliche Disposition zu sehen, nicht aber als Dogma.

6.1 Erkenntnisse aus der Portfolio Theorie: Asset Allocation und ihre Grenzen

Wie aus dem Portfolio-Selection-Modell von Markowitz bekannt ist, lassen sich effiziente Wertpapierdepots mittels der Technik der Diversifizierung bilden. In den meisten Fachbüchern wird dabei auf die Verteilung des Vermögens auf verschiedene Anlagegattungen wie Anleihen, Aktien, Immobilien, Gold etc. abgestellt. Diese Asset Allocation im engeren Sinne entspricht jedoch nicht mehr den Anforderungen eines modernen Wertpapiermanagements.

Weil auch Länder, Währungen, Branchen, Schuldnerklassen, Laufzeiten, Titel und Emittenten einen Risikodiversifikationsbeitrag leisten, ist eine übergreifende Vorgehensweise sinnvoll, bei der wir uns an dem Modell von Steiner und Bruns orientieren.[80]

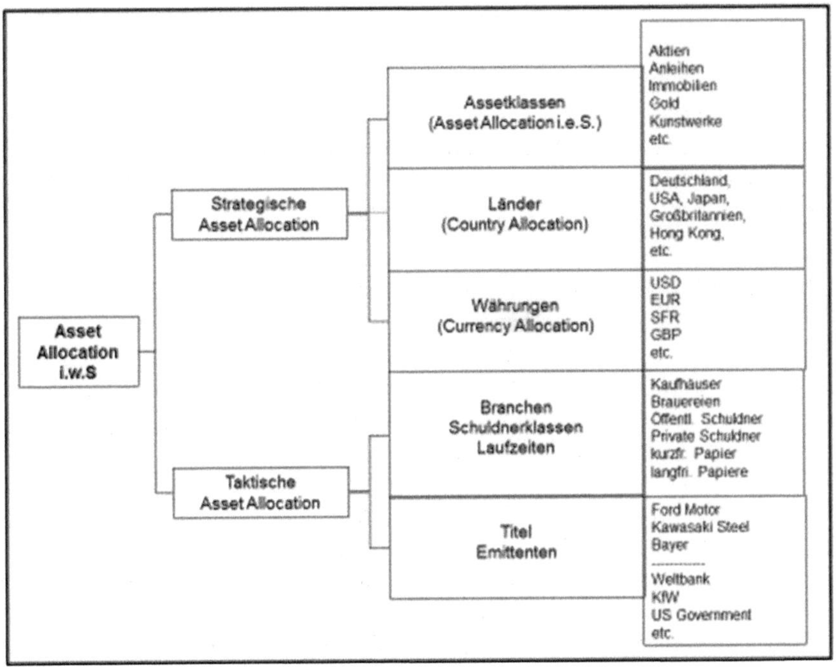

Abb.45: Asset Allocation im weiteren Sinne

Quelle: Steiner, Bruns (2002), S. 90.

[80] Vgl. Steiner, Bruns (2002), S. 90 ff.

Innerhalb des Anlage-Prozesses werden drei Stufen als strategische Asset Allocation bezeichnet, weil sie nachweislich die größte Relevanz für die Performance haben und damit weitreichende zeitliche und inhaltliche Bedeutung besitzen. Dazu gehören sicherlich die Gewichtung der Assetklassen, die Country Allocation und die Currency Allocation. Erst nach deren Festlegung widmet sich der Portfoliomanager der taktischen Asset Allocation.

Die taktische Asset Allocation beschäftigt sich mit der Portfoliostrukturierung auf der Ebene unterhalb von Märkten und Ländern. Hier geht es um die Depotfeinsteuerung. Der Anlagehorizont auf dieser Ebene ist oft nur wenige Wochen, maximal aber ein Jahr. Dabei versucht man, durch Umschichtungen die Performance des Depots in Abhängigkeit von der relativen Attraktivität der Assetklassen zu verbessern.

Innerhalb der taktischen Asset Allocation vollzieht sich der vierte Schritt als die Suche nach Diversifikationseffekten auf der Branchen-/ Schuldnerklassen- und Laufzeitenebene, während sich erst der letzte Schritt mit der Titeldiversifikation beschäftigt.

Sie werden zukünftig eine deutlich bessere Performance und weniger (Risiko-) Schwankungen Ihres Bonddepots haben, wenn Sie sich an den fünf Schritten der Asset Allocation und den Ergebnissen der modernen Portfolio-Theorie orientieren:[81]

1. Schritt: Assetklassen-Diversifikation

- Nur durch die Berücksichtigung aller zur Verfügung stehenden Anlagegattungen ist wirklich eine Risikostreuung zu erzielen.
- Die Streuung in Aktien, Anleihen, Geldmarktanlagen, (Edel-) Metalle, Immobilien etc. ist der größte Hebel und daher der erste Schritt des Portfoliomanagements. Setzen Sie daher als Bondfan niemals ausschließlich auf Anleihen.
- Bei einer Untersuchung des Zeitraumes von 1960 bis 1984 zeigen Steiner und Bruns, dass weder die alleinige Investition in Anleihen, noch die alleinige Anlage in Aktien und schon gar nicht die isolierte Anlage in Geldmarktpapieren effizient war. Nur die Mischung aus mehreren Assetklassen ist geeignet, eine optimale Risko-/Rendite-kombination zu erreichen.
- Der Goldanteil im Depot lediglich als risikostreuende Beimischung dienen und entsprechend gering sein.

[81] Vgl. hierzu und im Folgenden ausführlich Steiner, Bruns (2002), S. 91 ff.

2. Schritt: Länderdiversifikation (Country Allocation)

- Die Frage, ob und inwieweit ein Portfolio international diversifiziert sein sollte, ist bereits durch die geringe Börsenkapitalisierung Deutschlands beantwortet. Diese sorgt für potenziell wenig Alternativen zur Risikostreuung.
- Portfoliotheoretische Untersuchungen zeigen, dass eine internationale Mischung zu erheblichen Effizienzvorteilen führt.[82] Das liegt an den zum Teil sehr geringen Korrelationen der einzelnen nationalen Anlagemärkte untereinander. Insbesondere die Abhängigkeiten zwischen Industrieländern und Emerging Markets sind gering. Daher sei Bondanlegern die Beimischung von Emerging-Markets-Anleihen oder -Fonds empfohlen.
- Im Gegensatz zum rein nationalen Depot liegt Gold nicht mehr auf der Effizienzkurve. Im international gestreuten Bondportfolio ist Gold daher keine sinnvolle Diversifikation mehr, weil andere Alternativen mit geringerem Risiko und ähnlich geringer Korrelation zur Verfügung stehen!
- Die anlegerverhaltensorientierten Studien der Forschungsrichtung „Behavioural Finance" zeigen übrigens immer wieder, dass Anleger ihr Depot hoffnungslos mit Titeln aus der Heimatbörse überfrachten.[83] Bei der geringen Kapitalisierung und damit Bedeutung deutscher Papiere ist das ein großer Fehler.
- Anleger haben vor allem deshalb Angst vor der internationalen Streuung ihres Depots, weil sie befürchten, sich zusätzliche Risiken aus Währungsschwankungen einzukaufen. Aber insbesondere bei Anleihen ist ja ein ausländischer Emittent nicht unbedingt auch mit einer ausländischen Währung verbunden. Außerdem gibt es selbst bei Fremdwährungsbonds durchaus positive Effekte aus dem Währungsrisiko.

3. Schritt: Währungsdiversifikation (Currency Allocation)

- Die sinnvolle internationale Asset Allocation muss nicht unbedingt mit dem Währungsrisiko einhergehen. Einmal gibt es durchaus US-Anleihen, die auf heimische Euro-Währung lauten. Zum anderen haben wir Ihnen in Kapitel 5.4 gezeigt, wie man ein Risiko hedgen kann. Diese Absicherung macht insbesondere dann Sinn, wenn Sie in einer bestimmten Währung übergewichtet sind.
- Grundsätzlich haben eine Anlagegattung (Anleihen, Aktien usw.) und deren Währung vollkommen unterschiedliche und voneinander

---

[82] Vgl. Solnik (1974), S. 48 ff und Jorion (1989), S. 52, sowie Nielsen (1992), S. 52.
[83] Vgl. Elton, Gruber (1991b), S. 128.

trennbare Risiken und Risikoschwankungen. Man erkennt das, indem man die Charts des Dollar/Euro-Wechselkurses gegen den S&P 500 legt.[84] Die beiden Kurven laufen ab 1973 scherenartig auseinander. Folglich kann es durchaus sein, dass die Renditeschwankung einer Aktie oder Anleihe in der Heimatwährung geringer ist als in der ausländischen Lokalwährung, da die Währungsschwankungen im Falle einer starken negativen Korrelation zu einer Glättung der Renditeschwankungen führen können. Auf diese Weise entsteht sogar manchmal ein positives Währungsrisiko.[85] Zusätzliche Währungen in einem Depot müssen also nicht unbedingt von Nachteil sein.

- Für große Währungspositionen Währung empfiehlt sich ein aktives Währungsmanagement. Dazu müssen die Währungsrenditen verschiedener Währungen geschätzt und wenn sie sich nicht gegenseitig ausgleichen oder positiv verstärkend auf die Rendite wirken, unter Umständen gehedged werden. Wichtig wird das immer dann, wenn ein internationaler Schuldner hohe Anleiherenditen bietet, aber schon kurz- bis mittelfristig Währungskursverluste den größten Teil der Performance „auffressen".

4. Schritt: Branchen-/Schuldnerklassen-/Laufzeiten-Diversifikation

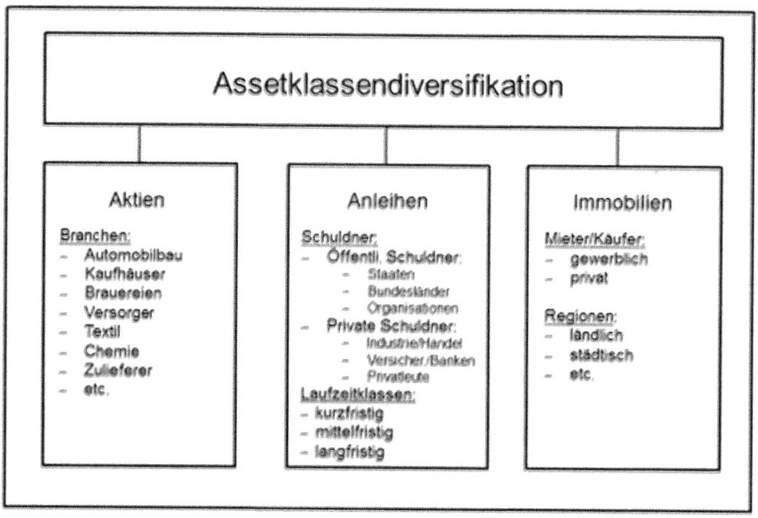

Abb.46: Asset Allocation im engeren Sinne
Quelle: Steiner, Bruns (2002), S. 111

[84] Vgl. Steiner, Bruns (2002), S. 102.
[85] Drummen, Zimmermann (1992), S. 82 f und S. 98.

- Es hat sich gezeigt, dass der Renditeverlauf und das Risikoprofil *innerhalb* der jeweiligen Assetklassen nicht homogen sind.
- Anleihen mit kurzer Restlaufzeit verhalten sich bisweilen anders als Bonds mit langen Laufzeiten. Bei Aktien kennt man den unterschiedlichen Kursverlauf von Zyklikern und Nichtzyklikern oder verschiedenen Branchen im DAX. Bei Immobilien ist die Entwicklung der Mietrenditen in regionaler Hinsicht sehr unterschiedlich.
- Insofern macht es durchaus Sinn, innerhalb der jeweiligen Assetklasse nach unterschiedlichen Kursentwicklungen und Korrelationen zu suchen, die eine weitere Diversifizierung möglich machen. Beispiele zeigt die obige Grafik.

5. Schritt: Titeldiversifikation

- Als allerletzte Entscheidung nach der Asset Allocation, der Länderallokation, der Währungsallokation, der Branchen-/ Schuldner-/Laufzeitenallokation kommt die Festlegung des bestimmten Papiers, das in das Portfolio gekauft werden soll.
- Durch eine geeignete Mischung lassen sich effiziente Portfolios generieren, die hinsichtlich ihres Rendite-/Risiko-Profils einer Einzelanlage überlegen sind. Maßgeblich ist die Korrelation zwischen den einzelnen Papieren.
- Das moderne Wertpapiermanagement zeigt,[86] dass eine *alleinige* Investition in Anleihen von 1960 bis 1984 nicht effizient war. Daher sind in den nachfolgend vorgeschlagenen Musterdepots (fast) immer Aktienanteile dabei.

Eine der wichtigsten Erkenntnisse der Portfoliotheorie ist, dass die Asset Allocation *Grenzen* besitzt. Risiko lässt sich nicht unbegrenzt durch Diversifikation vernichten:

- Wieviele Titel sollte ein Anleger überhaupt in sein Depot kaufen? Ab wann werden die Kosten der Diversifikation größer als ihr Nutzen? Empirische Untersuchungen zeigen zuverlässig,[87] dass bereits bei einem Portfolio von 15 Aktien oder Anleihen von einer sehr guten Mischung gesprochen werden kann. Es kann daher davon ausgegangen werden, dass bei einem reinen Bondportfolio aus wenig schwankenden Anleihen deutlich *weniger als 15 Werte* ausreichen, um eine effiziente Mischung zu erhalten.
- Damit eine umfassende Diversifikation im Rahmen der fünf Schritte der Asset Allocation überhaupt Sinn macht, sollte man *mindestens 250.000 Euro*, besser mehr, in einem Depot verwalten. Ansonsten

[86] Steiner, Bruns (2002), S. 95 ff.

[87] Vgl. Uhlir, Steiner (1994), S. 166 ff., Solnik (1974), S. 48 ff., Vogel (1989), S. 118.

wäre man wohl mangels monetärer Masse bereits nach dem dritten Schritt fertig. Unterhalb dieser Größenordnung lassen sich Absicherungsstrategien wegen der Mindestlosgrößen an der EUREX nicht sinnvoll durchführen. Außerdem haben Sie gerade im Anleihenbereich oft mit höheren Losgrößen als bei Aktien zu tun. Die Neuemissionen bei Fremdwährungsanleihen, Corporate Bonds oder Genussscheine sind oft nicht unter einer Handelsgröße von 1.000 Währungseinheiten, viele erst ab 10.000 Währungseinheiten zu haben.

- Unterhalb eines Volumens von 250.000 Euro sollte der Bondinvestor, statt in Einzelwerte zu gehen, lieber Investmentfonds oder ETFs kaufen. Das ist keine Schande, sondern hat überdies eine Reihe weiterer Vorteile, die wir im nächsten Kapitel detailliert beschreiben werden. Die Wesentlichen sind das Management der Währungsrisiken. Zudem kaufen Sie sich ein Team von Fachleuten, das sich rund um die Uhr und rund um den Globus mit Ihrem Geld beschäftigt. Heutzutage ist die Ressource Zeit so knapp, dass dieser Vorteil nicht zu unterschätzen ist. Und beim Thema Vermögensaufbau kommt niemand an Fonds vorbei.

Daher beschäftigen wir uns im nachfolgenden Abschnitt mit dem Thema Fonds ausführlich. Für solche Bondfans, die an Einzeltitelengagements interessiert sind, folgt dann in Kapitel 6.3 eine anlegertypengerechte Beschreibung von Modelldepots.

6.2 Die Wahrheit über (Renten-) Investmentfonds

Zugegebenermaßen bin ich selbst genervt von Rezepten wie „in sieben Jahren Millionär“, “mit dem persönlichen Finanzplan zur ersten Million“ oder „a hundred ways to invest your money“, wenn am Ende immer nur Investmentfonds als Antwort herauskommen.

In Banken, Versicherungen und Vertrieben wird die Frage, wie man sinnvollerweise mit kleinen monatlichen Beträgen ein Vermögen für die Rente aufbaut, ausschließlich mit dem Wort „Aktien-Investmentfonds“ beantwortet.

Aber warum heißen dann Anleihen auch „Rentenpapiere“ und wozu gibt es Rentenfonds oder ETFs, wenn sich damit nicht eine Altersvorsorge aufbauen ließe? Der Verdacht, dass Banken und freie Anlageberater höher provisionierte Aktienfonds empfehlen, liegt nahe. Pech für alle, die nach jahrzehntelangem Sparen in einer Baisse an ihr Aktienfondsdepot heran müssen, weil ihre Rente naht. Große Sprünge dürften sie aus den monatlichen Auszahlplänen nicht mehr machen können.

Dennoch: Wenn Sie zu den „Besserverdienern" im Lande gehören, sind Sie im Grunde dazu verdammt, bis zu Ihrer Rente ein Vermögen aufzubauen, von dem Sie dauerhaft zehren können. Selbst unter der Annahme, dass das gesetzliche Rentensystem auch nach 30 weiteren Jahren in ähnlicher Form wie heute existiert, müssten Sie unter Einrechnung der Inflation rund eine Million Euro auftürmen, um Ihren Lebensstandard zu halten. Insofern ist es durchaus lobenswert, dass sich so viele Bücher mit dieser Thematik beschäftigen. Verschwiegen wird hingegen, dass man für rund 5000 Euro zusätzliche nominale Rente im Monat real keine höhere finanzielle Freiheit als heute hat und wohl auch nicht zu den Wohlhabenden zählt!

Daher werden wir uns auch in diesem Buch der Frage widmen, wie man auf dem Weg zur dringend benötigten Renten-Million strategisch vorgeht und diese mit hoher Wahrscheinlichkeit erreicht. Dieses Versprechen werde ich jedoch auf wenigen Seiten und etwas nüchterner darstellen als es der Finanzbuch-Leser gewohnt ist.

Erst danach ist es sinnvoll, sich mit dem Auswahlprozess von Investmentfonds zu beschäftigen. Für eine Entscheidung, wie hoch der Rentenfondsanteil und wie hoch der Aktienfondsanteil Ihrer monatlichen Investment-Sparrate sein soll, reicht es nämlich nicht, regelmäßig die „Rennlisten" der performancestärksten Fonds zu wälzen.

Schließlich soll mit einigen Mythen rund um die Investmentfonds aufgeräumt werden. Insbesondere Struktur- und Bankvertriebe, die Anleger mit dem Cost-Average-Effekt und scheinbarer Risikostreuung in Sicherheit gewogen haben, müssen sich Kritik gefallen lassen. Denn man findet leicht Vergleichszeiträume, auch langfristige, bei denen auch das Cost-Averaging *nicht* vor einer negativen Gesamtrendite geschützt hat.

Derzeit erleben Investmentfonds in Deutschland einen Boom. Daran haben auch die Techno-Baisse, die Finanzkrise und die Terroranschläge nichts geändert. Doch hat sich beim Anlegerverhalten einiges getan. Wurden zu Glanzzeiten des neuen Marktes vornehmlich Telekommunikations-, High-Tech- und schließlich BioTech-Aktien gekauft, sind es nunmehr Geldmarktfonds, kurzlaufende Rentenfonds und Fonds für Hochzins- und Unternehmensanleihen. Der gemeine deutsche Fondssparer handelt also *prozyklisch*! Statt in der Baisse neu in Aktien zu investieren, wartet er lieber ab. Wahrscheinlich so lange bis alte Höchstkurse wieder erreicht werden.

Allein diese Tatsache deutet darauf hin, dass viele Fondssparer die Kapitalmärkte auf der Aktien- und auf der Rentenseite noch nicht verstanden haben. Deshalb werde ich vorausschickend einige Seiten auf die Funktionsweise von Fonds verschwenden. Vielleicht ermutigt das den einen oder anderen, der mit seinen Fonds auf die Nase gefallen ist, zum erneuten und langfristigen Einsteigen.

6.2.1 Funktionsweise und Beurteilung von Fonds: Wie sinnvoll sind Rentenfonds?

Die Idee eines Investmentfonds ist relativ einfach erklärt. Weil ein Anleger allein oft zuwenig Geld hat, um unter Ausnutzung des Diversifikationseffektes, den wir in Zusammenhang mit dem Modell von *Markowitz* im Grundlagenkapitel erklärt haben, eine vernünftige Risikostreuung zu erreichen, tun sich einfach mehrere Anleger zusammen. Sie werfen ihr Geld in einen Topf, so dass ein sehr großes Fondsvermögen entsteht. Aus dem insolvenzgeschütztem Fondsvermögen werden Fondsmanager bezahlt, die im Gegensatz zu den meisten Privatanlegern Profis auf den Kapitalmärkten sind. Das Fondsmanagement beobachtet die Märkte rund um die Uhr und rund um den Globus. Das ist wichtig, weil etwa der DAX fast wie eine Marionette an den Zinsentscheidungen der USA und dem Dow Jones hängt. Wenn man weiß, wie die Märkte in den Staaten geschlossen haben, ist man in Deutschland zum Handelsbeginn immer noch klar im Vorteil. Auf diese Weise lässt man sogar als Kleinanleger Profis für sich arbeiten und kann nachts schlafen, jedenfalls wenn man einen ordentlichen Fonds hat. Insofern sind Investmentfonds eine sehr soziale Idee. Denn unabhängig davon, ob ich 50 Euro oder 1.000 Euro im Monat spare, ob ich einmalig eine Summe über 5.000 Euro oder 500.000 Euro einzahle, ich bekomme dieselbe Leistung des Fondsmanagements.

Grundsätzlich existieren folgende Formen von Investmentfonds:[88]

- Wertpapierfonds: Aktienfonds mit deutschen oder internationalen Titeln, mit bestimmten Branchen, aus bestimmten Ländern/Regionen, Aktienindexfonds und Aktienlaufzeitfonds sowie Rentenfonds mit deutschen oder internationalen Rentenwerten, mit Rentenspezialwerten, Laufzeitfonds, gemischte Fonds, offene Immobilienfonds sowie staatlich geförderte Altersvorsorgefonds.

88 Vgl. im Folgenden Lindmayer (2000), S. 173f.

Vorteile	Nachteile
Hohe Seriosität bei Fondsgesellschaften nach deutschem Recht (unterliegen KAGG, KWG, WPHG)	Ausgabeaufschlag beim Kauf muss erst wieder wettgemacht werden
Strenge Aufsicht in Deutschland (BAKred, BAW)	Ausschüttungen und Wertentwicklungen nicht garantiert
Risikostreuung auch für geringe Anlagebeträge möglich	Erfolg in hohem Maße vom Fondsmanagement abhängig
Jederzeitige Verfügbarkeit	Kurzfristig hohe Anteilsschwankungen möglich
Transparent durch regelmäßige Preisveröffentlichung und gesetzlich geregeltes Reporting	
Sparpläne, Einmalanlagen und Auszahlpläne möglich und unabhängig von den Konditionen	
Langfristig Profitieren vom Cost-Average-Effekt möglich	
Wiederanlage der Erträge zu vergünstigten Bedingungen	
Professionelles Fondsmanagement	
Als Aktienfonds eine überlegende langfristige Kapitalanlage, als Geldmarkt- oder Reservefonds eine gute Alternative zum Sparbuch	
Effektive Stücke möglich (Tafelgeschäft)	
Zur Altersvorsorge geeignet (und gesetzlich als Riester oder Rürup-Fonds geregelt)	
Im Rahmen des Vermögensbildungsgesetzes besonders gefördert	
Günstige Depotgebühren bei Verwahrung im KAG-Depot	

Abb. 47: Die Vor- und Nachteile von offenen Investmentfonds

Übrigens sollten Sie auch als erfahrener und wohlhabender Anleger die Investmentfonds keinesfalls als Kleinsparer-Phänomen milde belächeln. Testen Sie doch einmal Ihre persönliche Performance, wenn Sie Ihr Depot selbst managen oder die Ihres Vermögensverwalters. Sie werden sehen, dass es durchaus Jahre gibt, in denen Sie oder Ihr Verwalter besser waren als der Fonds. Aber langfristig gesehen gibt es nur sehr wenige Leute, die wirklich dauerhaft die Benchmark, das ist ein Vergleichsindex wie etwa der DAX oder der REX (P), schlagen. Sollten Sie dazu gehören, wären Sie wohl besser Fondsmanager geworden. Empirische Untersuchungen haben ergeben, dass die Wahrscheinlichkeit, dass ein Fondsmanager seine Benchmark schlägt, mit zunehmendem Anlagehorizont deutlich abnimmt.

Damit wäre auch schon die Frage beantwortet, ob Rentenfonds überhaupt sinnvoll sind. Möglicherweise benötigen Sie keinen deutschen Rentenfonds, wenn Sie Ihr Laufzeiten- und Zinsrisikomanagement im Griff haben. Aber ohne Geldmarktfonds oder kurzlaufende Reserve-/Rentenfonds werden Sie nicht auskommen. Mit kleinen, oft sogar monatlichen Beträgen würden Sie für Ihr Bankdepot nicht ein einziges Commercial Paper oder einen Terminkontrakt auf den Kassakurs erwerben können, weil Sie die Mindestlosgrößen des Handels nicht erreichen. Je internationaler ein Wertpapierdepot ist, desto schwieriger wird das Währungsmanagement. Die wenigsten Anleger werden Depotgrößen haben, die eine Absicherung von Wechselkursrisiken wegen der terminbörslichen Mindestkontraktgrößen technisch erlauben. Daher führt auch bei internationalen Auslands- oder Währungsanleihen kein Weg an Fonds vorbei. Wer Hochzinsanleihen oder Corporate Bonds präferiert, müsste im Grunde fast wie bei Aktien sein Depot täglich und real time beobachten, ob der Emittent nicht gerade down-geratet wird oder die Währung vor einer Abwertung steht. Selbst wenn Sie ein großes Bonddepot besitzen, das von Ihnen und/oder einem professionellen Vermögensverwalter gemanagt wird, sollten Sie immer als Vergleichsmaßstab einen Rentenfonds mit derselben Benchmark dagegenlaufen lassen (der so genannte *Peergroup-Vergleich*). Auf diese Weise können Sie meine Aussage, dass es enorm schwierig ist, Rentenindices zu schlagen und gleichzeitig auch die Qualität Ihres Vermögensverwalters testen.

Sie sollten einen Wechsel des Fonds-Managements immer argwöhnisch betrachten. In der Regel bekommt man diesen jedoch nicht mit, weil ihn die Fondsgesellschaften oft verschweigen, aus Angst, dass die Anleger ihr Geld abziehen. Sie sollten die Portfoliomanager Ihrer Fonds namentlich herunterbeten können. Als privater Anleger können Sie von der unabhängigen Ratingagentur *TELOS-RATING* regelmäßige updates über die Ratings von Fonds und insbesondere bei Managerwechsel erhalten.

Es ist extrem wichtig, aus den mehreren tausend in Deutschland zugelassenen Fonds den richtigen auszuwählen – leider auch extrem schwierig.

Fazit:

- Aus Sicht eines Renten- oder Aktienanlegers kommen Sie in Sachen Vermögensaufbau nicht an Investmentfonds bzw. kostengünstigen benchmarknahen ETFs vorbei.

- In vielen (Standard-)Fällen sind jedoch auch Indexzertifikate eine ernstzunehmende und vor allem kostengünstige Alternative. Allerdings besitzen diese Zertifikate, die nichts anderes sind als Anleihen, ein Bonitätsrisiko der Bank. Fonds und ETFs sind dagegen insolvenzgeschütze Sondervermögen.
- Als Fondssparer sollten Sie Ihre Anteile unbedingt bei Direktbanken und Discount-Brokern ordern, welche allesamt eine große Auswahl für einen Bruchteil des normalen Ausgabeaufschlages anbieten.

6.2.2 Auswahlkriterien: Die sieben Schritte zur Fondsauswahl

Bei der Vielzahl der in Deutschland zugelassenen Fonds und der Problematik, dass nur ein Bruchteil davon die Benchmark regelmäßig schlägt, ist der Auswahlprozess offenbar ein ganz entscheidender Erfolgsfaktor. Es reicht auf keinen Fall, die Wertentwicklungs-Rankinglisten der ein- bis zehnjährigen Statistiken von *Euro, Stiftung Warentest* usw. zu wälzen. Denn statistisch gesehen wäre es reiner Zufall, wenn ein Top-Fonds aus einer Kategorie auch das nächste Mal wieder vorn dabei ist. Fondsauswahl ist ein komplexer Prozess. So schwierig, dass sich bestimmte Firmen wie *Feri Trust, Standard and Poor's* oder *Morningstar* oder *Telos-Rating* auf die Bewertung von Fonds, das Rating, konzentrieren. Ich kann niemandem empfehlen, diese Bewertungen einfach zu ignorieren, nur weil ein Fonds gerade die Perfomance-Hitlisten anführt. Denn Performance kann zu einem gewissen Teil eben auch nur zufällig entstanden sein. Die oben genannten Gesellschaften versuchen aber eben gerade zufällig entstandene Wertentwicklung gegen die Leistung des Managements abzugrenzen. Es werden also auch andere Kriterien zur Bewertung herangezogen, zum Beispiel solche, die etwas über das interne Risiko des Fonds aussagen. Diese professionellen Einschätzungen sollten Sie auf keinen Fall außer Acht lassen, sondern sich vielmehr zunutze machen. Andernfalls gefährden Sie mit einer semiprofessionellen Auswahl Ihre persönlichen Anlageziele. Damit sind wir aber bereits beim ersten Schritt der Fondsauswahl: Dabei hilft Ihnen auch die kostenlose Internetvergleichsplattform *ONVISTA*.

1. Schritt: Definieren Sie Ihre mit der Anlage verfolgten persönlichen Ziele!

Dieser trivial anmutende Schritt ist durchaus ernst gemeint. Schreiben Sie Ihre Anlageziele so konkret wie möglich auf. Wann wollen Sie welchen Betrag zur Verfügung haben. Für die Fondsauswahl ist es nämlich durchaus relevant, ob Sie zur Altersvorsorge, zur Tilgungsaussetzung bei einer Baufinanzierung, für eine Yacht oder für ein unbestimmtes Ziel etwas ansparen bzw. anlegen möchten. Daneben sollten Sie unbedingt zusammen mit Ihrem

Steuerberater eine Steuerplanung machen. Denn nur, wenn Sie Ihre steuerliche im Ruhestand kennen, können Sie die Assetallocation in Bezug auf die Fonds-/ETF-auswahl überhaupt erst sinnvoll durchführen.

Zu den Zielen gehört auch der Anlagehorizont. Überlegen Sie genau, wann Sie das Geld benötigen. Der 60. Geburtstag oder das Ende der Zinsfestschreibungszeit Ihrer Baufinanzierung kommen niemals überraschend. Wenn Sie das angemessen berücksichtigen wollen, sollten Sie rechtzeitig vorher partiell in weniger kursanfällige Renten- oder Immobilienfonds umschichten. Denn nichts ist unangenehmer als am Tag X auf Geld angewiesen zu sein, an das man wegen eines Börsencrashs nicht herankommt. Bei solchen definierten Anlagezielen ist es auf jeden Fall empfehlenswert, sukzessive über die Laufzeit immer einen kleinen Bruchteil in weniger schwankende Nicht-Aktienfonds umzuschichten. *Es gilt die Devise: Verzichten Sie lieber auf die letzten Performance-Prozente anstatt das Anlageziel durch hohe Kursverluste zu gefährden.* Je länger Ihr persönlicher Anlagehorizont ist, desto geringer ist die Wahrscheinlichkeit, dass Sie mit Aktienfonds danebenliegen. Das kann man anhand des DAI-Renditedreieckes sehr anschaulich begründen:

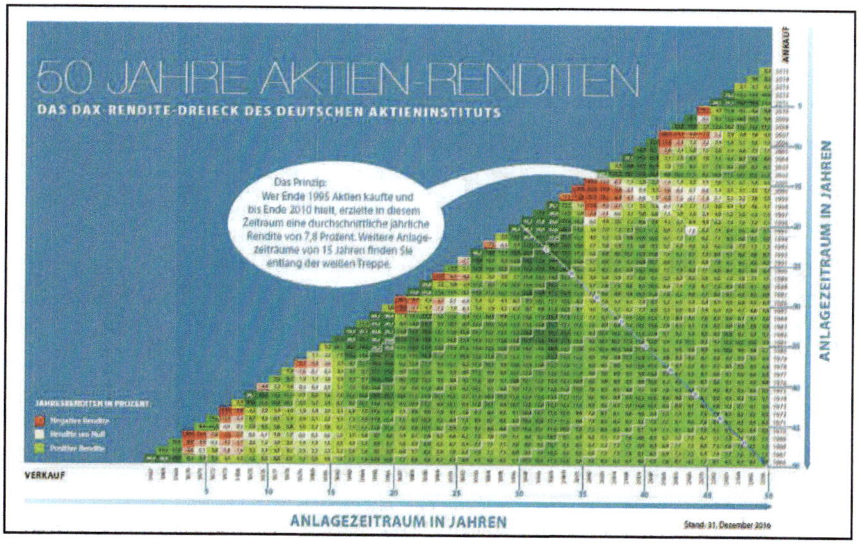

Abb 48: DAI-Renditedreieck
Quelle: www.dai.de

Daraus lässt sich jedoch auch noch ableiten, dass mit zunehmendem Anlagehorizont auch der Einstiegszeitpunkt (Hausse/Baisse) eine immer geringere Rolle spielt. Es gilt für den Privatanleger vielmehr das olympische Motto: Dabei sein ist alles! Timingversuche sind sinnlos. Diese Analyse gilt jedoch nur bei Aktien. *Im Rentenbereich ist Timing alles* und vor allem wegen der mechanistischen Bestimmungsgründe und der weniger zufälligen Schwankungen von Rentenkursen durchaus realisierbar.

Wenn Sie sich über das Ziel und den Anlagehorizont im Klaren sind, sollten Sie mit Hilfe einer Liquiditätsplanung die Höhe der verfügbaren Mittel prüfen und checken, ob Sie gegebenenfalls das Zieldatum Ihres neuen Wohlstandes nach hinten oder vorn schieben sollten. Kalkulieren Sie immer Puffer ein. Also lieber 100 Euro monatlich mehr und zwei Jahre länger sparen, als irgendwann deprimiert dazusitzen, weil das Geld nicht reicht.

2. Schritt: Die Risikoevaluierung

Es gilt der Grundsatz: Je länger der Anlagehorizont ist, desto höher sollte der Aktienfondsanteil und desto geringer sollte der Rentenfondsanteil im Depot sein. Allerdings ist Risiko – wie bereits im ersten Abschnitt dargelegt – auch eine Bauchsache. Wer morgens zuerst die Zeitung aufschlägt und schweißgebadet seinen Fonds sucht, während er die Kaffeetasse umstößt, hat mit Sicherheit eine zu hohe Aktienquote.

Wenn Sie sich nun für einen Fonds entscheiden, kommt es durchaus vor, dass zwei oder drei Fonds eine fast identische Wertentwicklung aufweisen. In diesem Fall sollten Sie den Fonds vorziehen, der bei dieser Performance die geringste *Volatilität*, also das geringste Ausmaß von Kursbewegungen, hatte. In der nachfolgenden Grafik ist es Fonds A.

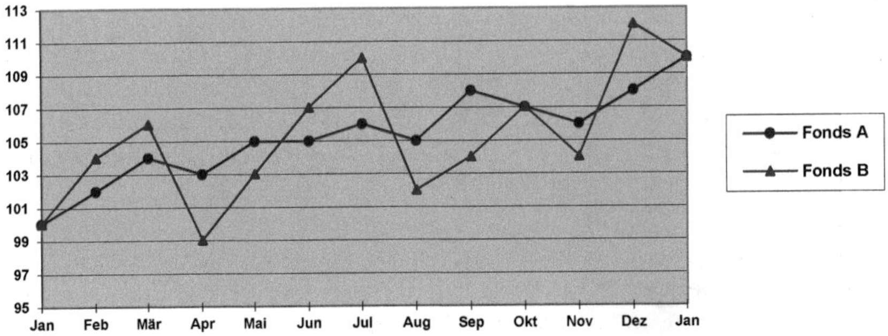

Abb. 49: Ähnliche Rendite, unterschiedliche Volatilität

Neben der statistisch als Abweichung vom Mittelwert dargestellten Schwankung eines Fonds, auch Standardabweichung genannt, sollten Sie bei Ihrer Entscheidung auch den maximalen Verlust und die längste Verlustperiode der zur Auswahl stehenden Fonds betrachten. Diese Daten sind heutzutage gut über kostenlose Plattformen wie *Onvista* zu recherchieren. Bei *Feri*, *Morningstar*, *Bloomberg* oder *Reuters* fallen für einige Handels- und Analyseprogramme immer noch Lizenzgebühren an.

Bei zwei Fonds mit gleicher Wertentwicklung spielt überdies das *Marktrisiko* eine Rolle. Sie sollten dabei das Sondervermögen vorziehen, welches das breitere Anlageuniversum hat. Denn je mehr sich ein Fonds in Branchen oder Themen spezialisiert, desto stärker verzichtet er auf eine breite Streuung. Die Fondsgesellschaften müssen sich durchaus berechtigter Kritik erwehren, dass sie mit der Vielzahl der in den verschiedenen Haussen aufgelegten Branchen- und Themenfonds völlig überzogen haben. Oft ist die Performance mindestens genauso schnell abgesoffen, wie sie vorher gestiegen war. Außerdem ist zu kritisieren, dass der hohe Spezialisierungsgrad einiger neuer Fonds sogar gegen die Investmentidee an sich spricht. Und bei dem hohen Kursschwankungsrisiko müssen Sie als Anleger bei Spezialitätenfonds eine bessere Rendite fordern, denn auch für Sie sollte gelten: There is no free lunch on the capital markets!

Ein weiteres Risiko liegt im *Wechsel des Fondsmanagements.* Trifft es einen in den letzten zehn Jahren erfolgreichen Fonds, sollten Sie als Anleger misstrauisch werden und die weitere Entwicklung genau verfolgen. Bei kleineren oder schlechteren Fonds kann ein Personalwechsel natürlich durchaus erfolgreich verlaufen und sogar ein Indiz für den Einstieg darstellen.

Nicht unterschätzen sollten Sie das *Währungsrisiko.* Wenn Sie etwa in einen der genannten ausländischen Top-Fonds investieren und der Kurs des Dollar gegen den Euro fällt, beeinflusst das die Wertentwicklung negativ. Dieser unangenehme Nebeneffekt ist umso größer, je kurzfristiger Ihr Anlagehorizont ist. Für Anleger, die ihren Ruhestand in den USA oder der Karibik verbringen wollen, kann es dagegen sogar sinnvoll sein, in solche US-Fonds zu investieren. Außerdem ist noch vollkommen offen, ob der Euro langfristig wirklich ein Erfolg wird, so dass auch für heimisch orientierte Investoren zumindest eine Depotbeimischung mit US-Dollar niemandem schadet. Der Greenback wird ohnehin auch langfristig die sicherste Weltreservewährung sein.

Eine der wohl größten Schwierigkeiten bei der Fondsauswahl ist der *Wertentwicklungsvergleich* und das damit verbundene Risiko, daraus falsche Schlüsse zu ziehen. In Deutschland gibt es neben dem Bundesverband Deutscher Investment Gesellschaften (BVI)[89] eine Reihe von Internetplattformen und Magazinen, die Wertentwicklungsdaten von Fonds zur Verfügung stellen. Die ermittelte Reihenfolge hängt aber maßgeblich davon ab, ob der jeweilige Vergleich die Ausgabeaufschläge, Rücknahmegebühren, Kosten für Konto- und Depotführung sowie die internen Marketing- und Verwaltungsgebühren mit denen das Fondsvermögen belastet wird, berücksichtigt. Weil einige der Rennlisten nur Teile oder sogar gar keine dieser performancebeeinflussenden Kostenbestandteile berücksichtigen, geschieht es, dass ein Fonds bei der einen Statistik im Mittelfeld liegt, während er bei der anderen zu den Top-Fonds gehört. Eine zweite Gefahr der Fehlinterpretation von

89 www.bvi.de

Performanceranglisten resultiert aus der Stichtagsbezogenheit der Statistiken. Natürlich wissen Fondsmanager um die Ultimo-Stichtagsauswertungen des BVI. Deshalb kommt es oft dazu, dass die Portfolio-Jongleure an solchen Stichtagen sehr starke Umschichtungen vornehmen, sei es um Gewinne sicherzustellen oder um das Portfolio zu bereinigen. Die Performancerangfolge kann sich im langfristigen Vergleich außerdem bereits dadurch ändern, dass als Stichtag nicht mehr der Monatsultimo, sondern die Monatsmitte gewählt wird. Schließlich besteht insbesondere bei einem in Auslandswährung anlegenden Fonds eine Gefahr, Fehlschlüsse zu ziehen. Bei der Umrechnung auf Euro hängt die Optik der Wertentwicklung stark davon ab, ob die Währungskursumrechnung auf Basis von Vortagsfixings, aktuellen Kursen oder Schlusskursen erfolgt. Bei starken Kursschwankungen über den Tag kann das zu erheblichen Auswirkungen auf die Performance führen.

Schließlich sollten Sie sicherstellen, dass Sie bei der Fondsauswahl nicht Äpfel mit Birnen vergleichen. Denn manchmal werfen Performancestatistiken zwei Fonds völlig zu Unrecht in ein und dieselbe Fondskategorie. Die Veröffentlichungen der verschiedenen Zeitschriften und Nachrichtenagenturen kategorisieren nach den international üblichen Vergleichsindizes: MSCI, S&P 500, DAX, MDAX und so weiter. So werden dann die Fonds in Schubladen gesteckt, von denen die Redaktion oder Agentur glaubt, dass sie dort hineinpassen: „weltweit anlegende Aktienfonds", „in Deutschland anlegende Aktienfonds" usw. In der Praxis aber hat der Fondsmanager sogar in den meisten Fällen eine komplett andere Benchmarkvorgabe, die er schlagen muss. Fondsgesellschaften sind frei, eigene Benchmarks zu kreieren oder bestehende zu kombinieren. So gibt es durchaus deutsche Blue-Chip-Fonds, die einen Vergleichsindex von 70 Prozent DAX und 20 Prozent MDAX verfolgen sowie zusätzlich auch bis zu 10 Prozent in Renten investieren dürfen (REX). Eigentlich gehörte so ein Fonds in den Bereich Mischfonds und nicht zu den DAX-Fonds. Insofern ist beim reinen Wertentwicklungsvergleich zweier Fonds äußerste Vorsicht angebracht. Vor einer Entscheidung gilt es im Emissionsprospekt nach der „wahren Benchmark" zu suchen.

Ein im Zeitalter der Dachfonds, Umbrellafonds und Spezialitätenfonds völlig unterschätzter Risikofaktor ist die *Verzettelungsgefahr*. Es ist immer besser, nur einige wenige Fonds ins Depot zu nehmen und sich mit ihnen zu beschäftigen, als viele Fonds, von denen man zu wenig weiß. Neun bis zehn Branchen- und Dachfonds im Depot zu haben, sind heutzutage keine Seltenheit mehr. Das liegt daran, dass Banker jede Innovation ihres Hauses natürlich platzieren mussten und Anleger diese dankbar gezeichnet haben. Im portfoliotheoretischen Teil haben wir gelernt, dass der *Grenznutzen der Diversifikation* mit zunehmender Anzahl von Papieren im Depot abnimmt. Dieser Schluss gilt natürlich erst recht für Fonds. Wer darüber hinaus auch noch Dachfonds besitzt, ist sehr wahrscheinlich überdiversifiziert. In der Praxis kann das Risiko eben nicht durch den Kauf möglichst vieler Fonds auf Null reduziert werden. Das Ganze ist nur mit höheren internen und externen Kosten verbunden, die zu Lasten Ihrer Performance gehen. Wegen der Gefahr der Überdiversifikation bin ich selbst auch kein Dachfonds-Fan. Bislang ist deren Wertentwicklung durchaus gemischt. Nicht viele verdienen die zusätzlichen Gebühren im Vergleich zu einem passiven ETF. Überdiversifikation spricht auch gegen die Investmentidee. Denn eigentlich sollte man im Aktienbereich mit *einem einzigen* weltweit investierenden Fonds oder ETF gut bedient sein, indem man die Entscheidung auf den Fondsmanager delegiert. Wenn Sie selbst zusätzliche Fonds in Ihr Depot kaufen und jeden Trend mitmachen (Länder-Fonds, Millenium-Fonds, Neue-Markt-Fonds, Garantiefonds, B2B-Internetfonds etc.), können Sie im Grunde gleich in Einzelwerte investieren. Ihr Arbeitsaufwand bei der Beobachtung wäre genauso hoch. Des Weiteren handeln Sie als Dachfondskäufer inkonsequent, weil Sie von Ihrer ursprünglichen Entscheidung, das Ganze einem Profi zu überlassen, abgehen. Beides wird am Kapitalmarkt bestraft.

3. Schritt: Prüfen Sie die statistischen Performancemaße!

Wir haben bereits dargelegt, dass der reine „Rennlistenvergleich" irreführend sein kann. Er hilft nämlich bereits dann nicht mehr weiter, wenn Sie zwei Fonds vergleichen, von denen einer eine etwas schwächere Rendite hat, aber eben auch etwas weniger volatil ist. Anhand der Ranking-Liste allein können Sie nicht beurteilen, ob sich der Renditeverzicht zu Gunsten des etwas geringeren Risikos lohnt. Daher kommen Sie bei der Fondsauswahl ohne die vorher erläuterten Kennzahlen definitiv nicht aus:[90]

90 Vgl. ausführlich z.B. Beike, Schlütz (2001)

Kennzahl	Wert	Interpretation	Entscheidung
Sharpe-Ratio	 > 1 < 1	Zeigt an, in welchem Verhältnis diese Mehrrendite zum eingegangenen Risiko steht. Gegenüber einer risikolosen Geldanlage [91] wird eine Mehrrendite erwirtschaftet. Es wird noch nicht einmal die Geldmarktverzinsung übertroffen.	Bei Fonds, die sich sowohl in der Rendite als auch in der Volatilität unterscheiden, wähle man den mit der höheren Sharpe-Ratio
Treynor-Ratio		Inwieweit erzielt der Fonds eine Überschussrendite im Verhältnis zur Marktrendite? Überschussrendite wird zum so genannten Beta-Faktor ins Verhältnis gesetzt. Beta gibt an, wie ein Fonds oder eine Aktie sich prozentual verändert, wenn der Markt um ein Prozent steigt oder fällt.	Es wird der Fonds vorgezogen, der die größere Treynor-Ratio hat, weil er seine Rendite unter relativ geringeren Schwankungen erzielt hat.
Elastizitäten	1 > 1 < 1	Ein Fonds verhält sich genau wie der Referenzindex. Ein Fonds legt stärker zu als der Referenzindex. Er verliert aber auch überproportional Ein Fonds verliert bei fallenden Aktienmarktkursen weniger als der Index. Er gewinnt aber auch nur unterproportional dazu.	Als konservativer Anleger sollten Sie aggressive Fonds mit Elastizitäten > 1 meiden.
Jensen`s Alpha		Misst die risikoangepasste Überrendite des Fonds gegenüber dem Marktindex.	Wählen Sie den Fonds mit dem höchsten Alpha.

Abb: 50 Wichtige Kennzahlen bei Auswahl von Fonds und ETFs

[91] Dem Konzept der risikolosen Geldanlage liegt das CAPM-Modell zugrunde. Vgl. Brealy, Myers (1991), S. 161ff.

4. Schritt: Nur Sie allein entscheiden über die Fondsauswahl – vertrauen Sie keinem Dritten!

Wir hatten bereits darüber gesprochen, dass im Grunde jeder erfolgsabhängig bezahlte Mensch ein einseitiges Interesse hat, Ihnen bestimmte Anlagen zu empfehlen. Das gilt für Versicherungsvertreter und Banker, die zumeist ihre Hausfonds empfehlen, genauso wie für „unabhängige" Finanzberater, die zumeist tatsächlich von Ihrer Provision abhängig sind. Alle müssen Fonds verkaufen, um ihren Lebensunterhalt zu bestreiten. Trauen Sie niemandem, der Jensen's Alpha nicht kennt. Gerüstet mit diesen Kennzahlen, bleiben Ihnen zwei Möglichkeiten. Erstens können Sie die zur Evaluierung notwendigen Kennzahlen selbst besorgen, denn die Entscheidung müssen Sie ohnehin allein treffen und damit leben. Oder, weil das bequemer ist, bezahlen Sie einen honorargesteuerten Finanzplaner, der mit Ihnen die Fonds anhand der besprochenen Performancemaße durchgeht, ohne dass er Ihnen einen bestimmten Fonds verkauft. Dazu muss er Zugang zu Datenbanken wie Reuter´s, Bloomberg oder Feri besitzen, welche Auskunft über die aktuellen Kennzahlen geben.

5. Schritt: Fondsbeschaffung ist mehr als eine Unterschrift!

Sollten Sie einen Finanzplaner gefunden haben, der Ihnen bei der Fondsauswahl hilft, fragen Sie ihn auch, wo Sie den jeweiligen Fonds besser erwerben und verwahren sollten. Wir haben gesehen, dass die Kosten und insbesondere der Ausgabeaufschlag durchaus performancerelevant sind. Aus diesem Grunde führt an einer Direktbank oder einem Discount Broker eigentlich kein Weg vorbei, um Transaktionsprovisionen und Depotverwahrungsentgelt zu sparen. Allerdings gibt es nicht jeden Fonds bei jedem Discount-Broker mit derselben Ersparnis. Ein Vergleich lohnt sich immer!

Auf keinen Fall sollten Sie Ihren Fonds bei so genannten Fonds-Shops ordern, egal ob in Ihrer Stadt oder im Internet. Die Rabatte, die Ihnen eingeräumt werden, sind zwar oft höher als bei den Direktbanken, allerdings fallen die Rückvergütungen erst zum Geschäftsjahresende an oder dann, wenn der Fonds-Shop seine Provisionen bekommt. Wenn Sie also wirklich sicher sein wollen, dass Sie Ihre Rückvergütung bekommen, sollten Sie sich unbedingt eine Bilanz des Fondsshops zeigen lassen. Denn in letzter Zeit haben eine Reihe dieser Fonds-Shops Pleite gemacht.

Sollten Sie einen eigenen Vermögensverwalter beschäftigen, sorgen Sie dafür, dass der Verwalter bei den ausgesuchten Fonds keinen Kick-Back von der Bank bekommt. Das könnte die Auswahl des Fonds beeinflussen und gleichzeitig zu niedrigerer Rendite führen. Wenn er die Kick-Backs nicht ausschließen kann, sollten Sie im Verwaltungsvertrag regeln, dass Ihnen diese Rückvergütungen gutgeschrieben werden. Fairerweise ist dann das

Verwaltungshonorar heraufzusetzen. Auf diese Weise können Sie auch bei Ihrem Vermögensverwalter sicher sein, dass er die Fondsauswahl professionell und nicht margengesteuert vornimmt.

6. Schritt: Überprüfen Sie die Auswahlentscheidung regelmäßig!

Mindestens einmal im Jahr, bei größeren Depots entsprechend öfter, sollten Sie Ihre Investmententscheidung prüfen. Dazu sollte bei jedem der erworbenen Fonds verglichen werden, ob die jeweilige Benchmark geschlagen wurde, wie der Fonds sich im Vergleich mit ähnlich strukturierten Fonds entwickelt hat und ob die von Ihnen erwartete Marktentwicklung weiterhin eine Investition in den Fonds zulässt.

Machen Sie nicht den Fehler, sich nach bereits einem Jahr wieder rücksichtslos von einem enttäuschenden Fonds zu trennen. Wenn Ihr ausgewähltes Sondervermögen sich im oberen Drittel der Wertentwicklungsrankings gehalten hat und nicht unwesentlich schlechter ist als seine Peer-Group, dann bleiben Sie dort investiert. Der alte Banker-Spruch „Hin und Her – Taschen leer" gilt wegen der hohen Ausgabeaufschläge insbesondere für Fonds. Die Tugenden eines Fondsinvestors sind daher Geduld und Disziplin, aber auch Wachsamkeit. Denn Sie sollten sich nicht scheuen, Ihre Anlageentscheidung zu korrigieren, wenn der Fonds hinsichtlich der oben genannten Kennzahlen völlig aus dem Ruder oder der Markt gegen Ihr Fondsportfolio läuft.

Wenn Sie sich für einen Verkauf entschieden haben, denken Sie daran, dass Sie bei von Kapitalgesellschaften geführten Depots die Möglichkeit haben, kostenlos oder zu geringeren Ausgabeaufschlägen in andere Fonds zu tauschen. Wenn Sie einen großen Bestand eines bestimmten Fonds besitzen und unsicher sind, ob der Markt für oder gegen Sie läuft, können Sie den Fonds auch sukzessive über eine lange Zeit in kleinen Tranchen verkaufen. Die Kapitalanlagegesellschaften machen das mit, ohne bankähnliche Transaktionsprovisionen zu fordern. Das Ganze wird einfach als Auszahlplan gebucht, den Sie selbstverständlich jederzeit ändern oder stoppen können.

7. Schritt: Bilanzieren Sie Ihre jährliche Gesamtperformance!

Nachdem Sie sich jeden einzelnen Fonds angesehen haben, sollten Sie auch die Wertentwicklung des gesamten Portfolios einmal im Jahr bewerten. Mit Renditeformeln kennen Sie sich ja mittlerweile aus. Achten Sie darauf, dass Ihr Wertentwicklungsvergleich fair ausfällt. Das bedeutet, Sie sollten zum gleichen Stichtag wie auch der Vergleichsindex, den Sie heranziehen, abrechnen.

Wie haben Sie sich im Vergleich zu einer von Ihnen selbst gewählten Benchmark geschlagen? War Ihre Outperformance der Mühe wert? Ich kann Ihnen nur raten, dass Sie kritisch mit sich selbst umgehen und im Zweifelsfall das Geld lieber einem professionellen Vermögensverwalter überlassen sollten.

Wenn Ihr Depot groß genug ist, dann empfehle ich Ihnen einen Wettbewerb zwischen Ihnen selbst und einem Vermögensverwalter. Teilen Sie Ihr Geld zwischen diesen beiden Depots aus und vergleichen Sie Jahr für Jahr die Nettorealrendite. Aber auch hier gilt: Allzu hektisches und allzu häufiges Austauschen des Portfoliomanagers hat sich noch nie ausgezahlt.

6.2.3 Investmentstrategie: So werden Sie Millionär!

Wenn Sie es nicht schon sind, so sollten Sie sich beeilen, es zu werden. Denn schon heute kann sich ein Rentner im Durchschnitt nur noch auf knapp 60 Prozent seines letzten Nettolohnes stützen. Und wie grausam das Ganze in die Zukunft extrapoliert aussieht, haben wir ja bereits besprochen.

Mit anderen Worten: Millionär zu werden ist keineswegs ein Wunschtraum für Spinner und Leser semi-professioneller „Wie-werde-ich-reich-Bücher", sondern tatsächlich bittere Pflicht für jeden Besserverdiener, der seinen Lebensstandard im Alter halten möchte. Wie versprochen zeige ich Ihnen nun, wie Sie es schaffen.

Ob Sie das gesteckte Ziel erreichen, hängt im Wesentlichen von vier Faktoren ab: Erstens von der Ihnen bis zur Rente oder dem Ausstieg aus dem Arbeitsleben verfügbaren *Zeit*. Zweitens von dem *verfügbaren Einkommen*, das gespart werden kann und drittens natürlich von der *Rendite* und schließlich dem *Risiko*, dass Sie bereit sind, einzugehen.

Wie Sie sparen, ist wohl mittlerweile jedem klar: mit Renten- und Aktieninvestmentfonds, vor allem auch passive ETFs, die Sie nach den vorstehenden Kriterien auswählen können. Ich empfehle Ihnen, wenn Sie keinen Financial Planner kennen und auch in *Excel* wenig drauf haben, die Internetseiten der großen Investmentgesellschaften oder Direktbank Ihrer Wahl zu besuchen. Dort können Sie Ihren persönlichen Sparplan hinsichtlich Dauer, Höhe und Art des Fonds in Abhängigkeit der konkreten historischen oder einer angenommenen Rendite berechnen. Achten Sie aber unbedingt darauf, dass diese Modellrechner den Ausgabeaufschlag mitberücksichtigen. Wie wichtig dieser Kostenbestandteil ist, zeigt sich an folgendem Beispiel:

Wenn Sie 100 Euro zehn Jahre lang zu 10 Prozent durchschnittlicher Rendite p.a. ansparen, erhalten Sie am Ende 20.161 Euro. Allerdings nur, wenn Sie keine Ausgabeaufschläge zahlen. Den normalen Ausgabeaufschlag von 5 Prozent bei Aktienfonds unterstellt, verschlechtert sich das Anlageergebnis nach zehn Jahren auf 19.201 Euro, also immerhin um rund 1.000 Euro. Verlängern Sie die Ansparperiode auf 30 Jahre, erhöht sich die Differenz mit Ausgabeaufschlag bereits auf 10.000 Euro! Davon kann man heute bereits einen Kleinwagen kaufen. Es lohnt sich also in jedem Fall, eine Direktbank zu suchen, bei der die Transaktionsgebühren auch für Fonds-Sparpläne so gering wie möglich sind. Einige Direktbanken bieten auch zum Vermögensaufbau sehr gut geeignete ETF-Sparpläne an. Sowohl vor dem Performanceaspekt als auch von der Kostensicht ist zur Altersvorsorge etwa ein MSCI-Index-ETF in 90 Prozent aller Fälle die bessere Wahl als ein weltweit anlegender aktiv gemanageder Aktienfonds mit der gleichen Benchmark. Seitdem es REX-ETFs gibt, gilt diese Aussage für den deutschen Rentenmarkt analog. Auch was internationale Rentenmärkte angeht ist die Auswahl von ETFs mittlerweile mehr als ausreichend.

Wenn Sie erst in 30 Jahren die Arbeit niederlegen wollen, dann haben Sie alle Trümpfe in der Hand. Mit einer vernünftigen Mischung aus guten Aktien- oder Rentenfonds sollten 5 Prozent Rendite p.a. erzielbar sein. Um in dieser Zeit 1 Million Euro unter Berücksichtigung von bei Direktbanken realistischen 2,5 Prozent Ausgabeaufschlag zu erzielen, müssen Sie 1.300 Euro monatlich sparen. Ihre Gesamteinzahlungen belaufen sich auf 456.585 Euro, so dass sich dieser Betrag dann mehr als verdoppelt hat.

Doch nicht alle Leser haben soviel Zeit oder Geduld bis zum Ruhestand. Vielleicht möchten Sie einfach auch schon vorher in die Karibik umziehen. Nur damit Sie ein Gefühl dafür bekommen, was möglich ist, ein weiteres Beispiel. Jemand der 2,5 Prozent Ausgabeaufschlag bezahlt und 8 Prozent Rendite erzielt, was nur mit Aktien geht, muss 1.800 Euro monatlich sparen, um in 20 Jahren Euro-Millionär zu sein.

An dieser Stelle wird offenkundig, welche Bedeutung der Faktor Zeit und das eingegange Risiko der jeweiligen Anlage hat.

6.2.4 Cost-Average und andere Mythen

An dieser Stelle ist es mir eine Herzensangelegenheit, mit einigen Vorurteilen aufzuräumen, die von allzu eifrigen Fondsverkäufern in Banken und anderen Vertrieben als Halbwahrheiten lanciert wurden und dadurch Eingang in populärwissenschaftliche Werke und diverse Internetplattformen gefunden haben. Daher widme ich ihnen einen eigenen Abschnitt.

Wir haben bereits über die möglichen Auswahlfehler gesprochen, die entstehen können, wenn man sich ausschließlich auf die Rankinglisten von Fonds verlässt. Das liegt daran, dass die absolute Wertentwicklung als alleinige Kennzahl nicht sehr aussagekräftig ist. Dennoch führt die Wertentwicklung beim Anleger verhaltenspsychologisch gesehen zu einem *falschen Repräsentativitätsschluss.* Der Rezipient sieht die Performance eines einzelnen bestimmten Zeitraumes und zieht sie als pars pro toto für die gesamte Wertentwicklung, ja für die Güte dieses Fonds heran. Dabei haben wir schon diskutiert, dass bereits die Wahl des Anfangs- und Endzeitpunktes des Vergleichsintervalles die stichtagsbezogene Performance erheblich verändern kann. Bereits das Umgehen eines einzigen schlechten Tages durch einen späteren Start des Wertentwicklungszeitraumes kann dazu führen, dass eine vorher desolate Leistung nun zum Übertreffen der Benchmark führt. Dieses Phänomen wird von der Finanzdienstleistungsindustrie als Verkaufstrick ausgenutzt, um die Verbrauchermeinung zu manipulieren. Sicher kennen sie die Grafiken und Charts, in denen die letzten 5, 10 oder 15 Jahre der Performance eines zu verkaufenden Fonds dargestellt sind. Haben Sie sich eigentlich auch schon einmal gefragt, wie es sein kann, dass im Grunde jede noch so kleine Fondsgesellschaft es schafft, sehr eindrucksvolle Verkaufsgrafiken zu erstellen? Tatsache ist, dass jede Investmentgesellschaft immer irgendeinen Vergleichszeitraum findet – und sei er auch noch so abstrus – bei dem sie gut aussieht.

Wie die tatsächlichen Ergebnisse aussehen, erkennt man sehr einfach an den Renditedreiecken vom Deutschen Aktieninstitut, die ich Ihnen zum Studium empfehle.[92] Dort finden Sie alle möglichen rollierenden Vergleichszeiträume auf Jahresbasis. Was viele überraschen wird: Es gab selbst im 15-Jahreszeitraum negative Anlageergebnisse. Das heißt, die beliebte Verkäuferaussage, „Langfristig wird alles gut, da können Sie mit Aktienfonds gar nicht danebenliegen“, stimmt nur teilweise. Es kommt eben entscheidend auf die Wahl des Vergleichszeitraumes an.

Ein zweites schwer durchschaubares Verkaufsargument ist der *„Diversifikationseffekt“*, mit dem die Banken und andere Fondsvertriebler den Anlegern immer mehr und immer speziellere Fonds verkaufen wollen. Das Problem der theoretisch nicht möglichen Reduzierung des Risikos auf Null haben wir bereits angesprochen. In der Praxis wird dieser Versuch hingegen kläglich scheitern, weil es mit zunehmender Anzahl von Wertpapieren in einem Portfolio immer weniger Alternativen gibt, die mit den vorherigen Titeln und dem Gesamtmarkt wenig oder gar nicht korrelieren. Hinzu kommen die Transaktionskosten für Kauf, Verwahrung und Überwachung des Portfolios, so dass übertriebene Diversifikation in viele Branchen- und Spezialitätenfonds genauso wie die Ansammlung von mehr als 20 Einzeltiteln im Depot teuer ist und zu Performanceverlusten führt. Das Argument der Überdiversifikation führen auch die Gegner von Dachfonds an. Wenn schon ein einzel-

92 www.DAI.de

ner Fonds für ordentliche Risikostreuung in viele Einzelwerte sorgt, welchen Zusatznutzen bringt dann noch ein Dachfonds? Überhaupt unterscheiden sich Fonds aus einer Kategorie fast nur noch dem Namen nach. Wenn man sich die einzelnen Titel im Fondsvermögen genau anschaut, gleichen sich zwei Fonds aus einer Anlagekategorie sehr stark. Das muss auch so sein, denn die Anzahl der möglichen Aktien im DAX oder FTSE, die so ein Fonds aufgrund seiner Benchmark kaufen darf, ist ja sehr limitiert und ändert sich nicht.

Eine letzte in vielen Fondsprospekten, Börsenmagazinen und Printmedien oft falsch interpretierte Eigenschaft von Fonds ist der *Cost-Average-Effekt*.[93]

Eigentlich ist dieser Effekt nichts anderes als ein finanzmathematisch logisches und daher triviales Merkmal eines Investmentfondssparplanes. Wenn Sie monatlich einen festen Betrag in einem Fonds ansparen, kaufen Sie in schlechten Börsenphasen mehr Anteile als in guten Perioden. Dadurch ergibt sich ein antizyklischer Automatismus, so dass die Rendite auf das eingesetzte Kapital höher ausfällt, als wenn Sie eine feststehende Zahl von Anteilen erwerben.

So weit so gut. Aber die Investmentszene feiert den Cost-Average-Effekt mit schönen Musterrechnungen als Wunderwaffe. Vor dem Hintergrund des Opportunitätsprinzips ist er das aber durchaus nicht immer. Das beste Mittel ist in der Tat ein gutes Timing. Das bedeutet, nur in der Baisse oder an schwachen Börsentagen möglichst viel investieren und erst zu langfristigen Höchstkursen wieder verkaufen. Gegen dieses perfekte Timing ist Cost-Averaging natürlich relativ einfallslos und von der Rendite her deutlich unterlegen. Weil perfektes Timing aber so gut wie nicht möglich ist, kann der CA-Effekt für den Vermögensaufbau durchaus die zweitbeste, aber praktikablere Alternative für Leute sein, die nicht ständig den Kapitalmarkt beobachten wollen.

Teilweise raten die Finanzdienstleister vermögenden Privatkunden vor dem Hintergrund des CA-Effektes statt einer geplanten Einmalanlage besser in Form periodischer Zahlungen zu investieren. Oft geschieht dies mit der Absicht, eine dann stornosichere Fondspolice mit Beitragsdepot zu verkaufen. Während der antizyklische Effekt wegen des für viele Anleger schwierigen Timings noch als akzeptabler Mythos betrachtet werden kann, handelt es sich hier definitiv um eine Falschaussage. Eine Einmalanlage führt finanzmathematisch über einen bestimmten Anlagezeitraum immer zu einem höheren Endbetrag, als wenn derselbe Anlagebetrag über die Laufzeit verteilt worden wäre. Zwar ist es denkbar, dass bei vorteilhafter Kursentwicklung

93 Vgl. hierzu ausführlich Fehrenbach, Albrecht (1995), S. 117ff.

der Sparplan zu einer höheren Rendite führt. Aber allein aufgrund der zeitlichen Verteilung des investierten Kapitals kann nicht auf eine höhere Rendite und damit auf höhere Endbeträge geschlossen werden.

Eine weitere und aus Verbraucherschutzsicht sogar gefährliche Aussage im Zusammenhang mit dem Cost-Averaging ist die Behauptung, dass eine besonders hohe Volatilität der Anteilswerte besonders vorteilhaft sei, da man ja in schwachen Börsenphasen besonders viele Anteile fürs Geld bekäme. Der Schluss von den Kursschwankungen auf die Rendite ist nicht zulässig, denn positive und negative Kursschwankungen heben sich auch gegenseitig auf. Oft ist es sogar so, dass ein besonders wenig schwankender Anteilspreis zu wesentlich höheren Renditen führt. Orientieren Sie sich bei der Fondsauswahl daher an den besprochenen Kennzahlen, um ein Sondervermögen zu finden, dessen Anteilspreisschwankungen eher gering sind.

6.3 Musterdepots: Welche Depotstruktur für welchen Anlegertyp?

Wenn Sie mehr als 250.000 Euro zur Verfügung haben, macht es Sinn, über eine individuelle Asset Allocation nachzudenken. Eine „optimale Depotstruktur" gibt es ohnehin nicht. Dennoch sollen Ihnen die nachfolgenden Modelldepots dabei helfen, Ihr eigenes Portfolio zusammenzustellen, indem Sie die empfohlenen Gewichtungen abhängig von Ihrer persönlichen Risikobereitschaft, Ihren Anlagezielen und Ihrem Anlagehorizont anpassen.

Grundsätzlich können Sie sich Ihr individuelles Rentendepot mithilfe

- unterschiedlicher (Rest-) Laufzeiten
- Emittenten/Bonitäten
- Währungen
- Zinsterminen
- steuergestaltender Elemente

strukturieren.

Nachfolgend stelle ich Ihnen Musterdepots für verschiedene Anlegertypen vor, die Sie schon kennen. Nur beim Risikovermeider, der den Kapitalerhalt seines Vermögens vor Renditeziele stellt, hat das Musterdepot keinen Aktienanteil. Einkommensorientierte und wachstumsorientierte Anleger kommen an der Aktie wie gesehen aus Rendite- und Diversifikationsgründen sowie wegen des Inflationsschutzes langfristig nicht vorbei.

6.3.1 Musterdepot für Risikovermeider

Risikovermeidung ist ein legitimes Ziel. Man findet diese konservative Einstellung in der Geldanlage häufig bei der älteren Generation, die bereits mehrere Währungen, Kursstürze und politische Krisen erlebt hat. Aber auch solche Menschen, die schon ein großes Vermögen besitzen, von den Zinsen locker leben können und keinerlei Wert mehr auf Kapitalzuwachs legen, sondern in Ruhe schlafen wollen, gibt es immer häufiger.

Solche Anleger, die den Kapitalerhalt ihres sauer verdienten Vermögens in den Vordergrund stellen und erst in zweiter Linie auf die Rendite schauen, sollten ihr Bondportfolio so zusammenstellen, dass keinerlei Risiken aus Kursschwankungen, Emittentenausfällen oder Währungskapriolen vorkommen. Auf diese Weise entsteht ein Depot ausschließlich auf Euro-Basis mit einem hohen Liquiditätsgrad und ausgesuchten Top-Emittenten wie Bundesanleihen oder anderen Triple-A-gerateten Schuldnern. Nicht vergessen sollte man das Kursrisiko vor allem aus Zinsnivausteigerungen, das bei Langläufern größer ist als bei Kurzläufern. Insofern sollte sich der risikovermeidende Bondfan auf kurze und mittlere Restlaufzeiten konzentrieren.

Gewichtung	Asset	Kommentar
10 %	Festgeld, Geldmarktfonds	Jederzeit liquidierbar ohne Kursschwankungen.
10 %	Floater der öffentlichen Hand	Jederzeit liquidierbar bei geringen Kursschwankungen.
10 %	Reservefonds	Bei 1 % Ausgabeaufschlag plus Verwaltungsvergütung erst nach ca. ½ Jahr ohne Verluste liquidierbar. Bequem und höher verzinslich als Floater (1-3 Jahre Restlaufzeit im Fonds).
20 %	Bundesschatzbriefe	Höhere Verzinsung als o.g. Assets, keine Kursschwankungen. Achtung: Liquidierbar erst nach dem ersten Jahr und unter Beachtung monatlicher Höchstbeträge.
10 %	Finanzierungsschätze	Keine Kursschwankungen.
20 %	Bundesobligationen, Bundesanleihen	Für den (Rest-)laufzeitbereich bis maximal drei Jahre, hohe Verfügbarkeit, höhere Verzinsung, geringes Kursrisiko.
10 %	Pfandbriefe	3-5 Jahre Restlaufzeit bei höherer Rendite als Bundesanleihen. Kursrisiko.
10 %	Auf € lautende Staatsanleihen von AAA-Emittenten	Restlaufzeit max. 5 Jahre, höhere Rendite als Pfandbriefe, geringes Kursrisiko.

Abb. 51: Musterdepot für Risikovermeider

6.3.2 Musterdepot für Einkommensorientierte

Anders als der Risikovermeider stellt der einkommensorientierte Anlegertyp die Rendite vor den Kapitalerhalt. Er strebt kontinuierliche und hohe Ausschüttungen an.

Damit eine ausreichend hohe und vor allem stabile Depotrendite überhaupt möglich ist, fährt der Einkommensorientierte seinen Anteil an Cash und kurzfristigen Anlagen deutlich zurück. Die im Vergleich zum Risikovermeidungs-Portfolio höheren Renditen erzielt er durch bewusste Auswahl von Bonitäten, die schlechter sind als AAA. Dabei weicht er auch auf Unternehmensanleihen aus, wobei eine Investition in Bonitäten ohne Investmentgrade, unterhalb BBB, nicht in Frage kommt. Insofern werden Emerging-Market-Anleihen gemieden.

Außerdem muss er zur Aufbesserung der Rendite teilweise auf ausländische Staats-Anleihen zurückgreifen. Als risikobewusster Anleger achtet er jedoch auf einen sehr ausgewogenen Währungsmix stabiler Volkswirtschaften und eine Euro-Übergewichtung. Währungen von Schwellenländern, wie etwa der Südafrikanische Rand, werden allerhöchstens zur Depotbeimischung herangezogen. Der Hauptanteil des Depots ist in mittleren und langen Laufzeiten und in Euro investiert. Schließlich werden in geringem Maße Aktien, ausschließlich Blue-Chips mit hoher Dividendenrendite, oder offene Immobilienfonds herangezogen.

Gewichtung	Asset	Kommentar
5 %	Festgeld, Geldmarktfonds	Jederzeit liquidierbar ohne Kursschwankungen
5 %	Floater der öffentlichen Hand	Jederzeit liquidierbar bei geringen Kursschwankungen
5 %	Reservefonds	Bei 1 % Ausgabeaufschlag plus Verwaltungsvergütung erst nach ca. ½ Jahr ohne Verluste liquidierbar. Bequem und höher verzinslich als Floater (1-3 Jahre Restlaufzeit im Fonds).
5 %	Bundesschatzbriefe	Höhere Verzinsung als o.g. Assets, keine Kursschwankungen. Achtung: Liquidierbar erst nach dem ersten Jahr und monatliche Höchstbeträge.
5 %	Finanzierungsschätze	Keine Kursschwankungen.
5 %	Bundesobligationen, Bundesanleihen	Für den (Rest-)Laufzeitbereich bis maximal drei Jahre, hohe Verfügbarkeit, höhere Verzinsung, geringes Kursrisiko.
5 %	Pfandbriefe	Max. 3 Jahre Restlaufzeit bei höherer Rendite als Bundesanleihen. Kursrisiko.
5 %	Auf € lautende internat. Staatsanleihen von AAA-Emittenten	Restlaufzeit max. 3 Jahre, höhere Rendite als Pfandbriefe, geringes bis mittleres Kursrisiko.
20 %	Auf Fremdwährung lautende Anleihen von AAA Emittenten.	Max. 3 J. Restlaufzeit. Währungsallokation: mind. 50% Euro 25 % USD, 50 % westeuropäische Währungen von Nicht-Euro-Ländern wie SFR oder EU-Konver-

		genzstaaten, 25 % andere Fremdwährungen (keine Schwellenländer). mittleres bis höheres Kursrisiko.
20 %	EURO-Unternehmensanleihen, schlechtestensfalls BBB	Max. 3 Jahre.
10 %	Offene Immobilienfonds	Rentenanteil im Immobilienfonds sollte möglichst klein sein.
10 %	Aktien Blue Chips	Auf hohe Dividendenrendite in Deutschland und Europa achten.

Abb. 52: Musterdepot für Einkommensorientierte

6.3.3 Modelldepot für Wachstumsorientierte

Der wachstumsorientierte Bondanleger strebt nach absoluter Performance, egal ob die Wertentwicklung aus Zinsen oder Kursgewinnen resultiert. Wie alle Bondanleger möchte er jedoch die Substanz seines Vermögens nicht nachhaltig gefährden. Insofern wird sein Depot von einem stabilen Sicherheitspolster aus Cash, Floatern und Kurzläufer dominiert. Anders als die einkommensorientierten oder risikovermeidenden Bondanleger nutzt der Wachstumsorientierte bewusst Kurschancen und handelt aktiv, um Kursgewinne zu realisieren.

Gewichtung	Asset	Kommentar
5 %	Festgeld, Geldmarktfonds	Jederzeit liquidierbar ohne Kursschwankungen.
5 %	Floater der öffentlichen Hand	Jederzeit liquidierbar bei geringen Kursschwankungen.
5 %	Reservefonds	Bei 1 % Ausgabeaufschlag plus Verwaltungsvergütung erst nach ca. ½ Jahr ohne Verluste liquidierbar. Bequem und höher verzinslich als Floater (1-3 Jahre Restlaufzeit im Fonds).
5 %	Bundesschatzbriefe	Höhere Verzinsung als o.g. Assets, keine Kursschwankungen. Achtung: Liquidierbar erst nach dem ersten Jahr und unter Beachtung monatlicher Höchstbeträge.
5 %	Finanzierungsschätze	Keine Kursschwankungen.

5 %	Bundesobligationen, Bundesanleihen	Für den (Rest-)Laufzeitbereich bis maximal drei Jahre, hohe Verfügbarkeit, höhere Verzinsung, geringes Kursrisiko.
2,5 %	Pfandbriefe	Max. 3 Jahre Restlaufzeit bei höherer Rendite als Bundesanleihen.
2,5 %	Auf € lautende Staatsanleihen von AAA-Emittenten	Restlaufzeit max. 3 Jahre, höhere Rendite als Pfandbriefe, Kursrisiko.
15%	Auf Fremdwährung lautende Anleihen von AAA Emittenten.	Währungsallokation: 25 % USD, 50 % EURO, Rest westeuropäische Währungen von Nicht-Euro-Ländern wie SFR oder EU-Konvergenzstaaten, 25 % andere Fremdwährungen (keine Schwellenländer). Langlaufende Anleihen < 3 Jahre. Kursrisiko.
20 %	EURO-Unternehmensanleihen, schlechtestensfalls BBB	Restlaufzeit unter 3 Jahre. Bonitäts- und Zinsniveaurisiko. Höheres Kursrisiko.
10 %	Genussscheine	Emissionsbedingungen genau prüfen. Nur Top-Schuldner wie Banken oder andere AAA-geratete Unternehmen. Kursrisiko.
5 %	Wandelanleihen	Nur Top-Schuldner. Wandlungsprämie beachten. Kursrisiko.
5 %	Optionsanleihen	Nur Top-Schuldner.Kursrisiko.
10 %	Aktien	Internationale Blue Chips Kursrisiko.

Abb. 53: Musterdepot für Wachstumsorientierte

7. Die wichtigsten Praxistipps für Ihre erfolgreiche Investition in Bonds

7.1 Anlagestrategie und Bondauswahl

1. Prüfen Sie vor dem Kauf einer Anleihe immer die Ausstattungsmerkmale. Diese finden Sie im Emissionsprospekt.
   - Die Bonität des Emittenten
   - Den Emissionskurs
   - Den Coupon oder Nominalzins
   - Den Zinstermin
   - Die Tilgungsbedingungen

2. Beachten Sie bei Ihrer Investition die drei grundsätzlichen Timing-Regeln:
   - Kaufen Sie bei steigendem Zinstrend Anleihen mit möglichst kurzen Restlaufzeiten.
   - Bei fallenden Zinsen sichern Sie sich möglichst lange Restlaufzeiten.
   - Bei unsicherer Zinsentwicklung und flacher oder inverser Zinsstruktur wählen Sie maximal mittlere Laufzeiten.

3. Prüfen Sie, ob Zinszahlungen und Rückzahlungstermin mit Ihren persönlichen Anlagezielen übereinstimmen.

4. Achten Sie auf eine gute Liquidierbarkeit der Papiere. Deshalb sollte die Anleihe an der Börse gehandelt werden oder eine Rückgabemöglichkeit über den Eigenhandel Ihrer Bank oder die Bundesschuldenverwaltung bestehen.

5. Checken Sie die Bonität des Anleihenschuldners anhand der Ergebnisse internationaler Rating-Agenturen (z.B. Moody's, Standard & Poors, Fitch). Faustregel: Von AAA bis BBB ist alles ok. Sie sollten die Ratingnoten laufend überwachen.

6. Checken Sie die objektiven Risiken und prüfen Sie, welche Sie eingehen können oder wollen:
   - Das Markt- oder Kursrisiko
   - Das Zinsnivauänderungsrisiko
   - Das Liquiditätsrisiko
   - Das Ausfallrisiko
   - Das Inflationsrisiko
   - Das Wiederanlagerisiko

- Das Kündigungsrisiko
- Das Währungsrisiko

7. Auch das subjektive Risiko spielt eine große Rolle. Hören Sie deshalb beim Kauf einer Anleihe auf jeden Fall auf Ihr Bauchgefühl! Von dieser Einstellung hängt Ihre gesamte Anlagestrategie ab.

8. Beachten Sie bei jedem Bondkauf das Opportunitätsprinzip und vergleichen Sie die Konditionen mit einer „Nullalternative".

9. Prüfen Sie bei Renditeangaben immer kritisch nach, welche Methode verwendet wurde. Am aussagekräftigsten sind die Nettorealrendite oder die einfachere Barwertbetrachtung. Als Abzinsungsfaktoren für die unterschiedlichen (Rest-)Laufzeiten sind die Forward Rates geeignet. Informationsdienste wie Bloomberg oder Reuters veröffentlichen aktuelle Zinsstrukturkurven auf Basis dieser Zinssätze.

10. Stimmt die Nettorealrendite – gemessen an Ihrer angestrebten Gesamtportfoliorendite – nicht, so brauchen Sie die anderen Entscheidungskriterien erst gar nicht zu prüfen.

11. Halten Sie immer nur soviel Liquidität vor wie notwendig und investieren Sie soviel wie möglich. Sonst verzichten Sie auf zuviel Rendite.

12. Vergleichen Sie vor dem Kauf von Sparbriefen und ähnlichen Eigenemissionen die Angebote verschiedener Banken. Hier ergeben sich häufig überraschend große Unterschiede.

13. Bei hohem Einkommensteuersatz sollten Sie den Zahlungsstrom aus Zinsen, Dividenden und realisierten Kursgewinnen durch kritische Auswahl der Anleihe in steuergünstigere Lebensphasen, etwa den Ruhestand, verlagern.

7.2 Bondmanagement

1. Die Grundlage für Ihr gesamtes Bondmanagement ist Ihre persönliche Anlagestrategie. Daran richten Sie alle Ihre Anlageentscheidungen aus.

2. Die Streuung in Aktien, Anleihen, Geldmarktanlagen, (Edel-) Metalle, Immobilien etc. ist der größte Hebel und daher der erste Schritt zum „optimalen Depot". Setzen Sie daher auch als Bondfan niemals ausschließlich auf Anleihen.

3. Die Konzentration auf rein deutsche Werte bietet nur eine geringe Risikodiversifizierung und ist deshalb nicht zu empfehlen. Die internationale Streuung des (Bond-)Depots kann erhebliche Risiko-Vorteile bringen. Die Beimischung von Emerging-Market-Anleihen oder -ETFs sowie von Fremdwährungs-Bonds kann sich positiv auf die Performance auswirken.

4. Nutzen Sie für große Währungspositionen einer bestimmten Währung unbedingt ein aktives Währungsmanagement mit Absicherung.

5. Reduzieren Sie Ihr Wertpapierdepot auf maximal 15 Positionen, bei einem reinen Rentendepot sollten es sogar noch weniger sein. Wenn es Ihnen nicht gelingt, die Einzelwerte Ihres Portfolios auswendig aufzusagen, haben Sie zuviel im Depot. Die Transaktionskosten sind höher als der Nutzen aus der Risikostreuung, weil der Diversifikation Grenzen gesetzt sind.

6. Unterhalb eines Depotvolumens von 250.000 Euro bieten Investmentfonds, insbesondere ETFs, gegenüber Einzelanlagen viele Vorteile. Speziell für den Vermögensaufbau kommt an guten Fonds niemand vorbei.

7. Auch für die Anlage in Investmentfonds gilt: Übertriebene Diversifikation in zahlreiche Einzelfonds ist teuer und führt zu Performance-Verlusten.

8. Anhaltspunkt für die Strukturierung Ihres Depots können die Musterdepots aus dem vorangegangenen Kapitel sein. „Optimale Depots" hängen natürlich von der aktuellen Marktsituation ab und von Ihrem persönlichen Risiko-Rendite-Profil.

9. Die aktuelle und schon 11 Jahre anhaltende extreme Niedigzinssituation ist für Anleihen gefährlich, weil schon Diskussionen über mögliche Zinsanhebungen der EZB erhebliche Kursverluste bei „alten" Anleihen in Ihrem Depot haben.

Literaturverzeichnis:

Beck, H.-J. (1999): Sonderabschreibungen nach dem Förderebietsgesetz für Immobilieninvestitionen im Privateigentum. Grundeigentum-Verlag, Ber- lin.

Beike, R. / Schlütz, J. (2001): Finanznachrichten lesen – verstehen – nutzen, 3. überarbeitete Auflage, Stuttgart

Bhansali, V. (2011): Bond Portfolio Investing and Risk Management

Bockholt, H. (1995): Effektivzinsberechnungen beim Splitting von Einmalkosten, in: Die Bank, S. 606–608.

Böckhoff, M. / Stracke, G. (1999): Der Finanzplaner, Heidelberg

Brealy, R. / Myers, S. (1991): Principles of Corporate Finance, 4. Auflage, New York

Breuer, W./Gürtler, G./Schuhmacher F. (2010), Portfoliomanagement I, Wiesbaden

Breuer, W/Gürtler, M./Schuhmacher, F. (2006), Portfoliomanagement II, Wiesbaden

Bruns, C./Meyer-Bullendiek: Professionelles Portfoliomanagement, 5.überarbeitete und erweiterte Auflage, Stuttgart, 2013.

Däumler, K.-D. (1989): Grundlagen der Investitions- und Wirtschaftlichkeitsrechnung, Berlin

Eisenführ, F. / Weber, M. (1999): Rationales Entscheiden, 3. neubearbeitete. und erweiterte Auflage, Berlin

Elton, E. J. / Gruber, M. J. (1987): Modern Portfolio Theory and Investment Analysis, 3. Auflage, New York

Edwards, R. D. / Magee, J. (1992): Technical Analysis of Stock Trends, 6. Aufl., Boston

Ernst, D./Schurer, M. (2015): Portfoliomanagement, Theorie und Praxis mit Matlab, München

Ernst & Young (2001): Steuererleichterungen und Steuerverschärfungen durch das Steuerentlastungsgesetz

Fama, E. F. (1970): Efficient Capital Markets: A Review of Theory and Empirical Work, in: The Journal of Finance, Nr. 25, S. 383–418

Fehrenbach, P. / Albrecht, M. (1995): Excel: Geldanlagen und Kredite.

Franke, G. / Hax, H. (1999): Finanzwirtschaft des Unternehmens und Kapitalmarkt

Frey, D. / Irle, M. (1993): Theorien der Sozialpsychologie, kognitive Theori en, Göttingen

Gaida, M. /Holger, H. / Patricia, M. (2001): Vermögensnachfolge in der Finanzberatung, Wiesbaden

Goldberg, J. / Nitzsch, R. von (1999): Behavioral Finance. Gewinnen mit Kompetenz. Überlegenes Wissen für Ihre Anlageentscheidung, München

Götzenberger, A.-R. (1999): Schwarzgeldanlage in der Praxis, 6. akt. und erw. Auflage, Wien

Hagenstein, F./Mertz, A, Seifert, J (2006), Aktives Management von Corporate Bond-Portfolios und Kreditrisiken

Kesten, R. (2001): Management und Controlling von Immobilieninvestitionen, Chemnitz

Kracht, R. (2000): Steuerorientierte Kapitalanlage, Köln

Kracht, R. (2000a): Kapitalvermögen und Kapitalerträge, Köln

Krauss, P. (2001): Geschäftsfeld Financial Planning, in: AssCompact, April 2001, S. 107

Kruschev, W. (1999): Private Finanzplanung, Wiesbaden

Lindenberg, A. (2002): Albtraum Neuer Markt, München

Lindmayer, K. H. (2017): Geldanlage und Steuer 2017, Wiesbaden

Merten, H.-L. (1998): Auslandsimmobilien: Kapitalanlage und Feriendomizil, Wien

Naisbitt, J. (1990): Megatrends 2000: zehn Perspektiven für den Weg ins nächste Jahrtausend, London

Ogger, G. (2001): Der Börsenschwindel, München

Opoczynski, M. / Leske, E., Wiso (Hrsg.) (2001): Erben und Vererben, München

Peridon, L. / Steiner, M. (1988): Finanzwirtschaft der Unternehmung, 5. überarbeitete Auflage, München

Rieger, H.-G. (1995): Vermögensaufbau mit Immobilien, Berlin

Rhodius, O./ Lofing, J. (2017): Kapitalertragsteuer und Abgeltungssteuer verstehen, Wiesbaden

Schneider, Frank (1993): Aktienmarkt und Chaostheorie, Kiel

Schneider, Frank (2000): Bankbetriebliches Preismanagement, Wiesbaden

Schneider, Frank (2001): Zum BGH-Urteil (AZ XIZR 27/00 vom 7.11.2000) hinsichtlich der Berechnung von Vorfälligkeitsentschädigun- gen durch Banken, in: DM 5/2001

Schmidt, R. (2001): Finanzportale für den Zugang zu Finanzdienstleistungen, in: E-business-Management, hrsg. von Ralph Berndt, S. 273–284, Berlin

Schubert, T. (1994): Lexikon Geldanlage, Würzburg

Spremann, K. (2008), Portfoliomanagement, 4. Auflage, München

Steiner, M. / Bruns, C. (2000): Wertpapiermanagement, 7. überarb. und erw.

Auflage, Stuttgart

Stiftung Warentest (Hrsg.) (2001): Bauen und Kaufen, Berlin **Stiftung Warentest (Hrsg.) (2001):** Private Altersvorsorge, Berlin **Stiftung Warentest (Hrsg.) (1996):** Handbuch rund ums Geld, Berlin

Stiftung Warentest Finanztest (2002): Lebensversicherungen – Auf Treu und Glauben 1/2002

Tilmes, R. (2000): Financial Planning im Private Banking: kundenorientierte Gestaltung einer Beratungsdienstleistung, 2. Auflage, Bad Soden.

Tilmes, R. (2000a): Der ökonomische Nutzen des Financial Planning, in: Die Bank, 7/2000, S. 440–553
Trachsler, J. (2000): Big Money: Strategien zur individuellen Vermögensbildung, Wien
Ulrich, J. (2001): Private Real Estate Management im Private Banking: Design einer neuen Dienstleistung im Rahmen des Financial Planning, Bad Soden
Vogel, H.-W. (2001): Steuern sparen als Kapitalanleger, München VOGEL, H.-W. (2001): Das Vermieter Handbuch, München
Vogelsang, D. et al (2000): Handbuch Finanz- und Vermögensgestaltungsberatung, Stuttgart
Wahl, D. (2001): Handbuch der privaten Kapitalanlage, Berlin **Welcker, J. (1991):** Technische Aktienanalyse, Zürich **Wimmer, K. (2000):** So rechnen Banken, München
Warth & Klein GmbH (Hrsg.) (1999): Professionelle Vermögensverwaltung, Finanzplanung, Steuergestaltung, EDV Lösungen, Stuttgart
Wöhe, G. (1986): Einführung in die BWL, München

Abbildungsverzeichnis: